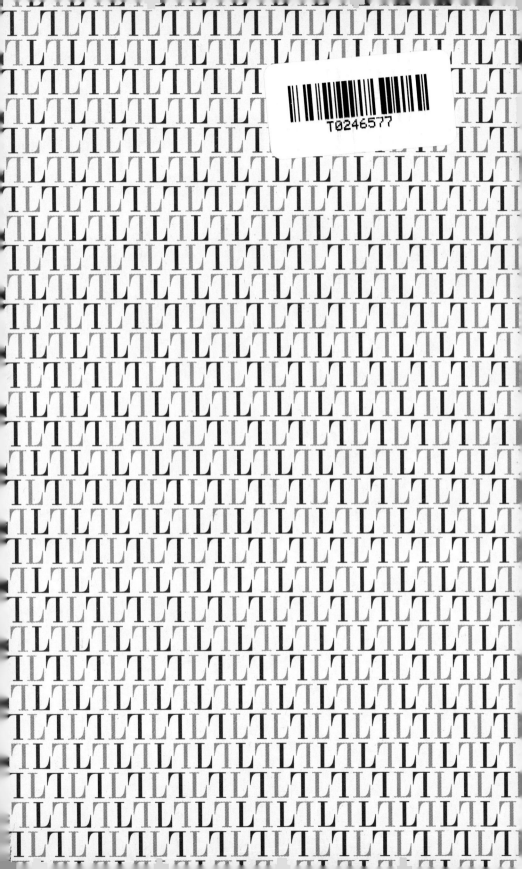

Margarita va sola

Margarita va sola

Margarita Rosa de Francisco

Lumen

narrativa

Penguin
Random House
Grupo Editorial

Título original: *Margarita va sola*
Primera edición: abril, 2023
Primera reimpresión: mayo, 2023

© 2023, Margarita Rosa de Francisco
© 2023, de la presente edición en castellano para todo el mundo:
Penguin Random House Grupo Editorial, S. A. S.
Cra. 7 # 75-51, piso 7, Bogotá, Colombia
PBX: (57-601) 743 0700

Fotografía de cubierta: © Will van der Vlugt

Algunos de los textos acá reunidos, originales de la autora, fueron publicados por primera vez en
Poder, El Tiempo, El Espectador y *SoHo*. Se incluyen en el presente libro por cortesía de estos medios.

Impreso en Colombia-*Printed in Colombia*

ISBN: 978-958-5404-91-5

Compuesto en Adobe Garamond

Impreso por Editorial Nomos, S.A.

Mi vida no tiene un sentido sólo humano, es mucho más grande —es tan grande que, en relación con lo humano, no tiene sentido—.

CLARICE LISPECTOR,
La pasión según G. H.

A mis cuatro amigos de todos los tiempos:
Mercedes, Gerardo, Adriana y Martín

Will: het idee dat jij had voor de coverfoto
toont hoe hecht we zijn en hoe gezellig we het hebben.
Bedankt voor het fotograferen vanuit jouw artistieke ziel

Sobre publicar este libro

Al principio, me contrarió mucho volver sobre los textos presentados aquí. Algunos fueron escritos hace más de diez años; revisarlos me provocó ese tipo de aburrimiento que sobreviene al darnos cuenta de que ya todo ha sido dicho y de mejores y más hermosas maneras. Sin embargo, justifico mi escritura como una manera de gestionar el duelo de la vida, a lo cual todos tenemos derecho, aunque lo hagamos desde una inteligencia mediana y con mediocre calidad.

Del proceso completo me ha parecido interesante observar en mí misma el fenómeno de «creer que pienso», cuando lo que ocurre es que he terminado repitiendo los dictados de un sistema lógico impuesto que, al fin y al cabo, es el que ha terminado pensándonos a todos. Por eso no creo que mi pensamiento haya evolucionado; más bien, intenta deshacerse.

Celebro la manera en que Carolina López, editora de Lumen en Penguin Random House, puso a convivir en este volumen columnas de opinión —publicadas en *Poder, SoHo, El Espectador* y *El Tiempo*— junto a textos inéditos, sin categoría ni fines específicos, que he ido escribiendo paralelamente. Liberados de su cronología lineal, pudieron articularse de acuerdo con un orden interno y orgánico que yo no habría podido advertir ni en un millón de años. Quizá lo que haya permitido enlazarlos sea el deseo continuo de poner en palabras el estupor que produce en mí el ejercicio de vivir y ver vivir a otros. Así fue posible construir un relato que, si bien empieza y termina en las páginas de este libro, se me ha revelado como un texto vivo, que no concluye y que se busca e interpela a sí mismo, en voces simultáneas, una y otra vez. He descubierto que lo que dejo consignado aquí es una gran protesta contra el Yo —y todo aquello que lo compone— desde conceptos, desde la cotidianidad, desde el amor, desde la invención, desde el sueño, desde donde sea que se manifieste la persona que he creído ser hasta ahora.

En cuanto a mi manera de escribir, me empalagan todavía algunos artículos, llenos de adjetivos innecesarios (quité los que pude), tal vez porque al comienzo de mi camino como columnista ponía demasiado empeño en «escribir bien», para así demostrar que eran aptos para ser publicados. No obstante, es interesante que el lector mismo se percate de las diferentes formas (¿estilísticas?) que aparecen a lo largo de la lectura, entre las cuales los diarios son los pasajes menos cuidados, pues siguen el ritmo de los pensamientos, tal como surgen en cada momento.

Algo que me sentí incapaz de hacer fue pedir a algún escritor conocido que me hiciera un prólogo. Mi Yo es potente pero no me alcanza para pasar por encima de la vergüenza que es forzar a alguien (si es amigo, menos) a leerse más de cien páginas escritas por mí. Agradezco de paso a mi amiga correctora de estilo Mónica Sánchez Beltrán, a quien sí le tocó leerse hasta lo que no se publicó.

Sobre el título *Margarita va sola*, hay una referencia curiosa. En el lenguaje «salsachokeño» (el salsachoke es una variación urbana de la salsa caleña), cuando dicen que alguien «va solo» es porque va «sobrado»; es decir, que no necesita ayuda, va tranquilo, va lejos, va sin miedo de que lo alcancen. En ello reparé después de haber pensado el título de mi página web, margaritavasola.com, como un anuncio de que ya no escribiría por contrato. En aquella ocasión —en vista de que un columnista pago tiene tantas limitaciones para expresarse con libertad— resolví abrir mi propio «desperiódico» e irme sola con mi opinión a un lugar donde no tuviera patrón (muy oportuna la palabra «patrón», en el sentido de «jefe» y de «molde»). A este libro también lo bauticé con esa frase porque es un intento de pensar y despensar en solitario. Lo de «ir sobrada» también prefiero tomarlo como una voz de aliento; esa voz que anima a seguir adelante cuando uno está inseguro de lograr algo, y que diría, en clave de salsachoke, «tranquila que va sola, va sobrada, hágale que no hay peligro». En este contexto, «ir sola» es lo conveniente, lo seguro; cuando, por lo regular, una mujer que va sola (por la calle o por la vida) se encuentra en situación de alta vulnerabilidad. Me cuadran todos los sentidos que se le quieran dar a esa oración, aunque no necesito que me animen ni llenarme de valor para publicar esto; sólo un tipo de narcisismo que, al menos, no mata gente. Gracias por haber leído hasta aquí.

MARGARITA ROSA DE FRANCISCO

Martes 17 de... de 2...

Me molesta ser una buena mujer. No sé ni qué quiero de esta vida inútil. Siento una rabia profunda hacia mí misma. ¿Qué habré desmerecido?

Quihubo Isaac. Me sorprendiste con la propuesta de que escribiera algo para *Poder*. La verdad, a mí siempre me ha gustado «poder» escribir: desde canciones, hasta cartas con crónicas cotidianas para mis amigos. Pero hacerlo para una revista «seria» me ha puesto bastante nerviosa. Yo escribo en cuadernos sobre asuntos personales, reflexiones sobre mi propia vida, en fin; temas que no sé si serán lo suficientemente adecuados o interesantes para esta publicación, quién sabe.

Me aburren las personas que hablan todo el tiempo de sí mismas pero, en este primer envión, me gustaría, de todos modos, presentarme: mi nombre completo es Margarita Rosa de Francisco Baquero. Tengo cuarenta y dos años. Nací el 8 de agosto de 1965. Soy signo Leo con ascendente Virgo. Esto lo señalo porque, un día, un brujo me dijo que esa combinación se podía ilustrar con la siguiente imagen: un Ferrari conducido por una monja. Supongo que eso quiere decir que tengo una fachada bastante vistosa, pero, por dentro, soy adusta y nada coqueta (que me perdonen las monjas coquetas). Como me asombra que existan la música y los maestros, siento un respeto enfermizo hacia los profesores de música. Estudié Composición, dos años y medio, en la Facultad de Música de la Universidad Javeriana y ahora continúo haciéndolo en el New World School of the Arts en Miami.

Tengo fijación con los dentistas y con la pérdida de peso. Yo no puedo ver un dentista porque le pido cita inmediatamente; pero no me refiero a los «diseñadores de sonrisas», sino a los que limpian los dientes. Me fascina que me los dejen brillantes y lisos. Lo del peso sí, lo reconozco, es una enfermedad mental, pero ya me di por vencida. Me gusta estar «como una garra» de flaca y que me adviertan: «Ojo, que se ve muy acabada». Ese es el mejor piropo que puedo recibir.

A ver... ¿qué más puede caber aquí que sea tan importante como lo que acabo de contar? Ya sé. Podría hacer unas cuantas enumeraciones tipo «asociación libre» (he tenido sobredosis de psicoanálisis): me fascinan las manos de mi hermano Martín; son igual de inteligentes que él. Corro maratones. Como nutella directamente del tarro. Bailo salsa en Cali como si el mundo se fuera a acabar. Soy chocolatófila. Sólo cocino cuando me enamoro. Canto bossa novas. Leo filosofía sin entender un carajo. Cargar —o ver— un cachorro de perro o de gato me quita la tristeza. Me gusta PODER decidir autónomamente, aunque me tiemblen las piernas. Me gusta *Poder* pero no me gusta EL PODER (últimamente disfruto mucho no poder). Me seducen los cuentos de fantasmas.

Me da vergüenza cantar, mi voz es insípida. Consulto brujas y astrólogos. Me sudan las manos cuando entro a lugares públicos. Me gusta decir groserías. Sufro de ataques de pánico. Necesito estar mucho tiempo sola. Me da miedo soñar. Escribo más cuando estoy ocupada; no escribo para entretenerme. Me escribo siempre, aunque sea mal.

Bien. Podría seguir de largo pero prefiero cortar ya con esta lista pintoresca. Indudablemente es un muy buen pretexto, desde mi egolatría leonina, aprovechar el *Poder* para hablar de mí misma en esta, mi primera columna.

Hoy vi todos los partidos del Mundial y leí un poco de *Don Quijote de la Mancha*. Me preocupa leer y no acordarme de los títulos de los libros. A veces no recuerdo los autores ni las tramas de las historias ni mucho menos los personajes. Me desconsuela pasar por encima de los textos como si nunca los hubiera tocado. ¿Qué queda de lo que leo y me acompaña? ¿Qué queda?

Mi relación apasionada con la lectura es muy joven. No es que antes no me gustara leer, sino que leía menos. No me pasaba como ahora, que me dan ganas de quedarme a vivir en los libros. Siento mucha lástima de que este encuentro haya sucedido tan tarde en mi vida; ahora leo como alguien que se ha quedado atrás en el camino y trata de desatrasarse. Como lectora tengo muchos vacíos y complejos, no me atrevería jamás a volver a opinar sobre Literatura (sí, ya lo hice una vez y metí la pata mal), pero sí puedo hablar sobre qué tipo de lectora soy.

1. Té o café, lapicero, diccionario. Leo con deleite, sin afán, subrayo, destrozo, saboreo las palabras y colecciono mis favoritas.

2. Lo de los complejos es porque hay libros que he gozado y luego no recuerdo de qué se trataban. (Si les digo cuáles son, sentirían mucha vergüenza y pesar, al igual que yo). La ventaja es que los libros no se van; lo esperan a uno con su sabia paciencia y eso me consuela. Pero ya me ha pasado que alguien cita frases enteras sobre un libro que conozco y, por dentro, pienso «pero ¿por qué no me acuerdo de eso?», y me quedo ahí, frustrada, queriendo llegar a mi casa para agarrarlo a mansalva y buscar ese pasaje preciso. Lo que retengo de los libros que leo es algo así como el perfume (¿del alma?) de su autor, la resaca después del viaje; eso más que nada.

3. Hay grandes escritores que me resultan difíciles o insoportables, pero jamás les dejo su libro tirado; es más, me entusiasma el hecho de pelearme con ellos.

4. Elijo los temas instintivamente; leo, sobre todo, filósofos que debería estudiar con la ayuda de un profesor; aun así, me lanzo sin salvavidas, paso páginas sin entender nada y, de pronto, ocurre el milagro: la frase reveladora que me rescata. Veo la aguja brillar en el pajar.

De leer, adoro el privilegio de tener ese intercambio a puerta cerrada con el artista o el pensador que me dirige la palabra desde su mundo y me devuelve a chorros la fe en el ser humano.

Me da rabia que £ tenga hijos tan pequeños; ¡demandan tanta atención! Siento celos de ellos y su padre, que todo les provee. Hoy estoy hastiada de vivir, pero siempre me termina sorprendiendo la alegría. Me obsesiona la muerte; no existir después de haber tenido estos segundos de consciencia es lo más aterrador que se le puede proponer al yo de un ser humano. Ya no sé si lo que siento es verdadero desprecio o resistencia a la felicidad.

Abro los ojos. El reloj está marcando las 4 a. m. A esta hora puntual, llegan como palomas hambrientas las mismas preguntas sin respuesta que me hago desde que, una noche temprana de mi infancia, me asaltó la noticia de que algún día moriría.

La atención precoz sobre mi propia finitud fue lo que tan penosamente me diferenció de otros niños de mi edad. Luego, el sentido de ese descubrimiento lo puso en palabras mi profesora de Filosofía en el colegio, con una frase sencilla y vertical como una columna de plomo: «Los únicos que saben que se van a morir son los humanos». Yo había decidido olvidar aquel minuto de certidumbre. Me di cuenta de que aprender algo no era repetir una idea y blindarse contra su posible efecto. Había que saber con todas las células del cuerpo, y ellas, en este caso, tardaron un poco más en matricular la sentencia. Ese momento inaprensible debajo de mis cobijas, mientras mi hermana dormía en la cama de al lado, se dio súbitamente y sin motivo alguno. Mi frágil fe religiosa no alcanzó para creer en la garantía de una vida eterna; pero me resultaba aún más devastadora la posibilidad de vivir eternamente. De modo que fui presa fácil de esa Nada, la otra cara del Dios, que es Todo, y que a fin de cuentas parecen ser lo mismo. El estupor no me ayudó a concebir el hecho de desaparecer teniendo yo registro orgánico de ello; el horror fue muy hondo, de modo que inconscientemente preferí crecer un poco más y seguir jugando a las muñecas. Me postergué un rato para huir de tamaña «microscopía», pues, no era concebible ser de manera tan extraordinaria e insignificante.

La insignificancia aterra al humano. Hay que darle a la vida un significado, dicen los consejeros y psicólogos; tiene que haber una razón de ser, imploramos todos, escandalizados por los latidos involuntarios de nuestro corazón. Cuando una cosa significa, es porque la hemos invadido con nuestro yo voluntarioso.

Un botón

El último rastro de la catástrofe. La única esquirla encontrada después de la explosión.

Con qué firmeza parecía atarse ese pequeño disco de nácar al doblez almidonado de la camisa blanca que cubría su pecho de héroe, ancho y palpitante. Cuánto vibraban sus bordes al son de sus carcajadas. Cómo resplandecía su sustancia opalina con el relumbrón de la fiesta, y bailaba en la feria de las perlas, los encajes, los azahares y las promesas. Con qué humildad se acomodó en las fibras de holán para ocultarse debajo del cuello satinado de su frac poderoso. ¡Qué cerca estuvo de su perfume y su corazón!

¿Cómo pudo ser ese botón, tan modesto y discreto, un elemento más de aquella miscelánea efervescente de cristales y anillos que pretendían burlar la muerte? ¿Cómo logró codearse con la arrogante comedia del «amarte y respetarte»? Ahora toca tímidamente el suelo, penetrado por esa soledad insistente que padecen las cosas insignificantes. Los hilos cristalinos se han roto, nada amarra más el botón de luna; botón de flor, flor de un día. Como una moneda, dio botes en el aire, y su viaje en espiral en medio de esa misma noche fue una propulsión del caos que repartieron sus golpes, mis arañazos y nuestra sangre. Hoy, no es más que una astilla de calcio y carbonato; la cicatriz de su huida y mi deshonra; un ombligo; un nudo ciego e inútil.

Aún duro e incorruptible, su candidez sigue cosida a la tarde blanca del «para siempre» que ya no puede admirarse a través de los cuatro huecos negros que casi abarcan toda su simple superficie. Ahora, desarraigado y anhelante, es un resto que no pertenece a su antigua prenda de compromiso. Un pobre objeto minúsculo, huérfano de sentido, que ya no es de nadie ni para nada. Un pedazo desechable del sueño, de la sombra, del rincón, del polvo; una herramienta obsoleta y olvidada.

De este noble botón abandonado poco me dicen su diligencia y hospitalidad omnipresentes. Sin embargo, sus reflejos irisados todavía me conmueven cuando lo miro de cerca, igual que cuando acerco un caracol a mi oído para oír el mar. ¡Cuántas melodías! Pero, a medida que el recuerdo se cansa de su violencia, el arrullo de las esferas va apagándose, y me va pareciendo más un planeta opaco visto desde la estrella más lejana del universo. Luego, una mancha borrosa. Luego, un punto. Luego, nada.

Nunca he podido acostumbrarme a existir.

¿Cómo no reparar en la repetición de los días? ¿Cómo no asombrarse ante el misterio que hay detrás de cada hora que vivimos con nuestra alma empotrada en un cuerpo que no nos pertenece del todo? ¡Qué monstruoso prodigio es el devenir de la vida! ¡Qué perfecta la brutal ceremonia de lo que nace y muere, de lo que brota y desaparece! Qué deslumbrante la sinfonía de partículas que componen el universo, qué hermoso cataclismo da lugar al brillo inocente de las estrellas que contamos desde la ventana.

Qué natural es morir del todo, y también, un poco, en brazos del sueño.

2... 1/2...

Hoy es sábado y la mañana refulge. Todo el cielo y el mar estallan aquí adentro, en la alcoba. Me desconcierto al revisar mis fatuos pensamientos y hábitos: todos los días me levanto a ver si he engordado; si tengo un centímetro más de barriga; si tengo un grano en la cara; si las raíces de mi pelo están muy largas. Leo en el periódico el suceder del sufrimiento ajeno: mujeres que lloran a sus hijos muertos en Bahréin. ¿Dónde queda Bahréin? Hay niños que cruzan fronteras sin nadie que los proteja; territorios que nadie cuida; violencia contra los animales y las selvas. Miro aquella podredumbre desde una cama blanca, con almohadas y sábanas espumosas; una pantalla gigante para ver los partidos de fútbol, y un no sé qué de desprecio por todo.

No pierdo de vista los movimientos de £, que se desvive por hacernos felices.

Siento que mi apartamento es el único lugar en donde lidio con mis odios sin molestar a nadie. No creo que sea capaz de vivir con alguien por mucho tiempo.

Todos los días lucho con mi peso como si estuviera gorda. Creo que flaca me veo mejor, aunque mis «espectadores» piensen lo contrario. Tal vez no me gusta pesar ni ocupar mucho espacio en este mundo. Mido 1,72 metros y peso 57 kilos, pero mi peso ideal es 54. Tengo un metro con el que me mido la cintura (que ahora marca 67 cm) y las caderas (95 cm). Me gusto más cuando mi cintura mide 63 y mis caderas 93.

Siempre fui buena para los números. En el colegio tuve muy altas notas en Matemáticas, Trigonometría, Álgebra, Cálculo. Pero, de todos los números y cifras, esas medidas alrededor de mi cuerpo son las únicas que me interesan. Mi estado de ánimo depende mucho de qué tan ancha me siento y de lo mucho o poco que hayan aumentado o disminuido esos dígitos en el metro. Desde hace varios meses he dejado de publicar mis rutinas de ejercicios en las redes sociales porque, lejos de ser experta en educación física, hago muchas cosas que no debe hacer una deportista. Ponerse como ejemplo de cualquier cosa y querer tener seguidores (esos desconocidos que siempre están a punto de detestar a quien dicen admirar), en mi caso, es cómico.

¿Será posible que haya dignidad en la imitación? Las bondades de «lo humano» siempre provienen de algún tipo de exclusión. No sé si valga la pena imitar al «bueno». Por lo pronto, prefiero librarme de las santidades del humanismo, de sus hombres y mujeres probos; quiero librarme del buen ejemplo que dan.

Cuando pienso en la droga nueva de las redes, que es el «me gusta» por el que pagan algunos, me viene la imagen de la bolsa que se infla y desinfla con el aire que sale por la boca y que recomiendan los médicos psiquiatras para disminuir el efecto de la hiperventilación que provocan los ataques de pánico. A mí me lo aconsejaron alguna vez. Cuando la dosis de «me gusta» disminuye, hay que llenar esa bolsa con más aire. El oxígeno tóxico que provee la droga «me gusta» dura poco. Es un gas inflamante y fugaz.

No tengo autoridad de ninguna clase para aconsejarle a nadie que haga lo que yo hago para mantener este peso que no quiero tener. Pesar es mi molestia. Nunca he sido anoréxica; pero administro mis ganas de comer. No me gusta pesar, y mis jornadas histéricas de entrenamiento son para pesar menos. Soy una artista del hambre.

Quien está siendo devorado por el hambre no dice «tengo hambre» porque es ésta la que lo aprisiona y consume. A quien aguanta el peso del hambre (¿la forma más absoluta de desamor?) no le quedan voz ni fuerzas para entonar una frase tan banal. Quizá sea el alma ese soplo que huye de los ojos huecos del hambriento o de sus vísceras en pleno ardor, como cualquiera escaparía de un incendio, sin dejar rastro, pues no hay nada más ausente que la expresión en las mejillas exánimes del que sufre el hambre constante; no hay vigor en ellas para tensar un rostro que se pueda distinguir; esa cara es anónima, hermética y plural como la de los muertos que a nadie importan. Tal vez, como dijo Nietzsche, el alma se aloje en el estómago y no en el corazón burgués de los románticos ni en la cabeza fría de los matemáticos. Es probable que el alma habite en las tripas de hombres y animales y huya de las úlceras y los ácidos quemantes como una sombra ruin y desleal, sorda de oírlas crujir. Yo he visto esa alma en plena escapada, allá en el fondo de las pupilas desoladas de los perros callejeros y los niños de los desiertos.

«No tengo apetito», dice una reina con buenos modales. El apetito, seductor y doloroso por capricho, puede contonearse entre la abundancia mientras el hambre jadea y se arrastra. El apetito sobrevive a la frustración; el hambre es una ley agónica e ignominiosa que los artistas y los temerarios desafían. Mientras el apetito se emborracha de fluidos, aromas especiosos y sabores predilectos, el hambre se asfixia por los hedores de los charcos. ¿Y qué decir del apetito sexual y del hambre de sexo, del apetito por la vida, del hambre de vivir o del hambre de poder? El hambre apasionada comporta siempre lo abyecto, lo pornográfico, lo obsceno. Alguien sin hambre de vivir sugiere una persona moderada. Quien no tiene apetito por la vida, en cambio, se ahoga en una elegante languidez, en el glamour del desdén y el hartazgo, y deja los restos de su exceso para que, si pueden, coman los hambrientos avergonzados. Qué extraño es que el hambriento de poder, el más indigno y rastrero de los muertosdehambre, no reconozca su propia infamia. Qué es el boato del apetito sino antojo y soberbia; qué es el espectáculo del hambre si no la afrenta infamante que, causada o padecida, evoca, más que la muerte, la vergüenza.

Sé que mi cuerpo es un lío. Nunca lo he querido. No podría jamás escribir un libro de autoayuda. Creo que no sería capaz de escribir un libro. *El hombre del teléfono* no es un libro que quise escribir. Es un texto cualquiera que se publicó, como se puede publicar este. No soy escritora. No sé cómo se escribe una novela, o un cuento, o un ensayo. Estoy acostumbrada a escribir pensamientos y, a veces, trato de hacerlo como un ejercicio literario, pero me quedo en el intento, que también me vale.

Haré lo que pueda para hablar de mi cuerpo, que, insólitamente, es una historia de desamor. No sé si las historias de los cuerpos lo son siempre, pero lo que sí es cierto es que todo cuerpo es un proyecto trágico, y es el resultado de una lucha orgánica violenta. El cuerpo de por sí es, todo él, una gran cicatriz del efecto de vivir. El cuerpo es lo que va quedando mientras uno está viviéndolo. El acto que termina en la concepción de un cuerpo dentro de otro, en su clímax, es la más divina de las violencias. El cuerpo es arrojado al mundo como algo que otro cuerpo desecha. El feto, a medida que crece en el vientre de la madre, se va convirtiendo en un estorbo cada vez más insoportable, más letal y peligroso. Nacer es la primera experiencia violenta que vivimos todos los que respiramos.

Soy la segunda de tres hermanos. Mi hermana mayor fue recibida con la alegría de ser la primera; luego vine yo, tal vez a desilusionar, no tanto a mis padres, a quienes genuinamente no les importaba, sino a sus familiares y sus expectativas de traer al mundo un hombre que conservara el apellido, pues la hija mujer no tiene ese mismo poder ni ese mismo mandato. Con la hija mujer, el apellido, el nombre familiar que distingue a esa familia como un grupo especial, se diluye. Las hijas mujeres desilusionan porque en ellas muere el nombre. La hija mujer no puede darle a su hijo un nombre familiar hegemónico. Hasta hace poco, llevar el apellido de la madre soltera era algo vergonzoso; quien escuchaba a alguien decir que llevaba el apellido de su mamá, y no el de su padre, intuía una historia truncada, un drama detrás, algo que había salido mal. El hijo de una mujer sola no puede ser nombrado desde ella. El padre lo ha rechazado, no quiso darle el apellido. No quiso incluirlo en el mundo, en el suyo, en el mundo del Padre, de la palabra. Ese hijo tendrá problemas para decir su nombre, le pesará y lo dirá en voz baja ante otros.

Nací mujer después de mi hermana como una postergación de la esperanza, como una decepción. Mi cuerpo de mujer se me aparece como algo que, como principio, produjo una pérdida, una desilusión.

Al cuerpo de la mujer le falta algo; el hombre, en cambio, tiene. Nunca sentí de parte de mis padres rechazo directo por ello, pero la sensación de que mi cuerpo no era bienvenido la tuve desde siempre, como si fuera más el resultado de una transmisión histórica, genética, física, sanguínea, sangrienta. El cuerpo de la mujer sangra y duele. Sangrar y doler forman parte de la experiencia de la identidad femenina, en la cual no volveré a creer jamás. El cuerpo de la mujer es un drama por obra y gracia del Padre-palabra, del Padre-ley, del deber impuesto. Nací con el peso de ser mujer. No quise pesar siendo mujer. Tal vez no quiero pesar porque nací mujer. Veo que algún sentido tiene que mi cuerpo no merezca pesar nada.

Mi cuerpo me incomoda y me ha incomodado desde que tengo consciencia de él. Cuando mi hermano nació, fue redentor para mi madre. Ella se fue a parirlo en la mesa coja de un hospital, en un pueblo fuera de Cali, para poder estar sola en caso de que su nuevo hijo fuera otra niña. No quería compartir su desilusión prestada. Por eso no quería tener a nadie cerca. Temía la reacción de mi abuelo paterno y de mi tía, la hermana de mi papá, que ya tenía dos hijos varones. Ya algo se había dicho de que dos niñas seguidas eran una señal de debilidad física de mi padre. Eso también ofendía a mi mamá; que dijeran que mi papá era un hombre débil por ser incapaz de engendrar hijos varones. Entonces nació mi hermano. ¡Aleluya! El salvador del apellido. La familia Paterna estaba feliz. Hoy en día pienso que a mí me hubiera costado estar en el lugar de mi hermano; ser el hombre responsable de salvar la dignidad —o la permanencia— de un nombre familiar habría sido demasiado peso para soportar. Ser hombre pesa mucho. Pesar. Ese verbo también es un sustantivo que significa tristeza.

Lunes de..., 2...

Me desperté a las 3:30 a. m. ¡Estoy tan feliz sola en la casa! Cumplí una semana completamente aislada y bendiciendo cada minuto que pasa sin recibir textos ni llamadas de gente importunando. Ayer comí mucho desde temprano; es como la manera más íntima de celebrar mi libertad. Tengo dificultades con el texto «Las cuatro mujeres». Le tengo miedo a la escritura; no soy constante.

No me hace falta el cuerpo de nadie.

Las cuatro mujeres
A principios de los años setenta, mi papá, que es arquitecto, terminó de construir una casa frente al río Cali que llamábamos «la casa española». Los recuerdos que tengo de esa época son intensos y, algunos, muy turbadores.

Por esos días, mis padres se habían unido con un grupo de amigos para armar El Circo de Variedades, un proyecto teatral que, con el tiempo, los convirtió en una compañía amateur de casi ochenta personas. Tuvieron tanto éxito con sus funciones en Cali que empezaron a contratarlos para que fueran a otras ciudades. Sus viajes eran constantes y quedábamos bajo el cuidado de cuatro mujeres que, de muchas maneras, marcaron la vida de mi hermana, mi hermano y la mía.

Piedad y sus sobrinas Gloria y Zoraida habían venido desde Barracahona, un pueblo del que nunca volví a tener noticias; Marilda había llegado hacía poco de Tadó, un caserío devorado por las selvas remotas del Chocó. Piedad, corpulenta y con una voz tan atronadora como su temperamento, era la jefa de las otras tres, que vivían tan atemorizadas por ella como nosotros.

El tamaño de aquella valquiria (de más o menos treinta y cinco años) era descomunal y, así mismo, el poder que ejercía en la casa cuando mis padres no estaban. No recuerdo un solo gesto de ternura de su parte; creo que, más bien, nos odiaba a muerte. Un día que Piedad estaba tendiendo la cama en la alcoba de mis padres, quise entrar, y eso la enfureció tanto que me metió los dedos a la fuerza por el lado de las bisagras, y fue cerrando la puerta hasta que empecé a llorar por el machucón. Cuando ya los gritos la aturdieron lo suficiente, me sacó la mano y me llevó al baño a lavármela con alcohol. «Pa' que deje la necedá», me advirtió. ¿Qué le pasaba? No pocas veces pienso en ella con cierta compasión y me pregunto cómo lograba sobrevivir a su propia cólera. Qué irónico que además se llamara Piedad; ni ella misma sabría lo que ese gran nombre significaba.

La mujer tenía una de esas presencias contundentes e inolvidables por lo perturbadoras y fascinantes al mismo tiempo. También era una madre acostumbrada a la guerra y a pelear a dentelladas por un hijo pequeño que le cuidaba una comadre en su vereda de bareque. Piedad tenía la talla de los que nacen para gobernar y bramaba como una tormenta cada vez que cualquiera de sus subalternos, en la casa española, le desobedecía. Se había ganado el aprecio de mis padres; ellos no podían sino confiar en su firme personalidad, que, además, adornaba con unas carcajadas carismáticas y musicales. Cuando se ausentaban, lo hacían seguros de que nos dejaban en las mejores manos.

Contar con ayuda doméstica era barato. Mi mamá no pudo negarse ante el ruego vehemente de Piedad que pedía ser recibida junto con sus dos jóvenes familiares, quienes, agotadas de arrastrar miseria desde sus devastados lugares de origen, la miraban con la boca abierta. Habría techo y protección para todas.

La crudeza de Piedad en la forma de castigarnos —o premiarnos— era tan primitiva y natural como la de una criatura salvaje. Cuando estaba de buenas nos llevaba hasta su madriguera (el aromático «cuarto de las muchachas»), donde ella y sus jóvenes pupilas retozaban, fumaban cigarrillo al revés, bailaban salsa y contaban cuentos de pájaros brujos y espantos. A veces, Zoraida, la de color más oscuro, casi púrpura, se quitaba la blusa y se soltaba el brasier y, toda obscena y desdentada, nos invitaba a tocar sus tetas, que colgaban tristes como chupos de loba. «Tóquenme los timbres», decía, con una voz chillona como el graznido de los pájaros brujos.

Gloria y Marilda eran las más jóvenes; la primera, alta y flaca, parecía una estatuilla de madera; silenciosa y alerta como un animal de la noche, siempre descalza, obedecía —sin protestar— los comandos de la hercúlea Piedad, a quien seguía como una sombra. La segunda, también delgada pero de estatura más baja, a diferencia de Gloria, era una jovencita observadora, astuta y con más fuego en la mirada y en la sangre.

Cuando mis padres se iban de gira con El Circo de Variedades, los tres niños dormíamos en su cama, y las cuatro mujeres, alrededor, en colchonetas. Esas noches eran desasosegadas y eternas. En medio de una de ellas, me desperté y vi un lobo vestido con piyama y gorro, como el del cuento de Caperucita, y empecé a gritar y a señalar dónde estaba. Lo había visto precisamente en frente de la cama, al lado de alguna de las muchachas. Se armó un alboroto tremendo y Zoraida, la púrpura, la de los pechos de loba, empezó a saltar cuando me oyó decir, «ahí hay un lobo». Daba unos brincos que hoy, al recordarlos, me parecen una danza ceremonial primitiva porque los acompañaba con unos cantos guturales y en *staccato*, unos chillidos feroces que pretendían conjurar mi horrible visión. Cuando mis padres volvían, la casa española salía de sus tinieblas como por encanto. Se llenaba de música, belleza, flores, magia, visitantes, y de seres que, como ellos, sabían amar, abrazar y besar.

Sólo mi hermana mayor iba al colegio, de modo que a mi hermano menor y a mí nos tocaron más horas bajo la mano fuerte de Piedad y sus protegidas, que gozaban asustándonos de las formas más creativas; a menudo hacían toda una parodia de que se iban a ir de la casa y nos iban a dejar solos. Hacían como que habían empacado todas sus cosas en unas cajas de cartón y salían de la cocina desfilando hacia la puerta principal. En ese momento preferíamos su presencia terrible al desamparo total y les implorábamos a los gritos que no se fueran. Mis hermanos y yo dábamos por hecho que compartir la vida con ellas era así, una constante zona de peligro que nos daba miedo denunciar.

Barracahona, Tadó. Me gustaban esos nombres. Me intrigaba el sonido carrasposo de la palabra ba-rra-ca-ho-na en los labios finamente delineados de Piedad, que, cuando los fruncía para silbar, semejaban una flor carnívora. No puedo recordar su voz sin el eco que estremecía las paredes de la espaciosa casa española, que ni siquiera cuando susurraba, narrando sus historias de muertos, dejaban de temblar. Barracahona me sonaba a barraca, a barro, a aguas negras; era una palabra llena de misterio y de sombras. Tal vez fuera un pueblecito sin luz eléctrica, hediondo a basura y a detritus, plagado de niños barrigones por los parásitos y mujeres embarazadas. Piedad había nacido en aquel lugar embrujado y golpeado por el abandono y el analfabetismo, donde sus ancestros, esclavizados, hallaron un asiento para llorar su pasado, por fin en «libertad». Sí, entre comillas, porque la pobreza era ahora su cruel capataz, y ahí se encontró ella con quién sabe qué demonio africano que la montó y la trajo a maldecir esta ridícula civilización de blancos venidos a más. Piedad tenía un rostro perfecto; era una mujer de plomo, maldita y hermosa. Imaginé que sus orígenes bien pudieron ser reyes bantúes o carabalíes, y sus descendientes, empacados como ganado en cajas podridas para venir acá a lamberles a sus verdugos.

Por motivos económicos, mi papá tuvo que vender la casa española y, cuando nos pasamos a otra más pequeña, Piedad desapareció con Gloria, Zoraida y su infierno. Sólo quedó la no menos bella Marilda, la chocoana adolescente que terminó convirtiéndose en nuestra niñera. En el fondo de su alma también vivía agazapada una fiera herida y resentida, que no tardó en salir a sangrar y a rabiar por cuenta de los niños de sus patrones, sin alcanzar la dureza de Piedad. Algo en su corazón no la dejaba detestarnos. Ella era una niña también, como nosotros.

Marilda llevaba a cuestas una historia triste que ella misma nos contaba por retazos, añadiendo, en cada oportunidad, nuevos eventos que no sabíamos si inventaba o le habían ocurrido en realidad. Ignoraba quiénes eran sus padres y creció en la finca de un supuesto tío, a pocos kilómetros del municipio de Tadó, en el oriente del departamento del Chocó.

El tío Evelio era un hombre viudo, muy mayor, que las puso a batear oro, en las orillas del río San Juan, a ella y a su hermana menor, casi antes de que aprendieran a caminar. Marilda, la más lista de las dos, soñaba con escapar algún día de aquella tierra de nadie y de las manos procaces del viejo que abusaba de ambas indistintamente. Una noche, durante la fiesta de la Virgen de la Pobreza, aprovecharon el temporal y la borrachera del tío Evelio para escapar en la canoa que transportaba la gasolina. Sobrevivieron pidiendo limosna y colando el oro del río, que las botó finalmente en el puerto de Istmina. Allí, después de varios días durmiendo en un rincón de la iglesia, conocieron a una mujer que reclutaba personal de servicio doméstico para llevar a Cali. Marilda llegó a la casa española con solo catorce años, pero le sobró temple en el carácter para ayudarles a mis padres a criarnos, alegría para enseñarnos a bailar y dignidad para heredar el puesto de Piedad sin tratar de imitarla.

El dolor ancestral que atraviesa los huesos de mujeres como Piedad, Gloria, Zoraida y Marilda va más allá de unos gestos desesperados de venganza y de aparente indecencia. Su pena es inaudita e insondable como son las confluencias arbitrarias de injusticia que llenan esto que, extrañamente, llamamos existencia. Hoy, en el altar perdido de aquellas genuinas Vírgenes de la pobreza y del desarraigo, he venido a poner flores con una reverencia.

Son casi las 3 p. m., no quiero que se acabe el día; cada minuto sola es un tesoro. Creo que Nabokov me dio permiso para seguir a fondo con el tema de la historia que me está dando vueltas en la cabeza. Siento que debo escribir en clave, incluso, este diario. Mis sentimientos son contradictorios, como los de todo el mundo. Amo a muy poca gente.

Hace unos días me enteré de que, en una entrevista, Stephen Hawking dijo que lo único que nunca llegó a entender, de todo lo que investigó sobre el universo, fue a las mujeres. Me divirtió mucho que este genio de la física se dejara caer con una picardía sobre el inspirador misterio al que siempre se alude cuando de definir nuestro género se trata.

Entre otras cosas, fue mi novio (¿por qué rechazo esa palabra?) el que trajo a colación la respuesta del científico, en vista de que esa madrugada me había despertado afanosa, buscándome. (No me pude encontrar sino hasta después de que el sol se fue a acostar temprano, enfurruñado por estos inviernos del norte).

El sabio silencio de un hombre puede ser el peor interrogatorio para una mujer que se debate entre la Nada y el Todo. Mientras mirábamos hacia el horizonte, me preguntaba por qué esa mañana había amanecido azul e irresoluta, con ganas de abrazar a mi mamá y comerme un kilo de chocolate. En momentos como este es mejor hacer lo mismo que mi amado: no averiguar nada y dejar que nuestro insondable acertijo se resuelva por sí solo, o se disuelva impotente en el bazar hormonal de nuestro organismo. Una buena opción es observarnos como lo haría un meditador: dejando pasar nuestra naturaleza descalza y sin prejuicios, sin preguntarle para dónde va ni de dónde viene, y disponerse a liberar ese «no me hallo» (tan femenino) a través de alguna actividad física o haciendo algo práctico y concreto.

Esa mañana de enero, mientras andaba desaparecida de mí misma, no quise esgrimir como excusa ningún estadio de mi ciclo biológico e hice lo que siempre hago: desafiar la pereza —que es la peor de las bestias— enfundándome en mi ropa de gimnasia y calzándome los zapatos más livianos para disponerme a correrle cuadras. Siempre me da resultado; hasta ahora no he encontrado un antídoto más adecuado que el ejercicio físico para contrarrestar los efectos de los días inexplicables que tanto nos suceden, estemos ocupadas o por completo desocupadas, como yo en estas vacaciones.

Por otra parte, tener un hombre emocionalmente inteligente al lado, aunque no es la solución, es, sin duda, una bendición. Tengo que decir que mi compañero —hombre de mar, al fin y al cabo— si algo ha sabido, es timonear como un diestro navegante el temporal de mis ciclotimias, pues sabe que tarde o temprano pasará.

Ese día, después de que llegué del gimnasio suavizada por las endorfinas, estaba más dispuesta al diálogo y fui remontando la montaña de mis enigmas con menos ambición por descifrarlos, y aproveché para leer y poner la atención en otras cosas que no fueran mi propio ombligo.

La tarde dejó en puerto al hombre de las tierras bajas, que traía, en una mano, la bandera de la paz, y en la otra, una botella de vino, mientras yo me iba convirtiendo en la valerosa heroína de mi propia batalla, «hallándome» todavía viva en el campo. A la hora de la cena, mientras celebrábamos la victoria chocando nuestras enormes copas, el hombre evoca los secretos inescrutables de las estrellas negras y, como quien no quiere la cosa, cita las palabras de Hawking.

Viernes 19, 2...

Me reconforta leer que hay artistas y escritores que tienen las mismas inquietudes que yo. Llamarse a sí mismo «artista» siempre me ha parecido pretencioso.

Por las mañanas, oigo las noticias y todo me parece banal; sin embargo, las oigo con morbo y codicia, como si temiera perderme de algo, pero no entiendo los nudos que se arman, los debates políticos, los conflictos sociales; todo eso me cansa. El mundo y su sadismo de niños. No me gustan los niños cuando se convierten en la versión miniatura de sus padres, en sus enanos. Les traspasan la bobería y la mediocridad adulta. Cuando los padres se ven reflejados en «sus enanos» —porque estos han repetido sus frases o comportamientos— celebran en ellos su propia medianía y pequeñez. Les fascina ver su idiotez reflejada —y legitimada— en los niños.

Escribo «la mujer» y, otras veces, «las mujeres»; me confundo, pero entiendo que no cabemos todas en una sola. Es curioso que «el hombre» haya conseguido significar «la humanidad» y que las mujeres debamos sentirnos incluidas en «el hombre» como especie, y «la mujer» sólo alcance a referirse a su apéndice, a un tema molesto y pendiente. Cuando se dice que «la mujer» es esto o aquello nos borran la cara a todas. Nos meten en una categoría que nos homogeniza y nos convierte en un producto de fábrica. No puede haber tal cosa como «la mujer y la historia», «la mujer y la filosofía», «la mujer y el lenguaje», «la mujer y la sociedad», «la mujer y la política», «la mujer y la religión», «la mujer y la ciencia», la mujer y la madre que la parió. Todos esos condescendientes «la mujer y» que aparecen en los ensayos sesudos de los académicos no hacen sino mostrar el carácter accesorio de «la mujer», su condición satelital. Como si la historia de la filosofía, la ciencia, la política y la religión se hubiesen pensado sin la sangre de las mujeres. Mejor diré «la sangre de las müjeres» (inclúyase quien quiera).

La sangre de los hombres es heroica; la sangre patriarcal es la sangre del guerrero, mientras que la sangre que no se derrama por motivos de conquista ni de dominación, la sangre vertida por una müjer que no está preñada, la sangre que atestigua que no ha sido fecundada —y que sale de su cuerpo como desilusión de la especie que no ha conseguido perpetuarse—, es un desecho que asquea. La müjer que menstrúa se «enferma» cada mes porque no ha conseguido cumplir con su misión natural, única razón de existir. No sólo «con dolor [fatigas, pruebas, penas] parirás los hijos» (Génesis 3:16), sino que también con dolor se negará tu cuerpo a ello. El cuerpo que menstrúa es un cuerpo negado e inoperante que duele igual. (Nunca había pensado en la menstruación de la Virgen María hasta este preciso momento. Me pregunto si eso fue objeto de discusiones medievales, como la espalda de los ángeles). La müjer como categoría es un ser desgarrado por ley divina (o por la Ley). Sentir asco de la sangre menstruada por otras mujeres me confirma también la maldición de Dios; la prueba reina es la evidencia de aquella sangre deshonrosa.

Si partimos de que el género es una construcción social, no es posible pensar la masculinidad o la feminidad sin acudir a lo que nos ha enseñado la cultura.

Siempre hemos creído que hay una manera propia y universal de ser hombre o de ser mujer; que hay una esencia natural que nos hace actuar como «él» o como «ella»; es decir, hay quienes creen que la masculinidad y la feminidad se pueden definir fuera de la cultura. Yo me inclino a pensar que hay tantas formas de ser hombre como de ser mujer, y también infinitas formas de transgenerismo. Es posible que, en vez de afirmar que hay infinitos géneros, haya que aceptar que el género, como rasgo natural, no existe en absoluto. (Los más osados se atreven a cuestionar la condición natural del sexo).

Hace unos días escribí un tuit que decía: «Quiero reivindicar mi masculinidad». Lo dije con ganas de provocar, por aquello de «la reivindicación de la feminidad» como presupuesto de las mujeres. Y me pregunto, ¿eso qué es? Vamos a ver. Volvamos al tuit: si quiero reivindicar lo masculino que hay en mí, ¿de qué masculino estoy hablando? Respondiendo, empiezo a caer en lugares comunes muy azarosos y arbitrarios. Por ejemplo, podría decir que mi masculinidad tiene que ver con el sentido práctico, la simpleza, la disposición a lo lúdico, el escaso sentimentalismo, o con tener músculos visibles. Sin embargo, es obvio que ninguno de esos rasgos define taxati-vamente la masculinidad. Además, esa categorización puede sufrir muchos cambios de una cultura a otra. También he aprendido que la orientación sexual es un asunto completamente independiente del género. De manera que lo único que podría reivindicar es una idea de masculinidad apostillada por mí como individua mol-deada por el binarismo oficial de la cultura que me crio. También «reivindicar» podría significar crear un nuevo tipo de masculinidad, pero se trataría de una nueva cons-trucción. Con la feminidad ocurriría lo mismo. ¿Qué es ser femenina? ¿Ser dulce, intuitiva, maternal o emocio-nal? No necesariamente. Las políticas comerciales son cruciales en la construcción de los géneros. ¿Dónde está lo femenino, entonces?

Pensar el género es cada vez más problemático. Los tiempos parecen indicar que vamos camino a su disolu-ción, y lo celebro. El género es una cárcel que ha genera-do tanta discriminación que saber que podemos liberar-nos de ella es una buena noticia.

Una gata, Chakra, es el amor de mi vida. Mi muchachita, mi golondrina. Puedo quedarme mirándola por horas y jugar con ella; todo en esa gata me conmueve, nada me asquea; ni sus orines ni sus excrementos que recojo del arenero mientras me pregunto: niñita mía, ¿por qué te amo así?

Agosto 4, 2...

Mi ombligo está sensible. No puedo casi ni tocármelo. Desde que me dijeron que en KL ponen trampas para gatos me corrió un escalofrío y un pellizco en el ombligo que no se me quita. Me da miedo que algo le pase a la gata. KL es un lugar instalado en otra década. ¿Los setenta? Allí dan ganas de vivir sin nada. En ese lugar, lejos de todo, vamos a construir una casa y quiero a la gata con nosotros allá. Algo tendremos que hacer porque no es mía. Soñé con un actor. Bailamos.

No encuentro ahora sobre qué escribir en *El Tiempo*. Mi opinión no me parece importante.

Siempre se nos recomienda, a las personas que trabajamos en el mundo del entretenimiento, abstenernos de hacer pública nuestra posición política. Corremos el riesgo de volvernos impopulares e incluso de que no nos vuelvan a contratar.

No sé si mi desinterés por el tema político se ha debido a que, como actriz de telenovelas, me daba por invalidada para opinar. Acepté el rol decorativo de una mujer actriz que debía limitarse a distraerle el aburrimiento a su público. Es más. Hace poco, en diálogo con Gustavo Bolívar y Gustavo Petro a propósito de la lectura de sus columnas semanales, no pude comenzar sin antes revelarles el prejuicio que tenía hacia mí misma, pues sentía que no tenía las credenciales para preguntarles nada ni para hablar especializadamente de política con ellos. Petro contestó algo tan obvio que me dio hasta un poco de vergüenza no haberlo recordado yo antes: dijo que es la gente la que hace la política, no los políticos.

Creo que la famosa consigna feminista «lo personal es político» lleva implícito que toda actividad humana lo es: toda relación, todo lenguaje, todo cuerpo y cualquier cosa intervenida por el pensamiento humano. Toda interpretación del mundo, es política.

¿Qué significa que algo sea político? Yo diría que todo aquello que refleje la forma en que están emplazadas las fuerzas de los poderes y cómo se interpelan y se subsumen unas en otras. Detrás de todos nuestros actos hay un sustento ideológico, un sistema que nos ha construido y que ha sentado unas leyes y unas normas culturales que determinan, por ejemplo, cómo debe ser interpretada la anatomía sexual, qué es un hombre, qué es una mujer, cómo deben vestirse; qué debe entenderse por «identidad», cuáles deben ser los géneros; quién se sienta en la cabecera de la mesa; cómo debe utilizarse el lenguaje; qué se debe enseñar en los colegios; que las mujeres puedan, o no, abortar; que las personas transgénero puedan, o no, cambiar su nombre, etcétera.

En cuanto a los ídolos de masas, como cantantes, actores o futbolistas, no hay algo más político sobre la Tierra. Cada mensaje que dirigen a su fanaticada y cada producto que promocionan habla de hegemonía, de autoridad, de poder y de cómo éste está distribuido.

Adquirir esta consciencia me ha conducido a no perder de vista que —como dijo Petro— somos nosotros, los ciudadanos, quienes tenemos la capacidad de armar y desarmar un régimen. Ojalá no desperdiciemos la oportunidad de demostrárnoslo.

¿La guerra sí servirá para algo que no sea esencialmente banal? ¿Qué se logra al ganar una guerra «justa»? Se conquista un terreno, se somete una cultura, se confirma un poder, se restituye el honor, se crea un nuevo imperio, se recupera lo que ha sido arrebatado.

Este último resultado parece ser el más justificable de todos; un grupo de personas que se arma para luchar contra sus opresores o contra quienes se han adueñado arbitrariamente de algo suyo, al no contar con instrumentos legales. Ese principio tiene buen lejos, pero de cerca es la misma matazón desenfrenada. De hecho, las guerras revolucionarias, las de independencia, por ejemplo, tienen su punto romántico e inspirador. La Historia ha levantado a su antojo las estatuas de sus mártires, como símbolo de que esos muertos poéticos valen la pena.

¿La guerra sí servirá para conseguir la paz? Qué contradicción tan grande tener que asesinar personas para vivir tranquilo. Las consecuencias generales son obvias; pero la experiencia cuerpo a cuerpo de la guerra es horrenda, cualquiera que sea la causa. Sin embargo, en los libros de Historia hasta guapa se ve. Esa Historia, tan glamurosa siempre, se jacta de sus batallas, sus fechas, y los grandes cambios que traen; de los nombres que brillan por cuenta de ellas, de los mapas que se modifican, de sus himnos fachos y machacantes; se pavonea exhibiendo sus medallas manchadas con la sangre de millones de pequeños hombres y mujeres que deben lavarse el cerebro con máximas patrióticas para poder aguantar, matar y sacrificar a sus hijos.

Me impactaron muchas frases de la nobel Svetlana Alexiévich y las de sus entrevistadas en *La guerra no tiene rostro de mujer*. Especialmente las que se refieren a los momentos en los que el enemigo se desdibuja por completo en la línea de fuego y la nobleza del espíritu humano triunfa sobre el odio que lo sofoca, aunque esté perdiendo la guerra que le exige la Historia. Hubo muchos que pasaron por alto la causa y se apiadaron del sufrimiento, al fin y al cabo, universal, que extrae la ternura agazapada en el corazón del guerrero.

«Yo empecé a acariciarle el pelo. Él se quedó atónito. Quieras o no, estábamos en guerra. ¡Yo misma me quedé atónita! Si me había pasado toda la guerra odiándolos… No importa si es justo o no, pero matar es repugnante». Albina Alexandrovna, sargento primero, tropas de reconocimiento del Ejército Rojo.

Mientras la lucha interna del hombre no cese, la guerra seguirá siendo su principal modo de expresarla, ya que, de otro modo, el ser humano tendría que vérselas con ella en soledad, y eso requiere más valor que disparar un arma. ¿No es la verdadera guerra aquella que el hombre libra contra sí mismo? ¿No proceden de ahí todos los problemas de este mundo, tan trascendentales y definitivos?

Quizá si el ser humano se dedicara a gestionar su paz, simple y modesta, y la aplicara juiciosamente en su vida diaria a las situaciones más sencillas, la guerra, negocio impagable, además, no se volvería un hecho mundial. La pregunta por la paz no es un asunto de seguridad de los gobiernos, sino un tema que le concierne al espíritu.

Algún día nuestro afiebrado planeta desaparecerá por ley cósmica y se llevará envueltas en su cataclismo las pequeñas historias de los hombres. En el espacio negro que hoy ocupa la Tierra no habrá más ideas ni descubrimientos ni obras maestras ni víctimas ni victimarios; no habrá más odio con qué ungir la violencia. Tal vez haga falta sólo ese reconocimiento para acabar con la guerra que nunca debió haber comenzado.

Creo más en el proceso de paz «pequeño» que debe operarse dentro de uno mismo, al revisar y observar compasivamente la batalla interna de pensamientos. No habrá jamás guerra más despiadada que la que se libra dentro de una mente incapaz de mirarse a sí misma.

Agosto 5, 2...

Últimamente me despierto contenta de vivir. Antes no era así. No entendía cómo la gente podía ser feliz. Sentía constantemente en el estómago una espada clavada sin entender por qué. Tampoco sé en qué momento comencé a sacármela. Creo que mi curación inició cuando conocí a ¥. Ahora veo que llegó a mi vida para eso. Cuando me dejó sola, empecé a rehacerme desde cero. Me limpió toda por dentro. Juré nunca más volver a depender emocionalmente de nadie; de ningún hombre, al menos. La alegría es un asalto; como un ataque de pánico, que es una alegría triste.

Me atormentaría mucho que a la gata le pasara algo, o desapareciera.

De lo otro, nada. Esa parte está muerta.

Dor maj kigal

«Me lo encontré tirado en la calle», dijo Chloe cuando la señora M, su madrastra, le preguntó por aquel enorme gato negro y sin collar que traía desgonzado entre los brazos. Una de sus patas delanteras estaba quebrada. El gato gemía emitiendo un sonido constante y grave, con vocales articuladas casi tan claramente como las locuciones humanas. La señora M no era muy amiga de los gatos, o más bien, nunca le habían interesado. Además, la idea de tener una mascota en su casa, tan blanca y ordenada, tampoco le gustaba mucho. Pero el estado de indefensión y el evidente sufrimiento del gato negro la conmovieron hasta el punto que accedió a llevarlo a un veterinario y a hospedarlo en el cuarto de ropas mientras se recuperaba.

La señora M y su esposo, el exitoso arquitecto V, ajustaban ya diez años de feliz matrimonio. Chloe, una adolescente de catorce años, era la única hija de V, quien, antes de conocer a la dulce señora M, había pasado por un tortuoso divorcio. Desde que se casaron, su vida transcurría liviana y apacible, viajando entre los ambientes minimalistas de su casa frente al mar y los cielos melancólicos de Ámsterdam, la ciudad natal del afable arquitecto V. Muy pocas situaciones lograban perturbar la armonía de la pareja, salvo el difícil temperamento de la niña, que a veces chocaba con el de la introvertida señora M, proclive a la tristeza y el ensimismamiento.

La primera noche que el gato —sedado y con la pata vendada— pasó en aquella inmaculada mansión de tres plantas, la señora M no pudo dormir. Daba vueltas en la cama, agobiada por palpitaciones y sudores fríos. Los atribuyó a la influencia de la luna llena, soberbia y magnética sobre el horizonte, siempre visible a través de los ventanales de su cuarto. No podía dejar de oír los lamentos del gato abandonado que, horas antes, le habían atravesado los sentidos, como si se tratara de un idioma antiguo y familiar que había percibido con todo el cuerpo. Se levantó varias veces a mirar cómo se encontraba el gato negro. Hecho un ovillo y profundamente dormido, parecía más un hueco oscuro o la boca de un túnel.

Cuando volvió a su cama, todavía sobresaltada, se quedó mirando a su marido, el bondadoso arquitecto V, que dormía tranquilo, como flotando entre las sábanas. Le agradeció en silencio su paciente compañía en ese momento y en otros tantos a lo largo de su vida juntos, cuando ella, sin razón aparente, se sumergía en períodos de aislamiento extremo, que ambos, en un intento cómplice de delimitarlos, resolvieron llamar «eso».

Cuando por fin amaneció, la señora M, aún mareada por la falta de sueño, desayunó con su esposo y su hijastra. «Quiero que el gato se llame Thor», dijo Chloe, como siempre, voluntariosa. «Eso, eso», la contradijo la señora M, sin que la niña se percatara.

La señora M adoraba sus horas solitarias. Su rutina preferida consistía en encerrarse en una de las silenciosas habitaciones del segundo piso a leer y escribir, algo que hacía frecuentemente desde que había renunciado a su trabajo como traductora simultánea. Ese día, por la tarde, muy cansada, se recostó en el diván frente a su escritorio y durmió una larga siesta. Cuando abrió los ojos se sorprendió al ver el gato sentado sobre una mesa auxiliar, justo al lado de su cabeza, mirándola. Luego se dio cuenta de que había sido un sueño porque cuando despertó realmente vio que la puerta estaba cerrada. Enseguida sintió curiosidad de ir al cuarto de ropas para confirmar que el gato seguía ahí dentro, acostado sobre la cobija que Chloe y ella habían tendido para él la noche anterior. Lo encontró sentado igual que en la breve imagen del sueño, con los ojos abiertos, amarillos y brillantes como lámparas nocturnas. «Eso, eso», lo llamó. Pero el gato —un macho, según había dicho el veterinario— no se movió, probablemente porque la pata le dolía. Se limitó a mirarla con ese fulgor milenario que hay en el fondo de los ojos de las bestias salvajes, pero también con esa dirección consciente que sólo se percibe en la mirada humana. La señora M la relacionó con sus perturbadores gemidos de dolor, estremecida ante la sensación fugaz de estar siendo observada por una persona y no por un animal.

Esa noche, después de mucho luchar por conciliar el sueño, la señora M tuvo una pesadilla recurrente: una entidad que no conseguía determinar, un híbrido de bestia y hombre, la poseía violentamente inmovilizándole brazos y piernas. Ella sólo podía sentir el roce y el peso de ese cuerpo, la textura aterciopelada de su piel sudorosa y la temperatura de su aliento de óxido, pero no conseguía verlo. «Eso» o aquella cosa que la penetraba era sólo fuerza bruta, vaho, sonido y tacto; una masa de energía sin rostro y sin labios que susurraba como en un mantra sin fin estas sílabas incomprensibles: «Dor maj kigal».

El arquitecto V empezó a preocuparse al corroborar que, día a día, la señora M sufría una paulatina transformación física y mental. Poco a poco había vuelto a entrar en «eso» con un hermetismo más severo que nunca antes, mientras perdía peso aceleradamente. La volvió a ver, no sólo ausente como en episodios anteriores, sino delirando y recorriendo, como autómata, los pasillos de la casa en su bata de dormir y sin peinarse, rasguñándose y murmurando rarezas en una lengua extraña. Pero lo que más llamaba su atención era la presencia permanente del gato negro, que desde que pudo volver a caminar la acompañaba a todas partes como un lazarillo, cojeando con su pata vendada. Muy a la inversa de la señora M (que se había obsesionado con el gato y no consentía que nadie más lo alimentara), él mejoraba su estado minuto a minuto.

Una mañana a las 4:14 a. m., después de varios días en el hospital, los médicos dieron por muerto el cuerpo casi transparente de la señora M, debido a un paro respiratorio.

Al anochecer, ya de regreso del funeral, el devastado corazón del arquitecto V dio un vuelco cuando, al abrir la puerta del palacete que había construido en honor a su esposa, vio saltar al gato negro que salió corriendo en dirección a la calle. En ese instante, un carro largo, de una marca que no supo identificar, apareció de pronto saliendo por una de las intersecciones; el animal se atravesó y las ruedas aplastaron su cuerpo agitado produciendo un sonido crujiente, como de leña ardiendo, mientras dejaban sobre el asfalto un reguero de vísceras humeantes. El arquitecto V, horrorizado, no tuvo siquiera tiempo para llamar a Thor por su nombre y prevenirlo, pero sí los segundos suficientes para fijarse en la placa del extraño automóvil que continuó su camino sin producir el menor ruido: «DOR MAJ KIGAL 414». «Eso» se leía sobre el metal de fondo negro, en letras amarillas y brillantes*.

No sé si cuando te refieres a mi mala suerte en el amor te incluyes como uno de los actuales factores, pues es evidente que nuestra historia tiene algo de amorosa, pero la pobre está condenada a no concretarse nunca (el amor no debe concretarse, quizá). Además, ¿qué es eso de «amor»? Mi teclado acaba de sugerirme «ämor» (¿y si de ahora en adelante escribo así esa palabra que nadie sabe usar?).

¿Cuánto tiempo llevamos en esto? «No puedo creer que sea tu novio», me dijiste apenas terminamos nuestra primerísima sesión obscena por teléfono. No sé si era la primera vez que te atrevías a algo así, pero en mi caso sí lo era; de pronto me pareció que sería una solución, quizá la única, para poder acercarme a un hombre sin correr ningún riesgo. O más bien, sin ser tocada por ninguno que me atraiga mucho o del que me haya enamorado. No sé explicar esto, pero siempre me ocurre lo mismo. Los hombres que me fascinan me dan miedo. Bueno, me fascinan por eso. Porque les temo. Sin proponérmelo, empiezo a hablar con otra voz y con gestos que no reco-

---

* «Dor maj kigal» parece ser una frase dicha en algún dialecto proveniente del acadio, lengua semítica extinta, hablada en la antigua Mesopotamia principalmente por asirios y babilonios durante el milenio II antes de Cristo. Su significado en español es algo aproximado a «atadura (o juntos) en el infierno».

nozco; me convierto en una representación de lo que creo que va a gustarles más. Así cumplo mi triste papel de espectadora de su placer, pues el mío consiste en complacerlos a ellos.

Me inspiras el mismo espanto y admiración que mis ídolos; casi todos hombres y maestros en algo. Los adoro como si fueran estrellas de cine o algo más entretenido. Creo que mi fetiche más intenso en mi relación con un hombre es el del profesor y la alumna; en el colegio me sentía redimida preguntando y recibiendo la respuesta de mi profesor favorito. Quería a toda costa ser la mejor estudiante ante los ojos de ellos, sacar las más altas calificaciones, mostrarles que había investigado, que me sabía la lección, que era inteligente. Ni siquiera después del episodio con mi profesor de matemáticas dejé de mirarlo con cierta compasión. Su beso —tan adulto— fue el anuncio de un peligro que no ha dejado nunca de acecharme.

* * *

Miércoles, junio 3940--

Claro que me gustaría inventarme una historia donde fueras el protagonista. No te ofendas si tu personalidad no me inspira un líder humanitario o un defensor de minorías. Eres demasiado oscuro; tienes demasiada maldad para dejarla pasar así no más y no construir con ella —y esas otras características diablescas de tu alma— un personaje todavía más extremo desde aquí, mi consola de control con botones que puedo manipular para saturar tus colores a mi antojo.

¿Por qué te escogí a ti? Me parece inútil recurrir a explicaciones freudianas que te pondrían en el lugar de la trillada figura paterna que supuestamente pone orden en la psiquis (¡hasta allá llega el Padre!) y no permite que la locura la devore. Este ejercicio de escribirte justo a ti me condensa en la mujer que tanto me cuesta ser y que parece estar detrás de un escaparate que yo, su espectadora, miro como los niños hambrientos que babean ante las vitrinas abarrotadas de pasteles y dulces. Cuando me llamas, atravieso el cristal de la vitrina y me convierto en uno de esos alfandoques que se derriten con la saliva o el calor, magreada hasta los riñones por tus palabras, con más realismo que si lo hicieras con tu boca o con tus manos. Te he elegido a ti porque ningún hombre real de los que conozco me resulta tan imaginario como tú; ningún fantasma me toca. Sólo tú.

Agosto, 2…

Pasó algo muy importante el día de mi cumpleaños. § me regaló una gata negra y coincidió con que, ese mismo día, su hija se llevaba a Chakra (es que mi muchachita, también negra, ¡no es mía!). Me puse a llorar apenas vi salir de su caja a la gatica nueva, como una ardillita loca. No podía reemplazar a Chakra por otra. ¡Eso jamás! Yo, desconsolada, me tapaba la cara con las manos y decía: «No puedo tenerla». Pobre §; no entendía nada, parado ahí, con las piernas temblando, sin saber qué hacer. Trató de convencerme de conservarla. Yo me negué rotundamente y fui a devolverla al albergue. Me conecté con algo doloroso, no sé, un dolor de pérdida, un sabor amargo de madre culpable.

Recordé mi único aborto. ¿Será que pasé por encima de eso como si nada, y ahora una gata, que siento mía, viene a recordármelo? Lloré mucho todo el día pensando en la gatica que devolví; tan bella; durante el trayecto, iba silenciosa en su caja de cartón. En el albergue vi a muchos gatos adultos, de ojos tristes, encerrados y desesperanzados, necesitando el ämor de almas caritativas. Me fui rota de ahí. Pasaron cinco días. Me fui con § para Little Ugly. Allí incubé mi decisión de adoptar mi primer gato. No podía dejar de pensar en eso. Terminé volviendo al albergue, sola, con el corazón desbocado, a buscar uno. Ya la gatica no estaba. Me quedaría con el primero que se me acercara. Me concentré en una jaula donde había dos gatos negros. Metí el dedo por entre la rejilla, y uno de ellos me lo mordió y empezó a chuparlo como un bebé. Ese fue. Ese gato negro sería el mío. Compré todo (arenero, comida, juguetes) para su llegada y ahora está conmigo. Cholo, se llama. Y lo amo como a ella, aunque mi amor por esa gata es tórrido. A Cholo apenas lo acabo de conocer; me he sentido indigna de tanta inocencia.

En estos días duermo poco, sólo quiero observarlos a todas horas. Me interesan más que el mundo y sus peleas eternas y sus catástrofes. Por las noches, me escapo con Chakra a otro cuarto, lejos de Cholo, y nos abrazamos. Se puso muy brava cuando lo vio; emitía unos sonidos horribles desde el estómago, como de tripas retorcidas. Estoy perturbada por ellos, obsesionada. Tengo mucha necesidad de darles, de dar, de cuidar.

Somos muchas mujeres en este país, pero no somos iguales. Aunque el Estado nos quiera meter la mano hasta los mismísimos ovarios, abortar es una decisión que sólo podemos tomar nosotras, individual y autónomamente.

El aborto es un problema irresoluble desde el punto de vista moral, pero atendible como asunto de salud pública. Lo que conduce al callejón sin salida es combinar un tema jurídico con uno metafísico. Nadie será capaz de determinar el límite a partir del cual «el alma» se instala en el cuerpo. Es esa bendita alma lo que preocupa a los «provida», parece. Así, nos seguimos ahogando en la eterna discusión sobre lo que somos. Como no lo sabemos, nos echamos un cuento que se llama «religión» que nos sirve de fármaco para el mareo que produce ignorar por qué nacemos. Particularmente en el caso del aborto, la posición moral le concierne a cada mujer que asumirá su redención o su pecado según sus creencias.

Las mujeres seguirán abortando de todas maneras sin importar qué tan severa sea la prohibición; como los heridos en combate, requieren asistencia médica adecuada para todos sus casos, así como la implementación institucional de políticas de educación para evitar, en lo posible, embarazos no deseados.

Ni siquiera es procedente ponerse a discutir si las mujeres que hemos abortado —y las que lo harán a pesar de todas las amenazas del infierno— somos unas asesinas. Tal vez lo seamos. Estamos matando algo vivo, en eso estoy de acuerdo con la profesora Carolina Sanín, quien al hacer alusión a ese «matar» recordaba también la posición de su colega, la escritora Natalia Ginzburg. Como ellas, no creo que abortar sea un evento banal; en tal momento la mujer es consciente de su monstruoso poder.

Quizá el aborto sea un acto indefendible, pero tal disposición no es un cargo que puedan imputar las leyes. El «asesinato» de nuestro posible hijo no ocurre en lugares de entretenimiento público, no es un atentado terrorista, no es un crimen de Estado, no es disparar a niños en la guerra. Es un desgarramiento que ocurre en la soledad y oscuridad del vientre y el corazón de cada mujer. En ese asesinato es nuestra propia e íntima sangre la que corre, somos el hijo en potencia y la madre en uno, muriendo solos y al mismo tiempo. Por eso, si es un «delito», a nadie más que a lo profundo de nosotras mismas corresponde perdonarlo o castigarlo.

Creía que el haber abortado era un asunto superado. Pero mi relación con estos gatos parece demostrar lo contrario. No sé si no quise tener hijos porque no hubiera tolerado su sufrimiento; ver sufrir a un hijo debe ser algo enloquecedor, por eso creo que por puro egoísmo no fui capaz de darle la vida a alguien; o más bien, de condenarlo a muerte, al dolor que implica existir: la astucia pírrica; matar antes de que venga ella, «la negra muerte», como dice Homero en su *Ilíada*. Opté por matar algo adentro, un pedazo mío, antes de que se convirtiera en alguien; en ese ente que piensa, en esa cosa sufriente que empieza a agonizar desde el mismo instante en que comienza a pensar, a reconocerse y a extrañarse de sí mismo, a ser consciente de que es. ¿Cómo querer eso para un hijo? ¿No es la vida también un mal que no se le desea a nadie? Al decir esto me siento como una impostora; una «cuentera» (como me llamó alguien hoy en Twitter) queriendo aparecer ante mí misma como una heroína filosófica o no sé cómo llamarme a mí misma en este plan. Cuando aborté, aquella primera y única vez, lo hice pensando sólo en mi profesión. Quería ser libre de trabajar en cualquier lado. Un hijo iba a interrumpir «mi carrera»… mi carrera hacia ninguna parte, que es la carrera real de los hombres. Decir que mi aborto no es un asunto superado no logra que me arrepienta de ello. Menos mal no tuve hijos; no me merecerían.

Cholo es el único gato que he tenido; era el único remedio para dejar de sufrir por Chakra (la gata de mi hijastra); me enamoré de esa gata perdidamente. Me quedaba llorando cada vez que la niña se iba adonde su mamá y se la llevaba. Yo ya tenía mis rutinas con Chakra, a veces dormíamos juntas; la niña parecía desentendida de ella, o no sé si, con generosidad, permitía que yo la amara tan mal. La rivalidad entre nosotras era intensa y soterrada; o mejor, mi rivalidad con la niña por cuenta de la gata. Por eso busqué a Cholo en un refugio; para no seguir queriendo apropiarme de lo ajeno.

Sep. 13...

Chicago. Viajé con Cholo huyendo del huracán. Estuvimos encerrados seis días en un hotel. Me costaba dejarlo solo. ¡Es tan tranquilo! Se porta bien, obedece, permanece quieto y callado en su maleta de viaje. Le dan miedo los espacios abiertos. Estoy conociendo a fondo sus hábitos; duerme de largo y me hace dos masajes durante la noche con sus patas delanteras. Adoro cuidarlo y arrodillarme a limpiar su reguero. Me parece un milagro que un animal sea capaz de responder a un nombre y amar, pues, quiero pensar que es amoroso el gesto de Cholo cuando duerme pegado a mí. Como dice mi idolatrada Lispector, los animales aman sin saber que aman, y eso es lo más extraordinario que tienen. Me doblega su sentimiento cuando llego después de haberlo dejado solo muchas horas:

su ronroneo de cascabel, más agudo, con la cola vertical y feliz, dando vueltas, despacio, como administrando la alegría de
verse nuevamente acompañado.

Soñé anoche que se me escapaba. Estábamos en un concierto playero. Me sentía sola, nadie ahí era mi amigo. Estábamos
rodeados de gente extraña a la que no le importábamos. Él, de
repente, sale corriendo. No tiene cadena ni placa. Empiezo a
llamarlo, gritando. Es tal la angustia que no puedo pronunciar
la «ch», no me sale. Veo otros gatos negros que no me reconocen, no son él. ¡¡Cholo!! ¿Dónde estás? Me desperté y lo vi al
lado mío. Respiramos.

Esta casa recibió mucho castigo de la tormenta. De Little
Ugly no sabemos nada.

Alguna vez me sentí atraída por una compañera de trabajo; creí que simplemente me gustaba tenerla cerca. Nos
contrataron como impulsadoras de café colombiano en
una carrera de ciclismo en España y nuestro oficio era
servir café en el camión que esperaba a los corredores en
las diferentes estaciones. Nos habían contratado por seis
semanas; éramos un equipo de cuatro hombres, ella y yo.
Ambas compartíamos habitación en los moteles de carretera donde nos hospedaban; teníamos que madrugar mucho para ubicarnos en el punto de partida antes de que
los ciclistas salieran. Una noche, ella no durmió en el
cuarto. Apareció cuando yo ya estaba lista para salir y, al
preguntarle dónde había estado, me respondió que había
dormido con uno de los compañeros; un joven francés
taciturno, con andar de perro solo. Ella se moría por contarme todo, y ahí fue cuando mi reacción me pareció inu-

sual, pues no quería oír el cuento, pero no por discreción sino porque me dio rabia que se hubiera enamorado. De su relato, lo que más me incomodó fue su descripción de cómo lo había bañado de pies a cabeza como a un bebé y cómo habían hecho el amor después, de la forma más tierna y dulce; la constante repetición de la palabra «maravilloso» me irritaba terriblemente. Todo fue «maravilloso», un hombre con un cuerpo y un alma «maravillosos», fue un momento «maravilloso».

La jornada era intensa, servíamos café a todo el que se acercaba al camión y luego debíamos lavar el piso y las máquinas para llegar impecables a la siguiente parada, proceso que nos tomaba unas ocho horas diarias. Ubicados en la meta, de nuevo recibíamos a los corredores y a la horda de público con más y más café. Regresábamos al hotel arrastrándonos de cansancio. Yo no podía evitar querer ponerle más atención al francés maravilloso e imaginar sus horas de amor con mi compañera. Una mañana mi amiga entró al cuarto llorando porque el muchacho le contó que estaba casado y tenía un bebé de pocos meses. Esa noche volvió a quedarse conmigo; se metió en mi cama y me dijo que no quería apegarse más a su amante sabiendo que la historia se terminaría al mismo tiempo que la carrera. Yo hice esfuerzos para que, estando tan cerca, no notara mi alegría. Ella, mientras hablaba y lloraba, jugaba con mechones de mi pelo distraídamente, con la mirada puesta en otro lado que no era yo ni mi pelo. La escuché hasta que se cansó y se durmió. Me quedé un rato mirándola en un estado de alteración extraño para mí. Tenía una piel preciosa, lisa y tostada por el sol. Sus labios, que sin maquillaje ya eran bastante rojos, parecían una flor recién abierta, o una fresa, o algo muy fresco y apetitoso. En ese momento fui consciente de que me hubiera gustado besarla y ser yo su consuelo «maravilloso».

Nov. 28/...

Acabamos de llegar de Cali de celebrar el cumpleaños de mi papá. Cantó dos días seguidos. Muchas letras de canciones que le he oído cantar toda la vida adquirieron más profundidad y nuevos significados. Creo que por fin supe qué querían decir canciones que, por haberlas escuchado tantas veces, se me habían quedado dormidas en el recuerdo. Sentía cada palabra, cada frase, como si las estuviera diciendo por primera vez; se le veía pleno, como nunca lo he visto.

No sé cómo escribir algo publicable, no tengo constancia. Cuando pienso en que me van a leer, no puedo sentirme libre. Leo y leo para no escribir.

Parecían dos náufragas a la deriva; temían que la tabla a la que estaban aferradas no resistiera más su peso y se hundiera. Esperaban que algo dentro de ellas —una certeza— surgiera y viniera a rescatarlas. No se veía nada; sólo el cielo y el agua confundidos en un azul despiadado. Ambas sabían que las fuerzas no aguantarían para siempre como querían.

Gastaban los domingos acostadas en la cama, por lo general, trasnochadas después de alguna fiesta en la que ambas habían derrochado algún estado de ánimo siempre extremo. Se despertaban tarde, preparaban un desayuno opulento y se hartaban de panquecas con miel. Luego, terminaban anudadas una a la otra, convertidas en una sola masa vibrante y caliente; un solo cuerpo estremecido de delicia y desespero. Al final, sellado el estrecho pacto materno, minutos después de aquella mutua y fluctuante contención, una de ellas ocupaba el rol de la hija amamantada por su madre agotada, y así, prendida de su pecho, se volvía a dormir. Luego, casi como si fuera una asignatura obligatoria, venía aquella pesadilla de casi todos los domingos. Ambas, indistintamente, soñaban que no podían moverse, siendo conscientes de estar en esa cama, mamando de la teta de sus madres, una y otra. Durante la pesadilla, trataban de hablar, de gritar, pero la parálisis era total; parecía como si una serpiente constrictora las asfixiara. Una de ellas empezaba a emitir sonidos que por fin despertaban a su compañera, quien, sacudiéndola, intentaba sacarla de su pesadilla.

Cuando se despertaban de la siesta del desayuno, sobrevenía el descenso al infierno. Las dos tristezas, las dos angustias, galopaban juntas al unísono, orgásmicas, monstruosas. El domingo, instalado en el crepúsculo de la tarde como un mal de amor, entraba por la ventana con sus sombras y escasos rayos de sol. Entonces encendían la televisión y elegían, a propósito, un programa estúpido para olvidar su condena, en lugar de ponerse a rezar.

Cuando se separaban, lloraban como si, en vez de lágrimas, les saliera sangre por los ojos. Ninguna recordaba haber experimentado nunca un dolor igual a ese. Eran dos bestias agonizando y sufriendo un dolor oceánico e indecible como el de los otros animales que no tienen en su lenguaje el remo de la palabra para cruzarlo.

Sus colores parecían estar a punto de sobrepasar su capacidad de ser un color, y sus emociones pasaban por una especie de telaraña pegajosa que tejían entre las dos y en la que se quedaban atrapadas como las moscas. Cada variación del sentimiento se sentía con más violencia; el centro psíquico era un dínamo que rotaba con la ira, con el miedo o con la dicha, y los hacía girar sobre sus propios ejes a revoluciones tan altas que desafiaban lo que un solo cuerpo puede resistir sin enfermarse.

Dic. 4...

Vuelo a Ámsterdam. Pienso en mi gato con un amor infinito. Su silueta es tan elegante, y tan plástica su forma de andar... Parece una pantera en miniatura. Cuando me mira desde ese instinto salvaje que todavía resplandece, a pesar de pequeños signos de domesticación, me conmueve la pureza de su alma feroz. Esa conmoción es lo más parecido a saber la Verdad sobre algo; aun ignorándolo todo sobre su ser como individuo que ve, oye, huele y siente. Yo, desde mi limitada humanidad, interpreto sus miradas y acciones, como hago con el resto de la gente y del mundo. No tengo otra opción cuando el misterio de su presencia me deja muda y mirándolo, embobada, durante horas.

Estaré separada de él quince días y hoy es el día uno.

Me gusta Ámsterdam. Me acerca más a D, a quien quiero mejor cuando estoy ahí.

Soñé que debía presentarme en un teatro, con mi obra *A solas*, después de mucho tiempo sin hacerlo y sin cantar. Sandro Romero Rey, su director y coautor, me toca la puerta del camerino, como hacía siempre (era la muerte con su guadaña en la mano). Todo está listo para el show pero me angustio porque sé que seré un fiasco. Para mí, cantar en público es penoso, terrorífico; es exponerme al ridículo más grande. Mi voz es débil y no suena a nada mío. En el sueño, me preocupa no poder recordar las canciones que yo misma he escrito. ¡Qué vergüenza! Es como si saliera a correr desnuda por la calle. Sueño repetidamente que debo presentar *A solas* sin haber ensayado.

En otra parte del sueño, estoy vestida de blanco —como lo hace mi padre cuando se presenta en sus shows— y empiezo a entonar una canción latina que, en ese momento, suena a algo exótico, armónicamente complejo, como me gusta, y con una melodía impredecible. La describiría como un chachachá subterráneo o ultramoderno, o modal, y empiezo a cantarlo con la misma pasión con que vi a mi papá cantar en su cumpleaños, con la misma expresión expandida de éxtasis en los músculos de la cara, húmeda de un rocío radiante, como cuando me perdía en el presente de mis ejercicios de actuación, arrobada, arrasada por aguas imparables. El arte de cantar esa canción en particular salía de mí como una plegaria, y yo, irradiada por un reflector de teatro e iluminada por dentro, cantaba con una voz mía que nunca he escuchado y que se quedó perdida en el sueño.

Voy sentada en una de las sillas traseras del bus del Colegio Bennett de Cali. Son las 6:15 a. m. y tengo, a lo sumo, once años de edad. Miro por la ventana los parajes de mi ciudad natal todavía enjugando el rocío del alba. El recorrido desde mi casa hasta Ciudad Jardín, el barrio suburbano donde están situadas las instalaciones, dura casi una hora, lapso en el que mi mente revisa pensamientos incompletos, pedazos de sueños y laberintos de conjeturas sobre el porqué de las cosas.

Me hallo incómoda «metida» en mi cuerpo. Siento que estoy viviendo un segundo de eternidad en medio de este grupo de niños a quienes veo como seres extraños, como si yo misma fuera una extraterrestre recién llegada que no comprendiera nada de su nuevo entorno y sólo respirara la nostalgia de su planeta de origen, a millones de años luz, con la ansiedad de los desposeídos. No soy capaz de compartir mi sensación de irrealidad con la compañera sentada a mi lado; se supone que somos niños y niñas «normales» y debo comportarme como algo parecido a eso.

El motor del bus ronca forzadamente mientras da vueltas trepando las colinas de donde cuelgan los barrios Normandía, Juanambú y Santa Mónica. Se repite un episodio que me horroriza: todos los días, a esta altura del recorrido, un niño se marea y vomita. A veces, son más. Algunos avisan a «la señorita del bus» —cuyo perfume empalagoso no he podido olvidar— y ella les ayuda a sacar la cabeza por la ventana para que sus caritas pálidas reciban aire fresco; otros, sencillamente, se despachan sin ningún control, ahí mismo, sobre el uniforme y los zapatos.

La primera vez que observé esto, pensé que era un hecho aislado hasta que la repetición cotidiana lo convirtió en un ritual degradante donde se proyectaba de forma más intensa mi rechazo a las miserias humanas. Poco a poco, empecé a experimentar los primeros embates de una especie de calambre demoníaco, un pavor medular, no traducible en palabras; por eso, debido a mi léxico todavía limitado y a la persistente coincidencia con el malestar de aquellos niños, lo identificaba con las mismas ganas de «devolver» todo; sólo que esa náusea precoz iba más allá de lo expulsable. Era tan imposible de sufrir que incluso pensaba que si «me dejaba ir», como ellos, la fuerza de mi avalancha interna me mataría.

Esta tormenta impronunciable y vergonzante era el trasfondo de mis mañanas; se iba haciendo cada vez más feroz y sucedía en el hermetismo de mi fantasía. Conseguí ocultar la borrasca hasta que, una tarde, sin permiso, un hecho «intrascendente» desencadenó la puesta en escena, concreta y espectacular, de mi primer ataque de pánico en público.

Ocurrió durante una clase de Ciencias. El profesor Hendricks, amarillento como una enfermedad, llevaba más de una hora adormeciendo a sus alumnos con su voz monocorde y de bajo volumen. Sólo hasta que empezó a explicar la estructura del sistema solar, mi cuerpo se sacudió. Cuando dijo en inglés norteamericano «*there are millions of solar sistems in the universe*», sentí que explotaba en mí el Big Bang. Visualicé la Tierra como un microbio en medio del negro océano cósmico y sentí que yo desaparecía, ¡que no existía! Me paré y empecé a gritar ante la estupefacción de todos; salí corriendo del salón de clases y atravesé un campo vacío, dirigiéndome adonde se encontraban las oficinas. Rogué que llamaran a mi papá para que me recogiera, sin dar más explicaciones. No sabía qué hacer; sólo necesitaba el abrazo de contención de mis padres para confirmar que era alguien real en este mundo.

Tal acontecimiento tuvo sus consecuencias. No quise volver al colegio a ver a ese profesor muerto en vida ni a los niños «descuajándose» en el bus ni saber nada de las inmensidades del cielo. Desde ahí, vinieron muchos años de terapias de todo tipo; desde psicoanálisis «línea dura» hasta conductismo raso.

Sin embargo, esa especie de desarraigo nunca ha desaparecido del todo; los pánicos vuelven, sobre todo, cuando estoy en situaciones de las cuales no puedo escapar. Por eso nunca he podido hacer teatro ni cantar en público y con calma mis canciones, sin pensar que me voy a morir en ese mismo instante.

Dic., lunes

Regresé una semana antes de Ámsterdam. No aguanté estar lejos de Cholo.

Dic.

Soñé con H. He sido invitada a su casa a filmar una conversación que hará parte de una especie de documental que él mismo está dirigiendo. Él, como siempre, se encarga de todo, interviene en cada detalle de la puesta en escena. Me recibe risueño, alegre, entusiasta; lo veo joven, como cuando lo conocí. Me acomodan un micrófono en el pecho y nos sentamos a conversar en dos sillas dirigidas una a la otra. Empezamos a hablar de nuestro pasado. Él me escucha con atención y una sonrisa que parece decir que la entrevista está saliendo bien, que hay «buen material». Sin embargo, no parece emocionalmente involucrado o afectado por lo que digo. Hay un momento en el que me pongo de pie y lo beso (el primer beso que he podido darle después de haberlo perseguido en sueños por años y años). Aun así, persiste la sensación de que es inalcanzable para mí. Me confiesa que él también me extraña y que podemos todavía tener esperanza de juntarnos. Durante la entrevista, hay gente alrededor, personas que ayudan en la producción. Le pregunto cómo se toma su esposa todo esto, pues, al parecer, nos hemos confesado amor mutuo. Él dice que ella lo sabe todo; de hecho, está presente en esa casa donde hacemos la entrevista. Yo me pongo furiosa, hago como que no sabía que me estaban grabando y me siento muy ofendida. Comienzo a gritarle, con un buche de comida en la boca, frases que tratan de ser inteligentes, con el propósito de hacerlo sentir culpable. En un momento dado, acepto que me estoy engañando a mí misma y que yo sabía, desde el principio, que era una entrevista grabada. Le pregunto si ya me puedo ir y él dice «sí» con la cabeza.

Ya no tengo mucho que decir sobre ti. Tal vez no merezcas tú mismo ni una letra de lo que escribo, aunque no tengo claro qué significa merecer algo. La pregunta por el Padre sí merece ser formulada, al menos. Mi padre no es el Padre; no es una ley sino un hombre ave, un fugitivo, alguien que se va. Me parece muy fácil —y hasta mentiroso— decir que busco en ti a mi padre, pues representas, en cierto modo, lo contrario. Mi papá es un hombre guapo y vital, un soñador y buscador de tesoros, un creador de manantiales, un muchacho, un antagonista del «sistema», un anarquista, un disidente, un ave cantora. Tú, en cambio, eres físicamente repugnante y viejo, con la sonrisa y la mirada atrofiadas por el roce corrosivo que se da en «las altas esferas» de esta sociedad racista, arribista y clasista. Eres pesado y timorato.

El Padre es un «Aquello». No es un Dios, ni siquiera eres tú. Es un núcleo, una atmósfera, el oxígeno que llega a nuestros pulmones. Es aquel a quien obedece nuestro instinto obsceno. Es el que nos ha dejado claro lo que significa la palabra «obsceno». Tú y yo somos estragos que el Padre ha hecho. Sus restos, sus cocineros, sus sirvientes, sus sobrevivientes. Tú tampoco has sabido qué hacer con tu supuesta virilidad. Te he visto interpretando torpemente tu papel, tan diametralmente distinto a tu destreza con la palabra, tan contrastante con el rol de tu voz cristalina. Tu desempeño como hombre de mundo está bien calificado por los anfitriones de las fiestas. Pero ser «un hombre de mundo» te deja sin hegemonía cuando ese mundo es el cuerpo de una sola mujer. En el fondo, nos parecemos en el resultado, que es conseguir no amar, o no acercarnos a nadie en profundidad. Yo busco a los hombres que no puedo alcanzar para que nunca se atrevan a tocarme. No creo que se pueda amar a alguien a quien no se ha tocado nunca. Es posible que un sinónimo de «amar» sea «tocar». No me hiere tanto que me hayas tocado de forma tan apocada; me ofende que te ufanes de haberlo hecho o que creas que, acaso, me tocaste.

Dic..., 2...

Antenoche volví a soñar que debía cantar sin saberme las canciones. Estoy espantada ante el hecho de cantar. No estar preparada para «presentarme» frente a otros equivale a mi desintegración.

La voz que oigo no es propiamente la voz de un ángel o de alguna entidad destinada a dar algún mensaje. Es, más bien, una vibración infinita, fractal; a veces también parece una ganzúa que engancha un doblez oscuro dentro de mí. Esa voz es un acorde que convierte todo mi organismo en un tímpano. Sí. Esa voz tiene música y autoridad; también una funcionalidad que sólo pertenece a su sistema; no puedo predecir sus inflexiones ni las notas siguientes; es una pieza que no acaba nunca, sólo se interrumpe por lapsos largos o cortos y su silencio forma parte de su melodía soberana. Esa voz viaja a través de todos los elementos; su emisión no «dura», como todo aquello que le pertenece al tiempo. La reconozco siempre, no importa cuántos o quiénes sean sus médiums.

He vuelto a oírla después de varios años. Tampoco sé de qué depende su forma tan inesperada de aparecer. El efecto es siempre el mismo. Me perturba y me encanta. Otra vez la canción que no termina. Si siento que me está haciendo daño su hechizo, me toca hibernar por siglos y taparme toda con mantas de tierra o de agua porque he caído enferma, infectada de nuevo. En el fondo, me gusta no saber cómo termina la canción o si habrá de terminar, de hecho.

Paso por períodos en los que detesto toda la música. Pero con mayor intensidad la que se vende a los gritos y a la fuerza por todas partes. Me enerva lo predecible y lo tonta que es. A esa pobre música pálida se le ven las venas sin sangre, muerta viviente, desechable. Triste o alegre, deambula desesperada como una hormiga picosa, excitando al precio más bajo la sensiblería de la gente. Siempre se sabe cómo se comporta esa música miserable; un monólogo agotador en el que palabra, melodía y armonía se envilecen entre sí sin ningún pudor produciendo una fórmula temible y adictiva, prescrita para que el mundo alcance el paroxismo de la brutez musical. De repente se me pasa y me pongo a oír la radio y canto yo también el coro de la bobería.

Cuando oigo la voz me quedo gravitando en su tonalidad ambigua, queriendo descifrar lo que hay en el limo de su modo inclasificable. Quizá por eso me rescata la música que no se puede tararear; la de pasajes incómodos, esteparios.

Voz también quiere decir palabra. Las palabras dicen más por su música que por lo que intentan significar. La voz «voz» viene de *vocare*, llamar. Eso. Una llamada…

Por estos días he recordado mis bochornosos encuentros sexuales con XX. Me resultaban humillantes para los dos, porque yo nunca quería y él lo percibía. Se conformaba con lo poco que yo podía darle en ese sentido, que era sólo poner mi cuerpo a su disposición, como una especie de tubo de desagüe, y ya. Me sentía indigna al hacer eso y lo veía indigno a él también. Cada vez quería que pasara rápido; que tanta vergüenza fuera breve.

Lugar: la casa de ella. El juego está planteado. Ambos saben para qué se encuentran ahí, solos por primera vez. Ella siente que le corresponde hacer el próximo movimiento en el tablero de ajedrez (que no sabe jugar). Se aparta de él y se acuesta en su cama, vestida. Cree haberse enamorado de ese hombre que camina encorvado como un buitre desorientado mientras da vueltas alrededor de la carne olorosa, sin atreverse a probarla. Ella ha soñado con aquel carroñero de instinto atrofiado.

El sol de la tarde ha calentado el aire. Ella aguarda. Se acomoda en esa soledad tan femenina que supone esperar a un hombre. Parece que él temiera ese momento; es más, parece que fuera lo que más ha temido en su vida. Como soberano monarca del mundo, tal vez nunca contempló que era más fácil sostener aquellas casuales llamadas obscenas. Camina un poco y empieza a mirar sus cosas y a tocarlas sin tocarlas, tratando de ignorar a la mujer que lo espera, por fin seducida, servida y troceada. Ella sigue anhelando que él actúe la gran escena de su poder; esa misma que interpreta ante su corte de súbditos.

El día se va cansando. Él sigue malgastando los preciosos minutos que quedan antes de salir para un compromiso y mira su reloj de oro; no quedan muchos. Se sienta a los pies de la cama. Se acuesta sin quitarse los zapatos. Luego, se gira hacia ella. La cubre torpemente con su cuerpo largo y el abrigo de paño (su capa de rey) tan adherido a él como las alas de un murciélago. Mirando hacia un costado, abre la bragueta de su pantalón.

Ella le ayuda subiéndose la falda. Trata de no mirarlo, así como está haciendo él. Ella siente vergüenza por los dos, y por el mutuo deseo asfixiado. Él no es el mismo que le daba órdenes jadeando por teléfono ni el fanfarrón a quien ha oído referirse a las mujeres como muñecas uniformadas. Ahora, ella ve a un emperador espantado y trágico que, ocultando su desnudez, se siente morir de cobardía.

Como un tronco colosal y rígido, despeñado sobre ella, cierra los ojos; le clava en el cuello del vientre su espinoso pico de ave y, en un solo aleteo repentino y fugaz, impele el licor más suyo, como escupiéndolo. Luego, dice: «No puedo creer que te lo metí», como un joven estudiante de enfermería que recién ha aprendido a aplicar una vacuna. Se despiden.

Dic. 2

Soñé con M. Habíamos sido invitados a una reunión familiar. No me puse maquillaje. Estaba contenta de verlo; él se había alisado el pelo. Estaba risueño, como siempre. Me invitaban a cantar. Yo tendría un concierto y usaría ropa casual; pantalones viejos de lino, muy cómodos. Nada sexi.

Es encantadora la diversidad de opiniones alrededor de este adjetivo tan popular: lo sexi. Al ser el erotismo un vector fundamental de la escena humana, las sociedades se empeñan en seguirlo usando como arma infalible de persuasión, así como usan el dolor o el miedo. Pero en el factor que nos ocupa, el atractivo es doblemente intenso por ser una combinación mortal entre el placer sensorial intenso y la oscuridad del misterio de la vida.

Por esa razón, en lo explícito rara vez se hallarán las condiciones de lo erótico, pues una de sus principales características es la elipsis; aquello no dicho que provoca el deseo de descubrirlo.

El juego siempre será sexi. De este punto en adelante, la cualidad podría aplicársele a cualquier cosa. Por ejemplo, a los cuatro elementos de la naturaleza. Tanto el agua como el aire, la tierra y el fuego son altamente sexis. En todos ellos trasluce el enigma de la vida; nuestros cuerpos obtienen de ellos placeres voluptuosos, y sus feroces manifestaciones les conceden poder sobre nuestros sentidos.

Hay horas del día más sexis que otras. Sin duda, los momentos en que el sol nace o muere lo son en buen grado; los colores del alba y del atardecer encubren los secretos de los amantes, sugieren la vida y la muerte de la luz, y todo aquello que se pregunta el hombre subyugado por hermosuras que lo sobrepasan. Las verticales doce del día no me lo parecen tanto, quizá porque lo curvo es decididamente más sensual que lo perpendicular y, también, porque a esas horas no hay sombra. La sombra es sexi.

Sigamos, pues, huyendo de los clichés que la publicidad se ha encargado de propagar. Lo sexi no es un atributo superficial ni mucho menos. Para acatarlo en nuestra opinión se efectúan extraños enlaces que tienen lugar en buena parte del inconsciente, y esto es lo que hace aún más sexi lo sexi. Hay erotismo en la contradicción, mas no en la certeza. Puede ser por eso que no sea lógico encontrar los olores orgánicos a veces fuertes y desagradables, muy excitantes para la libido. Todas las partes del cuerpo pueden ser sexis.

Las frutas son sexis. Sus jugos, formas e infinita gama de dulzuras son incitadores, deslumbran las papilas, se chupan, se chorrean, se muerden. Una papa, por el contrario, almidonada y seca, fluye menos como alimento de la sensualidad, aunque para hacer que algo no sexi se vuelva sexi, se necesita ser artista, el prestidigitador del erotismo por excelencia, ya que el arte es brutalmente sexi. Pero eso sí, en el terreno de lo comestible, para mí, el chocolate se lleva todas las palmas.

Las voces graves con cierta disfonía son seductoras e intrigantes; tienen sombra, son oscuras, terrosas. En cambio, una muy aguda y metálica es una voz de alerta; se asocia con facilidad al aviso, la tensión, las ambulancias, las cantaletas. Es sexi la mirada honda e inteligente, el sentido del humor, la confianza y la comodidad; no así los ojos vacilantes y la falta de carácter.

La lista es interminable. Hay profesiones más sexis que otras; texturas, bebidas, carros, música, maneras de caminar, de vestirse, idiomas, paisajes, incluso, muebles. En fin, todo lo que involucre una asociación sensorial con su respectivo paseo en el inconsciente.

Hace poco vi una foto de Lauren Hutton a los setenta años en la portada de la revista *Vogue*. Pensé en la vejez, tan castigada por el miedo al paso del tiempo, y, en la cultura occidental, excluida de cualquier relación con lo sexi. Aquella mujer, de carcajada franca y vestida como ella misma, es la prueba viva de que se puede ser sexi hasta en «la tercera edad», y que lo sexi en el ser humano es una condición de la personalidad que se emana de forma natural como un perfume embrujado. A propósito, en esta última frase hay una trinidad exquisitamente sexi: lo natural, el perfume y el embrujo. Para qué más.

Dic 2...

Soñé que era novia de un arquitecto (mi papá es arquitecto). En el sueño, aquel muchacho, de treinta y cinco años más o menos, y yo tenemos mucha química. Lleva el pelo negro, largo, peinado hacia atrás; es un tipo de espalda ancha, fuerte y atractivo. En el sueño estoy delgada, como me gusta, y tengo puesto un vestido negro de lycra. Lo recibo abrazándolo, montándome a horcajadas en su cintura. Vamos juntos a un sitio donde le harán una entrevista; nos espera un grupo de periodistas. Él me pide que nos tomemos una foto juntos para subirla en sus redes; yo me ofendo (siento que me está utilizando) y salgo disparada. «Los espero abajo», les digo a él y a su *entourage*, sintiendo que ya no significa lo mismo para mí. Él me había estado preguntando, ansiosamente, si yo conocía a «gente famosa». Me molestó su oportunismo, pero en el sueño no sufro por eso; me siento libre para no seguir con él.

Andas perdido. Te sigo el rastro sólo por el recuerdo que tengo de las pocas veces que te he visto y de las muchas que te he oído. Eres la voz que oigo desde los extramuros del tiempo y que surge directamente del infierno. ¿Recuerdas que te dije que evocas al personaje Voland de *El maestro y Margarita*? Voy a tratar de explicarte porqué, sabiendo de antemano que el mago de Bulgákov es una versión de Satanás mucho más heroica y bella que la que veo en ti. Ese brujo (como a veces te llamo también) llega a una ciudad, a una sociedad estrecha y corrupta, a formar el caos, a desconcertar a una horda de burócratas de la política y el arte. Viene con su séquito de demonios bufones a burlarse de la soberbia y la ambición de todos aquellos que se creen importantes, y a buscar a la mujer digna de presidir el baile del infierno. La mujer que elige es una joven desdichada, infeliz por la desaparición de su amante, un escritor que ha enloquecido mientras relataba un cruento episodio sobre un condenado por Poncio Pilatos. Ese mago, ese Satanás, cumple su cometido: consigue todos los objetivos y concede la gloria de la eternidad al maestro escritor y a su enamorada, no sin dejar la ciudad damnificada y centenares de edificios incendiados en aquella correría de burla y venganza, plagando el manicomio de locos. Ahora me pregunto en qué medida puedo asociarte con un Lucifer tan sublime y consciente como ese, capaz de rescatar el fracaso y el delirio como modelo de lo humano. Me temo que solamente te le pareces en lo que se refiere a su autoridad nunca cuestionada por su corte de payasos. Eres un diablo astuto pero poco sabio. El juego del poder es tu preferido y no tienes reparo en que se note; casi te gusta alardear de ello; mostrarnos que tus aliados son los hombres que tienen acorralado a este país en el deshonor. Crees que eres Voland, pero no sabes que en realidad eres Koróviev, el limpiabotas más granado de todos los subalternos de aquel Satanás maravilloso. No. Definitivamente no tienes la estatura de ese Mal que se reconoce a sí mismo. Pero te relaciono con el Lucifer de Bulgákov por el tono sobrio de tu presencia, por tu ubicuidad (ese saber no estar en ninguna parte, aunque yo crea verte en todos lados) y por tu forma escalofriante de no decir nada concreto. Pero, sobre todo, por la huella de niebla que dejan tus pasos; y por esa voz, que pareciera decir algo de mí con sólo sonar.

Son las 5:30 a. m. La alarma suena un poco después de haberme despertado. Estos primeros minutos de consciencia me traen una calma súbita y sagrada, como la que podría sentir alguien que ha estado a punto de ahogarse en un naufragio y ahora descansa, exánime, en la playa. Me siento devuelta a la vida por unas olas piadosas.

No puedo evitar mirar hacia atrás y felicitarme por haber resucitado de tantas muertes, provocadas, en su mayoría, por debacles sentimentales donde me perdí de vista completamente. He sido esclava de la tiranía de relaciones en las que abundaban los portazos, los silencios de plomo, los llantos, la culpa, la ambigüedad, los celos y la manipulación psicológica. Inicié relaciones en las que me engañé a mí misma, por un buen tiempo, con la idea de que había encontrado a la persona de mi vida.

Ya es cliché aquello de que el origen de las relaciones tormentosas es nuestra pésima relación con nuestra soledad fundamental. Pero me resulta cierto. Por no soportarla, me resigné a permanecer en un lugar aparentemente seguro y aburrido, odiando al otro por mi propia incapacidad de alzar el vuelo, y cortándome las alas yo misma.

Esa soledad de la que hablo no es circunstancial, ni mucho menos. Es una cavidad abismal que tiene fondo profundo y que está más allá del tiempo y el espacio. La Soledad. Es una gran montaña que me ha sido necesario escalar desde la base, ancha e inabarcable, donde la oscuridad es absoluta y temible.

En Ella se silencia todo el ruido que hace mi menesterosa personalidad, a la cual he atribuido un valor exagerado. La baja tolerancia que le he tenido a la reina de todas las soledades, que es cuando me golpeo de frente con la mentira de mis montajes emocionales, provoca aquella búsqueda desesperada de algún culpable; y, de verdad, ha habido personas dispuestas a interpretar al villano de mi telenovela. Nunca habría dejado de escoger como pareja a mis agresores, de no haber tenido los ovarios para agarrarme *in fraganti* en mi propia trampa.

No terminaré nunca de existirla a Ella, la Soledad, que me deja siempre sin más apoyo que mi propio poder de reconocimiento y me invita a tomar aire para dar el grito de independencia; Ella, que me exige coraje y quietud en aquella zona desde donde registro, con toda mi consciencia, la legítima dimensión de mi terror. Ahí percibo con todos mis sentidos la textura suave de su sustancia desconocida y temida. Es el momento de no salir a buscar a alguien que me alivie de un destino que sólo le concierne a mi propia alma. Y aguantar. Sí, aguantar el primer chaparrón de dudas y fantasmas que se irán disipando a medida que atraviese, con determinación, el camino de la liberación (sí, esa es mi fe). La Soledad se alegra cuando uno va a visitarla.

El acto de agresión más violento que he cometido contra mí misma ha sido no concederme la oportunidad de sentirme sola hasta los tuétanos. En ese lugar sombrío atravieso el pasaje para viajar a lo largo y ancho de mi universo más ignorado, lleno de sorpresas fascinantes, lecturas, talentos, juegos y recuerdos, que incluyen alegrías, dolores y horrores, demonios y ángeles con los que puedo crear mundos hasta el infinito. De ahí el respetuoso recogimiento y la compasión que experimento cada vez que la Soledad toca a mi puerta, o yo toco la de Ella, aunque sea para abrazarla con nostalgias y desgarramientos. De su mano he visto un mundo para compartir, pero no uno para sacrificar a cambio de falsas compañías y afectos suplicados.

Las soledades tormentosas son aquellas que no se dejan estar, las que aturden con horribles chillidos que presagian un infierno de eterno abandono y arrojan a buscar lo imbuscable. La entrada a los predios celestes de la Soledad es una puerta alta y pesada, y la llave de oro que la abre está perdida en Ella misma. Hay que llamar, con mucha fuerza, antes.

Enero, 2...

He comprado muchos libros. De un tiempo para acá lo hago compulsivamente; entre ellos, un gran volumen de Alejandra Pizarnik. Estoy encantada leyéndola. Me siento espiándola. Descubrí que para leer y comprender un texto hay que hacerlo con morbo y hambre. Otras veces lo he hecho por tarea, como obligándome a leer las cosas que han leído los «intelectuales» como ella. Su poesía es carne pura, su modo de expiar el dolor; su angustia es tan bestial y fecunda que, sin ella, no creo que su arte hubiese sido posible. Cada oración suya, incluso la más banal o cotidiana, es una joya. Aun sus frases desmembradas brillan de sentido. Tengo su diario sobre mi mesa de noche. Esas páginas físicas hierven y vibran como seres vivos. ¿Será esto lo que queda después de morir? ¿Es esto no morir? ¿Será esa la voluntad de ser (como la «voluntad de poder» del amigo Nietzsche) que sigue viviendo en cada párrafo y que cunde la materia? Hace rato no leía con tanto poder.

A los ocho años, terminé en el consultorio de Florentina Londoño, psicoanalista infantil, porque hacía meses vivía en mí un demonio que me sacaba espantada de las aulas de clase, de las fiestas de cumpleaños y de mi propio cuerpo. Me alivió advertir que ella no llevaba puesta una bata blanca de médico, sino una falda larga de flores. En la primera consulta, a duras penas hablé, pero agradecí estar acostada en el diván y pensar que en algún momento delataría sin piedad a mi demonio; lo haría mirando al techo y no bajo la mirada dulce pero profética de Florentina, tan sabedora de que, allí más que nunca, el silencio también era un buen interlocutor.

Lo que yo llamaba demonio tenía un nombre menos lúdico que me enseñó ella: angustia. No era el miedo al agua, a los viajes en avión, a quedarme encerrada, o a las multitudes, lo que más amargaba mi vida; se trataba de algo más sin remedio; una especie de náusea subterránea, un descubrimiento fatal más allá de las cosas. Era asombro de que yo misma existiera como una identidad separada y destinada a la aniquilación, como un yo que me resultó extraño y del cual mi «alma» quería escapar. Un día ocurriría la muerte de todo. Se acabaría el tiempo. ¿Había «cura» para la enfermedad de «ser»?

Todavía me pregunto si fue por mi amorosa conexión con ella que el psicoanálisis terminó siendo tan terapéutico para mí como puede serlo el arte. Quizá sea literatura, una ficción más, por la extrema importancia que se le da al lenguaje en su fascinante método de asociación libre de ideas e interpretación de sueños y lapsus. Ahí, como en un texto magnífico, las palabras son joyas preciosas, llaves que abren flujos inconscientes; ninguna se desperdicia. Cuando contaba mis sueños, me daba la impresión de que esa narración atemporal y multidimensional, llena de imágenes, iba configurando un pasaje poético. «Ha tenido usted un sueño muy hermoso», me decía a veces Florentina. Y así empezaba su amorosa labor de rescate de sentido desarticulando símbolos en un proceso sanador, no sé si más por lo bello que por lo científico.

Nadie podía ayudarme a resolver el drama filosófico, pero gracias a aquella mujer, Florentina, encontré una vía creativa, propia y, por qué no, infinita de transitarlo. ¿Acaso no es la creencia en metáforas lo que pone fin al sufrimiento del espíritu?

Enero, 2…

He cruzado muchos mensajes con L. La mujer delira, me culpa a mí del desmadre que es hoy su vida. Le he dicho todo lo que pienso de ella; puras frases baratas y melodramáticas. Con razón son tan populares esos diálogos remanidos sacados directamente de la vida remanida de nosotros los humanos. Somos una pobre raza pataleante. Me he puesto mal. Ella no razona de manera ordenada (como si yo lo hiciera, qué fe la que me tengo). De pronto mi locura consiste en creer que para razonar es necesario un solo orden: el mío.

Me insultó con frases venenosas e insidiosas. Somos unas pobres mujeres; cuánto ruido. Sentí calor en la cabeza y miedo de que se me fueran a reventar las venas de la rabia. Tuve que parar el carro para respirar. Le dije a ¥ que cancelaba mi viaje de vuelta. Soñé que nos asesinaba y luego se mataba ella.

Es innombrable el dolor que arrastra, como una red de infamia, esta mujer herida de muerte que ha preferido vengarse del mundo para no tener que enfrentar su propia agonía. Ella es el Hada Oscura, La Madre del Infierno, La Mandrágora; es La Bestia llena de odio hacia todo aquel que pretenda amarla, por haber sufrido, en tiempos profundos, alguna o quizá muchas afrentas nunca perdonadas.

Aquella mujer está sola en su celda de espanto y cuando salga repetirá en cada una de sus víctimas la escena de su propia tragedia de abandono. Hará acopio de todo el poder del que, por naturaleza, disponemos la totalidad de las mujeres, y hará con él una obra maestra del mal. Usará su fina inteligencia e intuición salvaje para tejer, hebra por hebra, el velo de su trampa. Vestirá sus ropajes más sugestivos, aquellos que acarician con deleite sus formas malditas, y sabrá bordar en perlas su sonrisa envenenada. Ella sabe que su cuerpo es arma mortífera y hará uso de él con la sabia precisión del mejor estratega para lograr el daño perfecto, su único propósito. Abrirá las compuertas de su vientre en llagas y arrasará con su caudal de fluidos perfumados y luminosos a todos los incautos que, atontados por aquellos aromas, beberán enceguecidos de deseo. En ese momento fatal llegarán los esbirros de la Reina del Fuego y se encargarán de llevar sus cuerpos desmayados a las cámaras ardientes donde ella, Perra Maldita, los devorará con gula y fruición.

A veces será ella misma, solitaria y rastrera, quien espiará a su presa; la seguirá con todos sus sentidos durante horas, meses, años, y la asaltará desde la sombra de su noche hambrienta, propinándole el abrazo mortal de las serpientes.

He aquí el mito de La Mujer Maldita; mujer portentosa, capaz de generar históricas guerras; de gobernar pueblos y a sus mismos gobernantes; de extraer una sinfonía de placer y tormento para ensordecer la voluntad de los ebrios, que se debatirán, impotentes, entre el amor y la muerte.

La mujer maldita reirá a carcajadas del hombre pusilánime y sin carácter que no se atreva a mirar de frente sus ojos de acero; lo manejará a su antojo como una marioneta que ella operará desde sus alturas con sutiles hilos —Bruja Negrera— para que complazca sus caprichos imposibles. Hará del hombre ambicioso su desafío más osado; le hará creer que es él su elegido, para luego restregarle su codicia, humillándolo ya de rodillas, después de haberlo amado. Esta Hembra de Hielo no se enamora ni se deja quebrar del llanto primitivo que resuena en el fondo de su abismo. Su alimento es el sufrimiento de aquel que morirá por ella.

Todas las mujeres somos, en algún grado, malditas. De otro modo, no seríamos capaces de retar el dolor de dar a luz un hijo ni de luchar a dentelladas —con quien sea— por defenderlo.

La Bestia Herida da vueltas en un punto remoto de nuestra inconsciencia como inapelable resultado de dolores necesarios. Quiero reconocerla y aceptarla, pues ella tiene hambre de mi alma, y debo alimentarla con mi inventiva y creatividad. La mujer malvada y resentida ocurre cuando cercenamos nuestro poder creativo, que sublima todas las iras, y cuando culpamos a los otros por nuestra incapacidad de ser libres. A esta Loca del Pantano hay que visitarla de vez en cuando y no asustarnos con sus fantasías rabiosas y malsanas. Pisaremos con sigilo arenas movedizas para acercarnos a ella, Animal de Monte, y le entregaremos con dulzura un pincel para que pinte sus padecimientos; o una falda para que baile sus furias; una escena para que grite, gima y llore; un libro en blanco para que escriba sus historias de pesadilla, o cualquier símbolo a través del cual ella pueda romperse sin limitaciones. De lo contrario, tarde o temprano, asfixiada por nuestros prejuicios, nos traicionará sin contemplaciones y usurpará el lugar que le corresponde a lo cotidiano, amargando cada hora de nuestros días y de los que amamos. Nunca callemos a la maldita mujer que llevamos dentro. Sólo démosle un santo lugar; el único donde es posible perdonarla.

Ayer vi a I. Qué bruja más sabia. Lee las cartas antes de tirarlas. Creo que lee el pelo, lee la ropa, lee todo el campo energético de la persona. Es una mujer espaciosa y risueña. Le pregunté por mi salud; nunca me ha preocupado mi salud porque me da pereza la enfermedad. Me aburre hablar de mis males, hasta a los médicos. Aunque me duelan cosas, me siento sana, vital y fuerte; y en estos días, más. Pero ayer me sentía al borde de un colapso; con dolor de cabeza e hirviendo por dentro. Estaba afiebrada de pura ira, como si la sangre se hubiera espesado o convertido en un menjurje cenagoso. Me ardían las paredes de las venas. Eso, exactamente; como si el flujo de la sangre las raspara e hiriera.

En la carta de conclusión que saqué para I salió La Muerte. Me asustó la cara de la calavera de su naipe nuevo. Sentí que era un presagio, el anuncio de que moriré pronto. Ella se afectó un poco. Yo lo percibí y vi cuando tiró una carta al lado, como lanzando un salvavidas. Salió la carta de El Sol. Según ella, sólo se trata de que debo cambiar algo en mi rutina de alimentación, pero no tiene mucho sentido. Hoy en día como con menos culpa, disfruto más y no he vuelto a tener atracones.

«Vigila las escaleras», me dijo. Yo les tengo miedo a las escaleras. Ella insistió en tirar otras, para calmar la inquietud que veía en mí. «Mira, otra vez El Sol —exclamó—, eso significa vida». Fue una carta que tiró sobre la mesa, ya sin naipes, cuando me estaba despidiendo. Puso la carta de El Sol, ahí sola, en la mitad de la mesa limpia. Aun así, no me tranquilizó.

CANCIÓN DE UNA BRUJA ANTES DE MORIR

General Inquisidor, Altísimos jueces:
bien sé que nunca osáis otorgar palabra
a los reos que a vuestro arbitrio se atienen
ni revelar por qué he sido sentenciada.

Asumiré bien que en este caso preciso
alguna rastra de piedad os acompaña,
aunque de la horca, la hoguera o el hacha,
ya no sea posible librar mi destino.

Esta inesperada bondad os agradezco;
la que vuestras mercedes me habéis concedido:
que os hable franco —para consuelo mío—
si no es vuestro perdón lo que merezco.

«¡Bruja!» mc llamáis, venerables regios magnos.
Me acusáis de hechicería y nigromancia.
Aseguráis mi alianza con el diablo
y haberme visto fornicar en flagrancia.

Me endilgáis el vuelo oscuro del murciélago
y, de Lilith, ser un súcubo migrante
que cabalga un vellocino bicéfalo
y devora el corazón de los infantes.

Loable sanedrín de Regidores Santos:
De blasfema me tildáis, y de misandria.

Habéis confiado en el Malleus Maleficarum
como en Dios, y me dais por juzgada.

Os diré, formidable areópago de incautos,
quién es esta bella mujer que os habla.
Más que a vosotros, debo a mi alma este canto.
Tened pues, mi confesión aciaga:

Si ser bruja es estar, por lo más, enterada
de cómo habla el río, el mineral y el árbol;
si es saber entender, en la alborada,
el idioma del rocío, de la tierra y de los astros;

si ser bruja es ver más allá de lo mirado;
si es pensar y querer ser sensible y sabia;
si también es danzar desnuda en un campo
y correr, libre, bajo la bóveda estrellada;

si es cantar para calmar una tormenta
o conjurar para que llueva en el verano;
si es mezclar en un cazo salvia y menta
para perfumar el cuerpo del amado;

si ser bruja es andar descalza y sin vergüenza;
si es ofrecerle al rudo viento los cabellos;
si es soltar las amarras de su trenza
y reír, bajo la lluvia, en desenfreno;

Acepto mis delitos, Pontificios y Regios.
Soy la bruja, maldita condenada.

Tenéis aquí a disposición mi cuerpo
que arderá como pasión enamorada.

As baintr shia akajima agua
Maleficu Sentoram tos Enakus
Os gamaizh mortidei eternitum
Axa, illa, osdekum, Farakä*.

Pienso en la muerte cada día de mi vida. Después del susto
que pasé en el avión, me di cuenta de que la muerte no puede
ser una experiencia en sí misma; la vida que la antecede, el segundo previo, sí. Pero morir es ese punto impensable entre ser y
no ser; un vértice inconcebible. La muerte es ahora, ya. Siempre
será un «ya», nunca mañana.

¿Qué puede ser la muerte para la filosofía? «Los que de
verdad filosofan, Simmias, se ejercitan en morir», dice
Sócrates en el *Fedón* de Platón. Aun para los que no conciben la trascendencia del alma, o siquiera su existencia,
esta frase resuena como una antigua canción olvidada y,
de repente, recordada; ¡cuán platónico resulta decir esto!
Es posible que no se necesite abrazar los argumentos que
da Platón en el *Fedón* sobre el conocimiento como remi-
niscencia, o considerar la inmortalidad del alma como
idea esperanzadora, para dejarse ir en el flujo vital de una

* Maldición expresada en acadio, lengua extinta de Mesopotamia.
Enakus: demonio de las flores celestes.
Farakä: concubina de Enakus, diablesa del agua.

aseveración tan poderosa en sencillez y en contenido. Una afirmación de extrema contundencia como esa no requiere ni siquiera la creencia en la Verdad para sentirla verdadera o, al menos, muy próxima a una experiencia familiar a todo ser humano. Incluso la interpelación de Simmias, discípulo de Sócrates, cuando se refiere a que los filósofos andan «moribundos», resulta sugestiva e inspiradora. El moribundo es aquel que está muy cercano a su propio fin, el que no tiene otra opción que estar consciente de que cada pálpito y respiración pueden ser los acompañantes del último resuello. Los apremiantes latidos de todos nuestros órganos avisan que somos mortales y que no debemos olvidarlo, si queremos ser verdaderos filósofos o, por qué no, verdaderos humanos, en el sentido más esencial. Esa frase parece murmurar que la muerte es la razón de ser de la filosofía, más que la curiosidad ante los misterios de la deslumbrante naturaleza. El filósofo nace cuando registra existencialmente la inminencia de su propia muerte y, al reflexionar sobre ella, se convierte en un ser agónico. La filosofía, la musa deseante de la sabiduría, desplaza al Eros desde el conocimiento hacia la facticidad y consciencia de la finitud de la vida, y se regodea en ella. Es la muerte, desde la frase del *Fedón*, la que erotiza a la filosofía y la hace desplegarse en forma fecunda de infinitas maneras. El mismo Aristóteles, en su *Protréptico*, se alinea con dicho argumento cuando dice: «Y que la mayoría rechace la muerte muestra el deseo de aprendizaje del alma, pues rechaza las cosas que no conoce, lo oscuro, y lo que no se muestra». Qué otra cosa puede ser el Eros si no el deseo de desvelar lo oculto; qué habrá más oculto y más seductor para el «deseante de saber» que la muerte. Qué otra cosa puede ser la muerte que el Eros de toda posición filosófica.

«Ninguno hay tan cobarde a quien el propio Eros no le inspire para el valor», comienza diciendo Fedro, pues «a morir por otro están decididos únicamente los amantes». El filósofo puede figurarse como el valiente, el amoroso moribundo, el amante tanático, el enamorado de la muerte. Así, también, la muerte concede sus favores al filósofo, su amante por antonomasia; ella, a su vez, se le entrega, se da toda, está dispuesta. Eros, desde los muchos discursos provistos por los dialogantes de *El banquete*, se va revelando en diferentes visiones, esclarecidas o, quizá, controvertidas al final por el maestro Sócrates, pero que no dejan de aportar a algo que podría llamarse «el jardín del Eros», el lugar de lo bello. El Eros también es asalto y nos sorprende en cada frase de *El banquete*, al mostrarlo como aquello que armoniza, que une, que acuerda, así como «la música es, a su vez, un conocimiento de las operaciones amorosas en relación con la armonía y el ritmo», según Platón. Eros es música que integra de manera armónica ritmo y melodía; es pulso, curación, pero también, la enfermedad de desear el exceso. Eros es potencia, el impulso vital que conduce necesariamente al encuentro con la muerte, lo más Otro posible —y por eso mismo—, la búsqueda de la inmortalidad en la creación. «Amor» es una palabra en español a la que convendría huirle por la contaminación mediática que la ha ido lavando de su cualidad trágica y riesgosa que, en cambio, Eros conserva, y que ofrece mucha más riqueza de interpretación. Cómo no aludir a uno de los párrafos más majestuosos de la obra platónica, en el que la descripción poética del endemoniado Eros, como escudero de Afrodita, no deja espacio para decir algo más. Sócrates erige a Eros, el descalzo, el errante, el que duerme a la intemperie y habita en los bordes, el acechante de lo bello y lo bueno, el audaz, el valiente, el amante del conocimiento, el mago, el hechicero, el incansable perseguidor de la sabiduría que jamás habrá de conseguir.

¿Cómo se explica la filosofía como ejercicio para la muerte? El *Fedón* es explícito en este sentido. El filósofo, para Platón, se encuentra «más allá» que «acá»; está en contacto con los asuntos del alma y desdeña sistemáticamente la experiencia corporal para acceder a la verdad. Ese permanente buscar el estado de pureza del alma, que sólo se consigue con plenitud al morir, hace que el filósofo se mantenga en un modo alusivo a lo que habrá de ocurrir después de la vida. Sócrates, al afirmar que «cuando el alma se separa pura sin arrastrar nada del cuerpo» es porque ha estado «filosofando rectamente y ejercitándose en estar muerta con soltura», conduce a pensar en la filosofía como entrenamiento ascético y una preparación minuciosa y específica que conlleva la vida entera. El filósofo bien ejercitado no teme a la muerte porque, en mucho, la conoce. La muerte es la compañera cotidiana del amante que la indaga, la desea y la investiga, hasta el agotamiento, para encontrar todo aquello que descubra lo divino. A propósito, Platón sigue diciendo en el Fedón: «A la estirpe de los dioses no es lícito que tenga acceso quien haya partido sin haber filosofado y no esté enteramente puro, sino tan sólo el amante del saber».

Es oportuno recordar la notable actitud de Sócrates descrita en el *Fedón* antes de encontrarse con su «compañera». Como quien se arregla para una cita amorosa, el maestro considera conveniente lavarse y no dar espera. Sin embargo, los momentos que preceden a la toma del veneno no son afanosos. Responden a una inusitada y no menos encantadora cotidianidad. La muerte no es una extraña en la rutina del filósofo.

¿Dónde encontrar al mensajero descalzo, al mago, al cazador nocturno de la belleza, entre el litio y el coltán de la selva de circuitos y aparatos electrónicos que, hoy en día, son los conectores desalmados del mundo? El Eros, como portador del enigma e impulsor del deseo de saber sobre nosotros mismos, corre el peligro de perderse en el laberinto de la información redundante, esa forma vulgar del «saber». No sabría responder cuál es el Eros de un mundo que todo lo expone bajo reflectores rechinantes y no deja un rincón privado para sentirse vivir y, por lo tanto, para sentirse morir.

En el mundo actual, ejercitarse en el morir según el sentido platónico supone una revolución en el pensar de Occidente. La matriz conceptual que rige el estilo de vida de hoy parece no querer aplicarle a la muerte el Eros de la reflexión. La muerte es un objeto de exhibición mediática, una diva espectacular que hace su show a través de miles de pantallas. La muerte como producto comercial es tan pornográfica como el sexo mercantilizado; se la ve en todas partes, en todos lados se habla de «las muertes» por cantidades y por números, muertes anónimas, plurales, despersonalizadas. Pero se trata de una muerte digitalizada y deshumanizada, disociada del sujeto que vive, producida para crear impacto, noticia, emoción instantánea y fugaz. El propio morir como objeto erótico de la filosofía está sofocado por la positividad de la que nos habla el filósofo surcoreano Byung-Chul Han con tanta insistencia: «La negatividad de la muerte es esencial para la experiencia erótica». Esta frase, aplicada a la actividad filosófica, ayuda a explicar la dificultad que supone concebir la muerte como instrumento para pensar la propia vida y asumir la angustia en su acepción heideggeriana: una forma posible de Eros, por tener una misión liberadora de la ordinariez de la existencia no auténtica. La negatividad de la muerte de la que habla Chul Han está, a su vez, negada como experiencia existencial del sujeto. La cultura del ruido, que hoy gobierna, aturde la relación cotidiana e íntima con el morir propio; la oblitera en ese constante prometer la baratija de la felicidad como un simple efecto y no como un estado contemplativo que incluye también la contradicción y la tragedia. El lenguaje del mundo positivo se aleja de aquella corrección moral que preocupó, en su momento, a Sócrates, pues está al servicio del rebosamiento de las imágenes, de su repetición y reiteración agotadoras. Es la palabra también como artículo de venta, huérfana de significado y machacada para confundir. La simplicidad y profundidad del verbo filosófico se confrontan con un lenguaje vacío de mensaje, publicitario y obsceno, si se entiende la obscenidad como lo excesivamente explícito y falto de poesía y delicadeza.

Un mundo que se convierte en una reproducción vitrificada, masiva y digital de sí mismo está lejos de ser el jardín del Eros porque no está ni vivo ni muerto. Un mundo muerto, al menos, deja en su tumba señales de haber estado vivo; puede aún llorarse. La sociedad globalizada de hoy evita su propia muerte e incita a esconderla como algo de lo que hay que avergonzarse; la oculta detrás de las luces de las selfies sonrientes, negándola como la aliada inevitable en el ejercicio del existir auténtico. Al mismo tiempo, como cualquier proxeneta, sólo usa esa parte de ella que produce una utilidad, al obligarla a desfilar en masa por las pasarelas de las ferias audiovisuales. Tal vez haya un sustrato de mundo que pueda ser encontrado o redescubierto por el Eros transformador. El hechicero, el aventurero que viaja entre la ignorancia y la sabiduría, el hijo de la indigente Penía, por poco, todo lo tiene en términos de ese «saber-se» artificial ubicuo que provee su imagen fría en las pantallas de computadores y teléfonos. Para que exista el Eros, algo debe escaparse de nuestro alcance. Sólo así seguirá viva la filosofía, la amante erotizada por la muerte que, después de beber la cicuta, le cerró los ojos a Sócrates.

Me tomé dos cafés y me puse la angustia encima para ver si puedo escribir como la Pizarnik. ¡Qué ternura me doy! Aquella mujer jovencísima era un genio. Es. Ella todavía «es». A los genios les ocurre eso: son, siempre. El genio no sabe que lo es, pero sí es consciente de su conexión inevitable y directa con su ser; ese ser que, al mismo tiempo, le aterra. El genio sufre el parto de su ser minuto a minuto, pues nacer es mucho más violento que morir. En el centro del genio, hay violencia. La violencia de ser en toda su aterradora magnitud sin poderlo evitar. El genio siente el ser del universo fluyendo a través de su existencia física y psíquica, lo cual es muy pesado para un sujeto tan frágil y vulnerable como el artista. ¿Por qué les ocurre? Ser genio artista es como haber nacido enfermo; los genios están enfermos de arte, enfermos de «ser» tanto; enfermos de poesía, de colores, de sonidos. El cuerpo del genio es un canal insuficiente para dar salida al caudal de maravilla que experimenta. Ser médium de la potencia del universo, de manera permanente, sin haber sido provistos de algún filtro o un ecualizador, puede enloquecer a cualquiera. Con razón algunos genios se matan.

Volví a soñar con £. Estoy en un grupo de gente que ha ido de paseo a alguna parte; somos varios dentro de una casa o un hotel; £ me abraza desde atrás, nos besamos. Un beso completo y delicioso. Luego, él se va. Yo estoy en el balcón con alguien parecido a él, a quien abrazo y beso, pero luego veo que el verdadero £ me está observando flirtear con este otro hombre que es su doble. Yo no quiero que el verdadero £ crea que lo estoy traicionando con su doble.

El barrio Normandía de Cali comprende una loma completa y la casa española estaba ubicada en la base. La casa a la que nos mudamos, inmediatamente después (por causa de un bajón económico que le impidió a mi padre seguirla manteniendo), quedaba en el mismo barrio pero a más altura. Allí vivimos hasta que cumplí trece años. Nuestra calle era muy tranquila, no circulaba el tráfico y era seguro para nosotros salir a jugar esos juegos extenuantes que les encantaban a los niños de antes, como la lleva, rayuela, escondite, quemado, libertad y pico de botella. En las casas de enfrente vivían familias de gente rica. Una de ellas, en particular, pertenecía a una pareja de señores mayores que tenía dos hijos, uno de ellos se llamaba Camilo y era drogadicto; eso nos respondió mi mamá cuando le preguntamos por qué el muchacho salía y se golpeaba la cabeza contra las puertas del garaje.

Esta casa también estaba colgada de un barranco, como el «pueblo blanco» de la canción de Serrat. Para ir a las habitaciones había que bajar un piso, donde además había una sala abierta para ver televisión, un patio interior, que mi hermano convertía en cancha de fútbol, y una terraza amplia, cubierta de pasto, hacia donde daban los cuartos, encerrada con una verja de hierro, pues sus bordes estaban volados sobre el abismo. Montábamos las casas para jugar a las muñecas debajo del árbol de mate, que era el rey de la terraza, cargado de sus frutos redondos e infestado de unos insectos con un olor amargo y penetrante que llamábamos chinches. De hecho, ese olor intenso a «chinche» es uno de mis recuerdos de infancia más frecuentes. Creo que si volviera a percibir ese olor espantoso me transportaría a un lugar apacible y verde, como era la sombra de ese entrañable árbol de mate.

Mi hermano y yo lanzábamos toda clase de objetos por encima de la verja de hierro. En el fondo del barranco se veían los patios de las casas de abajo como si fueran los retazos de una colcha. En ellos estaban los lavaderos, las cuerdas para colgar la ropa y esa miscelánea de trebejos que hay en los patios de atrás de las casas. Circulaban personas, por supuesto. Un día arrojamos unas tijeras que sacamos de un cajón del tocador de mi mamá. Al rato vino una señora a golpearnos la puerta, con una bolsa plástica llena de todos los cacharros que habían ido a parar a su patio trasero. Muñecos, mates, zapatos —y hasta piedras— sacó del fondo de su talega gigante. Lo de las tijeras fue lo que más enervó a nuestra madre, quien, por primera vez, sacó una correa y nos pegó. Después se encerró en el baño a llorar ella.

La casa se ensombrecía cuando mis papás salían de fiesta y nos quedábamos con María y la cocinera de turno. Nos acompañaban a ver televisión en el salón de estar donde había un sofá de cuero blanco en forma de coma, una biblioteca y una televisión en blanco y negro empotrada en una de sus repisas. En ese salón había un monolito, también natural, que el arquitecto resolvió dejar, así como mi padre hizo con las rocas que adornaban la cascada de la casa española. Allí armábamos el pesebre en Navidad y en uno de sus pliegues se sentaba la joven María, como si le correspondiera por alguna orden primitiva acomodarse en ese preciso espacio áspero y salvaje, una piedra pelada, y no el cómodo sofá.

También había un jardín interior, oscuro, como una especie de selva con unas hojas enormes y gruesas que parecían de plástico. Ese conjunto de matas era tan denso que no dejaba pasar la luz del sol a través de la claraboya del techo. El cuarto que compartía con mi hermana tenía una ventana que daba a ese jardín sombrío y en él tampoco había claridad; es más, tenía algo tenebroso, se sentía como un hueco húmedo. Nos enfermábamos mucho, pero el peor mal de todos, entre las paperas, las varicelas y las amigdalitis, fue una pielonefritis que casi nos manda al otro mundo a mi hermana y a mí. Sólo recuerdo a mi mamá salir espantada, en el carro, rumbo a un hospital con nosotras, sus dos hijas, hinchadas como dos globos.

En esa casa recibimos muchos huéspedes que terminaban gozando las fiestas interminables que organizaban mis padres, una de las parejas más populares de Cali. En la primera planta estaba la sala dividida en dos espacios, el garaje, «el cuarto de las muchachas», el patio de ropas, la cocina, el comedor y una terraza con vista a una cadena de colinas, entre ellas, el Cerro de las Tres Cruces. Ese era el lugar preferido de mi hermana mayor; desde ahí se enamoró de las estrellas. El balcón de la casa de Normandía era el rincón romántico. Allí vi por primera vez a dos personas besarse en la boca.

«Hoy viene mi primo Jorge a quedarse una semana con nosotros», nos dijo mi mamá, un día cualquiera de nuestros ya lejanos años de infancia. El hombre, a quien mis hermanos y yo no conocíamos, terminó quedándose más tiempo del planeado; cuando ya completaba casi cuatro meses, mis papás tuvieron que montarlo prácticamente a la fuerza en el avión de vuelta a Nueva York. No por pesado, sino todo lo contrario. Cali se lo estaba tragando y, por su bien, era necesario ayudarlo a escapar de su embrujo.

«El primo Jorge» tenía más o menos treinta años cuando aterrizó en nuestra plácida casa, aferrada a una loma del barrio Normandía, que lo recibió perfumada con dulce de guayaba y manjar blanco. El motivo de su visita era pasar unas exóticas vacaciones en la ciudad de la salsa, la rumba y las mujeres lindas, en vista de que mi mamá, su prima del alma, allí vivía. Su exquisito talento como dibujante y artista plástico indujo a mi madre, entre otras cosas, a iniciarse en el diseño de modas, pues la irrupción de este hombre en ese momento de su vida fue de extrema influencia para ella y, de paso, de altísimo impacto para nosotros, los niños de aquellos años.

Llegó vestido con unos jeans desteñidos (demasiado) ajustados, zapatos de plataforma y una chaqueta de terciopelo púrpura. Debajo, una camisa blanca de algodón muy fino, abierta más abajo del pecho, desde donde brillaba el ámbar de una cadena de oro que hacía resplandecer su piel canela, uno de los muchos atributos físicos de este joven con cuerpo de bailarín y 1,85 metros de estatura.

Desde que el primo Jorge cruzó la puerta, tuve la sensación de estar viendo a un ser de otro planeta. Todo él, a mis ojos, era encantador: su pelo largo castaño oscuro cortado en capas; la sonrisa perfecta de dientes blancos; sus ojos negros; sus manos como ramas venosas, morenas y expresivas; la carcajada que batía la nuez de su garganta, y un refinado olor a hombre que se perfuma poco, pero lo suficiente para que las químicas orgánica y cosmética se entrelacen en perfecta sinergia. Si hay algo que pudo haberme iniciado en mis sensualidades, fue ese prístino aroma de otros mundos con el que el primo Jorge impregnó cada rincón de su cuarto.

Llegó por la noche. La casa estaba vestida de fiesta y mis padres esperaban invitados para agasajarlo con música y parranda. Desde que nos vio a mis dos hermanos y a mí, pareció divertirse mucho con nosotros; sobre todo con Martín, que, desde chiquito, ya sobresalía por sus rarezas. Antes de que nos mandaran a dormir, esta especie de estrella de rock ya nos tenía extasiados con su carisma. Había traído un disco con una canción cuyo estribillo decía «Everybody was kung-fu fighting», y, antes de que llegaran los invitados, ya nos había fascinado con sus pasos estrafalarios de baile, sus dibujos impecables y sus trucos de magia. De ahí en adelante, se volvió una aventura amanecer y esperar la nueva locura o extravagancia del primo Jorge.

Mi encantamiento con el nuevo huésped iba mucho más lejos. A mi corta edad, no sabía cómo meterme en el cuerpo esa mezcla de mariposas, sofocación y perplejidad que me provocó, desde el primer momento, su presencia. Esa noche me quedé dando vueltas en la cama mientras me imaginaba yo misma en la fiesta que tronaba en la primera planta de mi casa, bailando con aquel Rasputín, ardiendo en calores inexplicables y celosa de todos los invitados.

Me quedé dormida pero desperté en la madrugada. Las copas todavía chocaban con el hielo, y el tráfico de risas de todo género era un rumor trepidante y provocador. Me levanté; me dirigí hacia las escaleras para ver si pescaba algún rastro de nuestro visitante, y, de pronto, a bocajarro y desde la penumbra, me asaltó la escena que lo convirtió en un hombre real: la puerta entreabierta de su habitación ofreció sin pudor la sombra de dos cuerpos embebidos en algo misterioso y carnívoro. Percibí la risa del primo Jorge y una queja de mujer. Pude ver a contraluz el beso que devora y las manos que buscan y lo encuentran todo. Como si hubiera atestiguado —con placer— un asesinato, me devolví estremecida de espanto a guardar esas imágenes en lo profundo de mis culpas. Con el tiempo, comprendí que me había enamorado a primera vista y por primera vez.

Enero...

Qué vergüenza compararme con la Pizarnik. Su angustia creadora es única y yo ya no siento tanta. Tengo que provocarla artificialmente, como hice ayer. Pero el genio literario —del cual ella tanto duda— está presente a pesar suyo.

Ayer me dio miedo de morir antes que V. Siempre lo pienso como uno de mis mejores amigos. No me animaría a convivir con nadie más. Me aburren las relaciones de pareja enamorada, tan sofocantes; quitan tiempo, y los pobres enamorados quieren sentirse avalados de forma recíproca y exasperada; esa es toda la necesidad que hay de quererse. No entiendo cómo se puede amar a un desconocido; el amor enamorado es una metáfora. «La pareja», si está enamorada, termina compartiendo maldiciones.

Hace poco fui a un matrimonio en Cali, mi ciudad natal. La ceremonia religiosa se realizó en La Merced, la iglesia donde me casé por primera vez.

Desde ese 20 de agosto de 1988 no había vuelto. Se agolparon en mi mente las imágenes de aquella horda de gente que, sin control, pasaba por encima de los cordones de seguridad para atravesar todas las puertas de acceso. Seguí queriendo recordar ese momento y sus insólitos detalles. Hacía más de dos décadas, en ese mismo sitio, había una multitud confusa de invitados y curiosos que, a toda costa, querían ver con sus propios ojos la fantasía del amor hecha realidad.

El día de mi matrimonio pareció más un estado de emergencia municipal. Carlos Alberto, el novio, salió para la iglesia, guitarra en mano. Después de luchar como un gladiador para abrirse paso entre la turbamulta, logró llegar al altar, en donde me esperaría por casi dos horas. Se sentó en una de las banquetas de la primera fila y, para no volverse loco, empezó a cantar la alegría que traía en las venas desde Santa Marta. Mientras tanto, yo abandonaba la casa paterna, vestida para casarme, con un ramo de rosas blancas temblándome entre las manos. Nos siguió una corte de carros de bomberos, con sus sirenas, avisando a todas luces que algo inusual estaba por suceder: se iban a casar dos personajes de fantasía en la vida real.

A medida que nos acercábamos a la iglesia, el número de personas en las calles aumentaba, de manera que, cuando llegamos, la entrada principal estaba bloqueada y, para ingresar, fue necesaria la intervención de la policía. Había personas trepadas en los árboles, sin duda los mejores palcos para divisar, con buena profundidad de campo, la escena cumbre de la telenovela con mayor audiencia en ese momento.

Ya en el atrio, del brazo de mi padre, no había quién avisara que la novia estaba lista para hacer su aparición. Mi mamá entró en pánico cuando vio que mi ramo estaba siendo despedazado y las rosas deshojadas (en pétalos volando) por decenas de manos que picoteaban, como palomas, las pocas que todavía me quedaban. «¡Cuidado con el velo! ¡Ay! ¡El vestido, el vestido!», gritaba ella, mi madre, creadora de mi sencillo traje beige claro. Cuando por fin tomamos la decisión de seguir nuestro camino sin importar la congestión, tenía un tallo y dos rosas maltrechas como único buqué. Recogí la cinta pisoteada del suelo y los até con calma en un lazo no menos humilde.

Avanzamos, como pudimos, mientras se aclaraban los ecos de la voz del joven de pelo largo que seguía entonando vallenatos de leyenda, vestido de frac y acompañado de las palmas de los asistentes, quienes se habían unido a su fiesta de espera, casi olvidando que se trataba de un solemne rito de casamiento.

Ya muy cerca de mi futuro esposo, aún nos empujaba la gente que, desde por la mañana, se había instalado y no se dejaba sacar. Más atrás, Fanny Mikey y Amparo Grisales gritaban: «¡Carlitos, aquí te la entregamos!», precisamente en el instante en que mi papá me soltaba la mano.

De rodillas ante ese Dios del que siempre he sospechado, me encontré jurando eternidades. Miraba de reojo a mi bello compañero, recién bañado en la escarcha de sus cantos, y tuve celos de su música, su diosa, su amante fiel y verdadera, quien, hasta hacía unos minutos, le había ayudado a convertir su ansiedad en un concierto inolvidable. Perdí el hilo de cuanto nos decía el sacerdote, mi cuerpo quedó un rato solo; mi alma viajó a un lugar inconexo en un intento de escapar del espectáculo; me vi disuelta en el éter de sueños propios y ajenos; luego, partida, sin lucidez para reconocer mis pedazos. Me estaba casando —y yo, ahí—, con mi identidad a medio hacer, enamorada y amando, pero sin saber quién era.

«Los declaro marido y mujer» fue la frase que me trajo de nuevo al carnaval en el que se había convertido la homilía. Entre aplausos, abrazos, arroz, flores, pañuelos, vivas, llantos y gritos, logramos la feliz huida al corazón de nuestro destino.

Desde un balcón del Club Colombia, al mejor estilo de cualquier pareja de la realeza, nos asomamos para saludar a nuestro público. Yo arrojé la liga y los restos del ramo. Carlos, sus zapatos.

Mis «yo» de identidad se han ido cayendo: la actriz, la cantante, la bella, la dura del gimnasio; y observo esa desintegración con impasibilidad. Sin amargura. Me libera salir de todos mis vestidos. Quisiera tener más talento para escribir y dedicarme a ello sin tener el propósito de publicar nada. Pero ni yo misma me tomo en serio queriendo ser escritora, es muy penoso decírmelo. Tampoco quiero ser escritora. Quiero escribir, y ya. Uno no puede decidir «ser escritor». Decidir «ser» no se puede. ¿Para qué empujar un río o trancarlo? Ninguna de las dos cosas es posible. El río/ser lo desborda todo.

Pido excusas a quienes molesta que yo siga escribiendo en este espacio, sin su permiso; pero, de paso, les agradezco porque, de algunas observaciones muy interesantes que he asimilado con realismo, ha surgido la reflexión para responderme la pregunta de por qué escribo, pues, jamás he ambicionado ser escritora.

Escribir es de las cosas que he hecho toda la vida de manera espontánea e intuitiva. Escribo porque a mi necesidad le gusta, que no es lo mismo que decir «escribo por necesidad», como he dicho a veces; también lo hago para traducirme en algo inteligible para mí misma. Debo escribir porque divago demasiado y necesito leerme para saber cómo pienso. Ordeno mi consciencia cuando escribo, tal como lo hago con mi habitación para dejarla limpia y arreglada. Así me doy cuenta de cómo se han fijado las premisas que han hecho de mí esta mujer que en ocasiones desconozco. Escribir ha sido siempre un momento privado. También el modo más franco de mirarme al espejo.

Desde niña me vi obligada a vigilar mi mente, a analizarla; y me fascinó siempre su adivinanza, su secreto imposible de dilucidar; por eso soy el tema que más he investigado y sobre lo que más preciso escribir. Pasa lo mismo que cuando uno mira una sola cosa por mucho tiempo con total entrega, de manera que los papeles se invierten y es la cosa la que lo termina mirando a uno. Es decir, hay momentos en que el lenguaje me habla y me escribe la escritura; luego leo lo que he escrito y me extraño de mí misma.

Afortunadamente para escribir no se necesita tener razón; sólo el no poder evitarlo.

Los hechos lo explican a uno mejor que las palabras, pero, en este caso, son las palabras las que pueden convertir el hecho escrito en un pedazo real de uno mismo. Así como me gusta bailar como si nadie me mirara, me sigue gustando escribir como si nadie me leyera; y continuar asumiendo el riesgo de acercarme, letra por letra, a los bordes de los precipicios donde el ser espera.

El proyecto de las tres mujeres (ya no sé si son tres o cuatro) es un caos; no sé para dónde voy con eso, pero debería seguir; qué más da. Escribir por necesidad, y sólo por eso, es lo que tengo que hacer. Mi angustia está muy amansada ya. Hasta mis ataques de pánico me los manejo sola; pasan por mí como un rayo que no termina de fulminarme. Mi angustia se ha tornado en una música sorda permanente, pero que sea capaz de lidiar con ella no significa que me he acostumbrado; yo la miro. Ahora tengo menos distracciones. Ya casi no quiero hacer nada. Trabajar y que me paguen casi me produce vergüenza o, no sé, miento mal. Me gusta ganar dinero, aunque detesto poseer cosas. Veo el dinero como una piscina de efectivo disponible para emergencias. Para mí la vida es un estado constante de emergencia. Hay que retrasar la caída inevitable, un poco más.

Me ruboriza adjudicarme créditos que, francamente, temo no merecer del todo. Recién entré a trabajar en televisión, cada vez que tenía que llenar un formulario con mis datos personales, dudaba bastante sobre qué escribir en la casilla correspondiente a la profesión. Apenas había hecho una telenovela y un semestre de Filosofía y Letras. Resolvía poniendo la palabra «estudiante», mi estatus favorito. Sólo después de prepararme durante tres años y medio en la Escuela Juan Carlos Corazza, en Madrid, pude sentirme cómoda llenando el numeral «ocupación» con «actriz», único nombre que puedo usar para lo que yo llamo vocación, o esa actividad que lo elige a uno, y no al contrario. Ahora entiendo que he sido actriz desde que nací, sólo que nunca imaginé que algo tan lúdico para mí podría ser una profesión seria. Tengo una conexión directa con esa forma de expresión artística y, al mismo tiempo, soy incapaz de decir que soy artista, tal vez porque el podio de los genios del arte es tan alto que apenas acepto mis logros como intentos, algunos mejores que otros y, además, a un nivel muy doméstico. No obstante, me siento satisfecha, aunque no necesariamente orgullosa de ellos.

De actuar, me gusta el pedacito de la creación y vivencia del estado psicológico de un personaje y poder recrear mis propias malandanzas y esplendores a través de la representación de una vida ajena; es delicioso ser «mala» sin tener que pagar multa moral. Pero cada vez soporto menos sus implicaciones comerciales y mediáticas: los estrenos, las entrevistas, las fotos, rendir cuentas sobre lo que hice con tal o cual personaje y la publicidad necesaria para promoción. Le tengo una fobia inmanejable a presentarme en vivo, por eso no me atrevo a hacer teatro. De ahí que a veces me considere una actriz incompleta. Antes me preocupaba bastante por ello, pero ahora (no sé si es porque tengo muchas menos ambiciones) no quiero gastarle un psicólogo más a lo del pánico escénico y, más bien, disfrutar a plenitud mis aficiones silenciosas y plácidas, como hacer ejercicio, estudiar, leer y escribir. A veces me peleo con la actuación, como cuando decidí meterme a la Universidad Javeriana a estudiar Música. Después de un tiempo, ella siempre me busca y me saca de las greñas de donde esté. Siempre me sentiré actriz, aun si no volviera a actuar nunca más.

Estaba pensando en lo que dijo aquel profesor de Filosofía con respecto a mi texto automático en la cabina del avión cuando uno de los motores explotó en pleno vuelo. El aparato tuvo que dirigirse hacia el aeropuerto de La Habana (el más cercano) funcionando con los otros motores o con el de repuesto, no sé. Pensé que nos matábamos. Cholo iba conmigo. Me puse a escribir en el teléfono lo que me iba saliendo, con errores de digitación, puntuación, ortográficos, sintácticos, etcétera, y lo publiqué como columna en *El Tiempo*, sin corregir nada. Un profesor de Literatura me hizo una crítica por Twitter. Dijo que ese texto habría cobrado sentido si yo hubiera muerto. Pero, como sobreviví, fue un error de mi parte no corregirlo y no organizar mejor mis ideas. Pero, digo yo: si el avión se hubiera accidentado, mi teléfono se habría ido también a la mierda y el texto, con todo y errores, se habría destruido. ¿Qué querría el señor «intelectual»? ¿Que hiciera una disertación sobre la vida y la muerte perfectamente bien estructurada mientras vivía mis últimos segundos? Si fuera un genio, lo habría hecho.

vuelo a Bogotá dese Miami con mi gato debajo del asiento no puedocorregir ahora loqescribo ni mi destino. Se sintió un ruido fuerte dentro dela cabina, hay algonque suena como un palo pegandonx contra el casco de este aparato inverosímil. Delante de mí viaja un señor mayor con mucha calma ha dicho. creo que se reventó un motor, sí, perdimos un motor. apenas media hora de vuelo.

Pero el avión sigue normal solo que se oye ese palo pegando;no nos dicen nada todavía, vengo leyendo un libro sobre la historia de Ámsterdam, un episodio árido sobre la bolsa de valores, la primera de la historia. El avión cambiade rumbo miro al señor mayor me reconforta su serenidad, dice, estamos cambiando de rumbo dbe ser que vamos a bajar; el piloto hablando vamos para la Habana. Sí, dixe el señor, con un motor llegamos. qué ojos dulces tiene. me parece indigno invocar a dios ahora, siemto que no merezco ninsiquiera rezar, no servirá para mi suerte. Y sihoy es?. Así es Margarita que se mata uno. Morirse no está en el futuro, e s este ya inminente. La muerte ocurre ahora, en eñ presente, siempre parecerá demasiado prontoestamos volandonen una nube blanca no se ve nada, y si elotrl motor se funde?; ahora mismo respiro muy rápido mi corazón da golpes como el palo tacatactaca, q terco este apego a vivir, mi corazón inssiste en latir, y ahora con más desespero,con delirio , aún con la partida perdida.. supongo q esa energía será libersada y se expresará en otra cosa, dará vida a otra cosa que no soy yo ,es dios alguien capaz d acordarse de algo tan artificial como un yo?dios nopuede nombrarse, el yo pone nombres porq nosabe quedarse vacío; cómo más disimula el vértigo q está detrás de todo lo que hacemos; ser lo fue todo y nada ,probable q todo se funda a negro, será rápido un totazo y ya. Me resisto a creer qu moriré hoy,creo q es imposiblepor eso se inventan el alma los hombres, esta concienci de que no seré ya nunca es inconcebible más ahora. decido concentrarme en el libro vuelvo a leer unos pasajes sobre un señor Dirck van Os un empresario gran negociante; negociar , esa actividad mezquina ; ahora no

haybnegocio posible. la deuda se paga toda de unsolo golpe; vweo una sra dándose la bendición; raro bendecirse
trazando una cruz de tortura en el pecho.Y elamor qué ?
será estia ternura que se opone almiedo? esto q sient por
este animalpreciso ahora preciso ya?

Martes...

Cholo tiene sus ritos de descanso y juego. Me gusta tenerlo cerca cuando leo o escribo. Lo veo como un ser privilegiado y superior porque no sabe que va a morir; por lo tanto, es inmortal.
La inmortalidad en términos humanos es insoportable. ¿Cuál
será la verdadera bendición de Dios? Hasta ahora sólo conozco
las sospechosas bendiciones humanas.

Dios se me murió demasiado pronto; era demasiado
niña para perder al Padre. Desde ese momento el mal de
amor no se me ha pasado. Por eso hablo de Él, lo deseo a
Él y lo extraño a Él como a ningún otro fantasma.

Un poeta tiene que estar obsesionado, o si no, no puede
producir poesía. El único alienado que produce belleza es el
poeta.

Arte y religión
El arte podría ser una forma de sacerdocio. A través del
rapto estético, comparable a la experiencia mística, se

unifica el anhelo ancestral de los hombres de liberarse de los yugos de las obligaciones morales y sociales, que ellos mismos han creado ante la desesperación por encontrar un orden a su inexplicable existencia, y quedarse en ese estado de no-mente —el nirvana— en el que se oficia el matrimonio entre el sentido de la vida y la belleza. En ese lugar quisiéramos habitar todos y, de hecho, lo logramos cuando se nos olvida ese yo que veneramos más que a cualquier dios.

El origen del arte parece ser de naturaleza puramente «divina» por el motivo que agita la creatividad del artista que es el de revelar, por apremio de su propio ser, una versión iluminada de su entorno o una epifanía que lo llena de gozo y alivia el dolor de su tormento. La actividad artística puede convertirse en un rezo, en una misa, en un éxtasis místico, en el acto poético por excelencia que es transgredir las leyes, de cualquier índole, por medio de la música, de los colores, o de formas que calmen la sed de armonía que surge desde el fondo del misterio de existir. El anhelo del arte es vibrar al unísono, por fin, con algo esencial de la vida.

El arte en sí mismo no es dañino porque no pretende exterminar nada ni a nadie; es expresión que transforma, libera y abre nuevos caminos que, con frecuencia, inspiran miedo por poner en duda la terquedad de lo convenido. Sus modos no tienen la facultad de herir de muerte ni sacan sangre. Una legión de artistas no construiría jamás ejércitos asesinos ni se mataría por gobernar mentes. El artista manifiesta lo que al mundo le hace falta para reconocerse a sí mismo en la diversidad, logrando esa comunión universal entre lo que no se parece, cosa que no logra ninguna religión. Tal vez el arte sepa más que ella acerca de la divinidad.

El hecho artístico consigue representar la contradicción planteada en todos los mitos que, desde el inicio de la historia humana, tratan de imponer un supuesto reflejo de Dios en sus sociedades contrahechas. De ahí que el poder les tenga miedo a los giros del arte, cuya esencia es, de por sí, revolucionaria.

Es posible hacer arte hasta del más simple ritual cotidiano, y ese instante santo es el milagro que da a luz todo lo sagrado.

Yo soy actriz. Profesionalmente, me siento cómoda identificándome sólo con esa etiqueta. Cuando en mi hoja de vida ponen: cantante, presentadora, columnista y escritora, me dan ganas de excusarme con los cantantes, los presentadores y los escritores. Soy una actriz que escribe columnas para el periódico *El Tiempo*.

Una vez, escribí una que titulé «Arte y religión». De todas las columnas que he escrito, es la única que me avergüenza. Ni siquiera me he arrepentido de las que he publicado sobre el aborto, por cuenta de las cuales me han destrozado en las redes. De esa sí, precisamente, por la importancia que para mí tiene el tema académico. En aquel texto equiparaba el instante de creación artística con un momento místico y, en un arranque de mucho entusiasmo, elevé a los artistas al nivel de los iluminados; los puse casi como unos santos incapaces de hacerle daño a nadie. Como siempre, publiqué la columna en Twitter; entre los comentarios que leí acerca del artículo, me encontré con varios que hizo una doctora en filosofía, escritora y también columnista. Ella se preguntaba «de cuándo acá una exreina de belleza y modelo» se tomaba la libertad de tocar temas tan académicos sin tener ninguna preparación. «No sabía que una exreina podía tener semejantes alcances», dijo. Acto seguido, empezó a hacerme una serie de preguntas muy puntuales sobre historia del arte. Durante nuestro diálogo público, me defendí como pude, aferrándome a que, desde el enfoque que yo había dado, no importaban tanto los datos como la comparación del sentimiento religioso con el instante creativo.

No salí bien librada. Tanto me sirvió la crítica de la profesora que me puso a leer más sobre el asunto y a corregir lo dicho. Evidentemente, yo había confundido la categoría del sujeto artista con el de la persona social, y ella tenía razón al haber señalado, en primera instancia, ese error tan obvio.

Mi planteamiento resultó bastante pueril. Por eso, seguir hablando sobre qué es para mí el arte, es un poco reescribirla; no sé si para cometer un nuevo error, ya lo veremos.

¿Qué es lo político del arte?, me preguntan. Es un tema extenso que podría tratarse desde muchos lugares. Es posible tener una mirada política sobre cualquier tipo de arte; es decir, el arte puede ser interpretado desde una estructura de convención social particular, y decir desde ahí, por ejemplo, que una pintura, o una obra, es pornográfica o subversiva. El arte puede tener una intención o un mensaje político, esto lo sabemos; el arte también puede ser mercenario del poder. En fin… Lo interesante sería preguntarse qué es lo inmanentemente político del arte. Esta pregunta no he podido respondérmela con certeza. Se trata, además, de una discusión filosófica compleja que no me siento capaz de cubrir.

Hace poco leí que, para Aristóteles, por ejemplo, la política es el actuar bella y justamente, dentro de la polis. Tal vez algunos estarían de acuerdo conmigo en que el espacio artístico es en esencia libre; su política interna es la libertad de acción dentro de ese espacio amoral y atemporal. Para ser artista, no se necesita ser moralmente ejemplar ni dar cursos de buen comportamiento por medio de su arte; un asesino puede ser un gran artista, aunque como ciudadano sí pueda ser juzgado desde lo moral. Hace poco me preguntaron qué pensaba sobre el comentario que el presidente (de entonces) había hecho con respecto a un episodio de la telenovela *Betty la fea*, en el que ella firma un contrato fraudulento, por amor. El presidente se preocupó por que se le estuviera dando mal ejemplo a la sociedad, dado que la telenovela tenía mucha popularidad. A esta inquietud respondo que a los políticos es a quienes corresponde dar un «buen ejemplo» (qué miedo el buen ejemplo de los políticos) y no a las obras artísticas que, por medios estéticos, resaltan o ponen en evidencia los fallos y virtudes de la humanidad.

Como veo que el tema me excede, me queda mucho más fácil desde «lo mío» tratar de ilustrar cómo puede haber un abrazo entre política y arte. Se me antoja hacerlo desde lo que me ocurre con el personaje de doña Ruth, el más políticamente incorrecto que he interpretado. Ella es, sin duda, el más político de mis personajes, no porque hable sobre política, sino porque toda ella es una protesta beligerante contra la rigidez de lo institucionalizado. Yo me burlo, a través del confuso discurso de doña Ruth, del poder que ejerce el sistema social y político en nuestra vida cotidiana, sin que nos demos cuenta. Dicho poder se instala en el sobrevalorado «sentido común», que nos induce a actuar desde parámetros fijados por tradiciones obsoletas. Doña Ruth tiene una lógica obtusa que pone en evidencia esa obsolescencia a través de su comportamiento errático, su ropa y su forma de hablar y deformar el idioma. Su historia de vida —y manera de vivir y estar— se encuentra llena de contrasentidos, situaciones equívocas y duras realidades. Su amante es un general retirado del Ejército, homosexual; su asistente y ama de llaves, Dubis, es una joven costeña desplazada por la guerra, que atiende clientes de la tercera edad, brindándoles «asesorías». Dubis es, claramente, prostituta, y doña Ruth es su proxeneta, pues gana un porcentaje sobre las entradas económicas de la muchacha; su peluquero es un jovencito, también homosexual, que ella adoptó, a pesar de su homofobia. Un detalle muy importante de la incorrección política de este personaje es que no puede vivir sin tomar un brebaje (ella dice que es un remedio; yo digo que sí, que es un remedio para lo que no tiene remedio) al que llama «Pinofrín Adtavis». Nadie sabe de qué está compuesto (ni ella misma), pero es, a todas luces, su anestésico para soportar la vida.

Doña Ruth cree que está lúcida y opina a diestra y siniestra sobre cualquier tema; ella sí que está consciente de que no existe tal cosa como «mi humilde opinión» (yo también; no hay nada menos humilde que cualquier opinión). Doña Ruth es la personificación de la crítica al biempensantismo y a la decencia de las normas.

Concluiría, entonces, que el arte es político en cuanto a su espíritu crítico y emancipador.

Si me lo permiten, quisiera terminar con algunas citas que dan cuenta de la imposibilidad de definir lo artístico de una sola manera.

«Solo desde el inconsciente se puede hacer arte», dice Freud.

Juan Horacio de Freitas, profesor de Filosofía, dice: «Se puede decir que el arte, a pesar de que pueda ser utilizado para intereses socio-políticos, económicos ideológicos, es el modo más privilegiado que tiene el sujeto para conocerse, para dar cuenta de sí, de sus posibilidades, de sus pasiones, en una relación consigo mismo que es de absoluta intimidad, de descubrimiento y autorrealización».

Gombrich, en su libro *Historia del arte*, llega a esta conclusión: «No existe, realmente, el Arte. No hay más que artistas, esto es, hombres y mujeres favorecidos por el maravilloso don de equilibrar formas y colores hasta dar en lo justo, y, lo que es más raro aún, dotados de una integridad de carácter que nunca se satisface con soluciones a medias, sino que indica su predisposición a renunciar a todos los efectos fáciles, a todo éxito superficial a favor del esfuerzo y la agonía propia de la obra sincera».

«De la obra de arte viene una sacudida que derrumba al espectador», dice Gadamer, que también vincula el arte con la fiesta, la celebración.

«Lo bello artístico es la copia del silencio desde el que la naturaleza habla»: Adorno.

«Sin herida no hay poesía ni arte», dice Byung-Chul Han, a partir de un ensayo de Roland Barthes.

«El arte es una praxis de libertad y reconciliación», dice Chul Han a partir de Hegel.

«La aspiración máxima de toda obra de arte es cobrar vida»: Pablo Maurette.

Baudelaire sitúa el arte entre el crimen, el horror y la locura.

Y, para los griegos, no hay Creador del mundo: el único creador es el artista.

Cuando Éridson Acuña abrió la puerta de la habitación de su madre adoptiva, doña Rudesneda Barrios Caviedes, la señora estaba enfurruñada y acostada en su camastro tratando de recuperarse —según ella— de la fuerte jornada laboral de la noche anterior, en la que había tenido que cantar (hasta las cinco de la mañana) una recua de rancheras y tangos para «un público muy importante».

—¿Cómo amaneció, mi doña?

—Pues ¡muy pésima! —contestó la vieja, completamente afónica—. O cómo querés que amanezca después de estar pitando la noche entera pa' esa cantidad de viejos protásticos.

—Me imagino, mi ama —dijo el diligente Éridson, consciente de que no debía descorrer todavía el pesado cortinaje que cubría los ventanales y ocultaba por completo la luz del mediodía—. Pero por ahí la oí decir que, igual, eran señores muy renombrados y, todos, admiradores suyos.

—Ah, eso sí. Ese grupete de ayer eran todos amigotes de Míster Solo*; nada menos que de la cópula militar. Ni modo de no complacerlos así sean todos impotentes.

—¿Y esta noche cómo va a hacer? ¿No que también tiene presentación, pues?

—Mejor decime vos, maldita sea. Si todos ellos no más vienen pa' vemen a mí. Más canta un gallo en una olla de sancocho que yo con este guargüero seco. ¡¿Qué vamos a hacer?!¿Con qué chod les voy a salir?

—Y por qué no duerme otro rato y se queda calladita, que hablando le va peor. De pronto de aquí a un ratico se mejora para su show.

—No, esperate. Primero, decile a Dubis que se me acabó mi Pinofrín Adtavis —dijo la mujer, molesta, volteando de cabeza un frasco mediano de vidrio marrón con una etiqueta en la que se leía la palabra REMEDIO—. Ella sabe que ese jarabe me sirve para todo.

—Dubis está ahora con un cliente, doña. Apenas acabe le digo que se lo prepare y se lo traiga. Pero no hable más que ya le está saliendo es un silbido todo miedoso.

—Esa berraca sí salió adidta al trabajo. Lo malo es que no ha aprendido a repartise entre esas «asesorías cenitales» que hace y el servicio doméstico de esta casa. Ojalá no se le maluquee el paciente como le pasó la otra vez que casi se nos muere de un colagso el dotor Peláez.

---

* Amante eterno de doña Rud, coronel retirado del Ejército Nacional y «Cacorro de Siete Aerosoles».

¡Ella y su bendita maña de metese con señores de la odtava edad!

—Sí, pero esos son los que dejan buen billete y usted necesita sacar su CVY*, ¿no?

Éridson sabía muy bien cómo manejar las pataletas de doña Rudesneda. Ella lo había recibido en su casa cuando él apenas tenía trece años porque su legítimo padre —también militar y amigo de Míster Solo— no quería «hijos maricas». Desde el primer día, el muchacho se dedicó a asistirla, a llevarle la corriente en sus desvaríos de actriz famosa y cantante, y a peinarla para sus soñadas «presentaciones» de cabaret que ocurrían abajo en un salón que agonizaba entre terciopelos y brocados polvorientos. A propósito, él también tenía aspiraciones como actor y estilista.

—Oíme, papi —lo detuvo doña Rud, incorporándose—. Se me acaba de ocurrir una idea. ¿Por qué no le decimos a Dubis que nos dé una manito esta noche y haga ese baile que hacen las peladas en bola con un tubo? Cómo se llama ese baile…

—¿Pole dancing?

—Eso, tol danci. La vaina es montar ese tubo y ponerlo en el centro del salón donde tenemos el exenario. Y que ella nos entretenga la clientela y luego vemos si puedo cantar.

—Y el tubo, doña, ¿de dónde lo sacamos?

—Buscalo entre ese reguero e trastos que hay en el sótano. Ay, mirá otra vez a La Tongo haciéndose chichí contra el fleco de la cortina, qué hijuemadre perra. Vení

* CVY: «Cómo voy yo ahí», «serrucho», «tajada», «coima».

pa' cá, condenada, por buena te ha dado, ¿no, desmueli-cada? Ya no le gusta en el sofá a esta mañosa.

Tongolele Akumba, la mascota de doña Rudesneda, «una perra de mucha raza junta», miniatura, desdentada y medio calva, dormía siempre entre las almohadas de satín de poliéster rosado junto a su dueña. Al mismo tiempo que «la Tongo» buscaba acomodo después de ori-narse también sobre el tapete, doña Rudesneda siguió la conversación con Éridson, que, viéndola más despierta, había empezado a abrir las cortinas. De repente, doña Rud se fijó en la extraña vestimenta de su protegido.

—¿Y vos por qué andás vestido así?

—Desde ayer le dije que hoy tenía casting.

—¿Otra vez pastin? ¿Y vas a hacer de hombre o de mujer?

—De hombre.

—¿Entonces por qué te pusistes pantalón bombacho y media velada? ¡Colocate algo más viril, carajo! Calzate más bien un pantalón y un corbatín. Con razón es que no te escogen; ¡se te está notando demasiadamente lo afeminado!

—Es que es para un papel de época.

—¿Cuál época? ¿Cómo se llama el diredtor?

—Es para una obra de William Shakespeare.

—Pues conseguite el teléfono de Ulian Chespi a ver si podés ir vestido así.

—¡Ese se murió hace años, mi ama!

—A buena hora se vino a morir el señor. Qué suerte la tuya tan triste, papito. En serio, haceme caso. Pero an-tes, andá a hacer lo que te dije del palo pal baile de Du-bis. Bajate al sótano y llevate una escoba y a Tongolele pa' que te ayude a espantar esa comparsa de ratones que debe haber allá.

—Listo, señora. Pero venga muestre y le compongo esas greñas, no vaya a ser que venga el Míster y la encuentre con ese avispero revuelto —le sugirió su hijastro ofreciéndole dulcemente el espejo que «la doña» mantenía sobre la mesa de noche.

Doña Rud, como siempre, muy coqueta y vanidosa, obedeció mientras sus ojos se iban a mirar parajes perdidos dentro de ella misma. Su visión debía ser algo parecido a una explosión de infinitos mundos que, como partículas de una hojarasca agitada por muchas tormentas seguidas, empezaban a desvanecerse sin el efecto de su imprescindible Pinofrín Actavis.

—¡DUBIIIIIIIIIIIIIIIIIIS! —gritó (o silbó) espantada, por la última rendija abierta de su garganta.

—¡Sí, doña, ya se lo estoy llevando, y bien reforzado! —contestó la joven empleada, que venía subiendo las escaleras cantando un vallenato.

El yo es el que se asusta. Ante la imposibilidad de saber qué es el ser, nos inventamos el yo, un veneno sin antídoto; una vez instalado el yo, inoculado el yo, el Mal está hecho.

Me interesó una conferencia sobre el tema de la identidad dictada por el profesor de filosofía argentino Darío Sztajnszrajber, en la que reflexiona sobre la necesidad que tiene el ser humano de responder, con absolutos, preguntas fundamentales; entre ellas, la famosa ¿quién soy yo? Me voy a atrever a seguir dándole vueltas al asunto basándome en lo que tanto me resonó de su exposición.

Para los sistemas sociales es importante que cada individuo asuma una identidad en todos los sentidos posibles. No encontrar con qué o con quién identificarse es considerado un problema de salud mental; como si la identidad fuese algo ya existente dentro de nosotros y perseguirla, una obligación para ser alguien. Consideramos el yo —nuestro verdadero documento de identidad— nuestro mayor y más venerado bien; hasta el punto de crear dioses a su imagen y semejanza, que hablan y dicen «Yo soy el que Soy». (Cuando Dios habla, se manifiesta un Yo del tamaño de todo el universo).

Una de las preguntas que más me contraría es «¿cómo se define?». Nunca he sabido dar cuenta de algo inamovible en mi personalidad y me asombra que algunos lo tengan tan claro. Un yo indefinible se torna insoportable para una persona «normal», y por ello soluciona el quién soy con un texto que elabora en conjunto con su entorno cultural y social para ocultar esa «consciencia de deriva que es lo humano».

Cuando, como actriz, me siento muy «identificada» con personajes que supuestamente no tienen nada que ver conmigo, me pregunto si ellos se asemejan más a mi yo real y no a esta que creo ser; así, mi disfraz oficial de Margarita me resulta tan arbitrario y producido como los de la ficción.

La identidad es una medida de emergencia ante la angustia que produce intuir que, detrás de todo lo accidental que la constituye, no hay nada. Tal vez por eso el volumen del yo es directamente proporcional al temblor que produce darnos cuenta de que el ser es lo más cercano a un espacio vacío. El yo no anida en nuestro cuerpo ni en esas colectividades, igualmente forzadas, como nacionalidades y asociaciones de fanáticos y profesionales. La identidad, en conclusión, es un mito, un fármaco, una metáfora.

Dudar de ese concepto puede valer como un eficaz ejercicio de humildad para que no nos ofenda que alguien no sepa quiénes somos, pues ni nosotros lo sabemos.

No puedo dejar de hacer ejercicio, necesito que me duela el cuerpo para sentirlo. Hacer ejercicio, en mí, tiene el mismo efecto de una pastilla para los nervios. También expío una culpa más fundamental que no es sólo la culpa por comer. (Esa culpa tan católica y que nos toca, a cada uno, matarla o distraerla como se pueda).

No entreno para tener buena salud. Quiero ver mi cuerpo bien dibujado en el espejo, es todo; o casi todo. Pago por el derecho de estar en el cuerpo (o ser el cuerpo) al sufrir durante mis ejercicios. Mi relación con el placer es intelectual (mis placeres eróticos tienen que ver con el acceso al conocimiento). A veces, como comida que no me gusta y permanezco en posiciones que no corrijo aunque me incomoden. Cuando escribo así como ahora, no siento placer; cada letra es un pequeño rasguño que va abriendo una herida más grande, pero esto lo digo con distancia, como espectadora de un yo que dice eso. En este momento mi angustia es leve, como una canción inquietante que no es estridente, pero sí insistente, audible. Envidio a Cholo.

Iba a decir que quisiera cambiarme por él, pero no; a ese ser tan diáfano no puedo desearle la molestia de ser yo.

No puedo negarlo. Hacer ejercicio es una dependencia de la cual no he podido zafarme. Comenzó hace ya tres décadas, después de que me liberaron de un corsé de yeso que me sujetó el torso durante nueve meses, mientras una barra de metal se adhería a mis vértebras lumbares, inobjetable opción quirúrgica destinada a corregir una escoliosis progresiva.

Nunca fui buena para los deportes de equipo. Por el contrario, más bien torpe, pues no tenía talante fortachón para pelearme por una pelota de básquet, ni para patear un balón. Mi silueta escuálida atrajo la atención de Gloria Castro, directora de la Escuela de Ballet Clásico en el Conservatorio de Cali, quien había abierto unas clases de gimnasia rítmica, a las que mi hermana y yo asistíamos por iniciativa de mi mamá.

A los trece años comencé mi formación como bailarina clásica. Con los profesores rusos y cubanos aprendimos a soportar el dolor, atravesándolo, y así transformar nuestros cuerpos en instrumentos de arte.

Una profesora detectó la desviación de mi columna, que empezaba a impedir ciertos ejercicios, y me mandaron al ortopedista, y él, por ahí derecho, a la mesa de cirugía. No sé si fueron esos años de entrenamiento espartano en el conservatorio lo que sembró en mí el rigor para cultivar un delirio estético a través del cuerpo, pero el caso es que, apenas me vi sin el yeso, me propuse tener una figura «de diseño», sólida, fuerte, moldeada a mi gusto y bajo mis propios estándares de proporciones y equilibrio.

Ningún médico me recomendó ir al gimnasio. Yo misma fui aprendiendo a oír mis huesos, mis fibras, mi corazón. Adoraba la idea de transgredir los cánones de belleza de aquella época forjando músculos visibles, evidentes, e ilustrar con esto mi determinación a prueba de todo. ¿Por qué? No sé. Sólo puedo decir que, cuando me involucro en un proyecto en el cual soy mi propia comandante, me convierto en un soldado incansable. No claudico hasta que considere que mi obra es, si no perfecta, aceptable. Mi cuerpo era, pues, todo un trazado, con estaciones y objetivos específicos.

Por cuenta de este sargento que llevo dentro, he hecho locuras con el cuento del ejercicio. Durante el reinado de belleza en el que participé, llegaba a hacer gimnasia a la hora que fuera, luego de larguísimas jornadas, ante los ojos estupefactos de mi compañera de cuarto; o también, después de una fiesta, a las 2 a. m. y con algunos aguardientes entre pecho y espalda. He entrenado durante cinco horas seguidas; otras veces, tres veces al día; he salido a trotar a media noche. Una vez, salí a correr de madrugada ¡y me quedé dormida andando! Me caí y me luxé un hombro. Todo esto iba acompañado de insuficiente alimentación o, directamente, aguantadas de hambre intercaladas con atracones de chocolate; peligrosísima cruzada, sólo para ganarme la medalla que yo, mi generala, me entregaría.

Sigo haciendo ejercicio por pura vanidad; también porque me produce placer ver en el espejo un contorno armónico, estéticamente agradable a mis ojos, de la misma forma que a otros les gusta contemplar un paisaje. Quizá también porque anhelo esa sensación de placidez que resulta después del esfuerzo, o porque sigue traduciendo mi carácter combativo, desafiante del dolor y lo difícil, o porque me hace sentir la heroína de esa íntima gesta que es la lucha cotidiana contra la dejadez y la pereza.

Hace unos años, una segunda cirugía de columna me devolvió a una camilla de hospital y tuve que comenzar de nuevo. Hasta ahora no he encontrado algo mejor que los resultados de la terapia del ejercicio diario para mirarme con benevolencia y felicitarme por algo.

Enero 31

Anoche me quedé dormida con miedo de quedarme dormida. Me desperté a las pocas horas con la sensación de haberme «salido de mi cuerpo». ¿Cómo es eso de salirse del cuerpo? ¿Acaso es posible? Me pasa mucho eso de despertarme sobresaltada por esa sensación; es como si una parte de mí agarrara a la otra, *in fraganti*, dando un paseo sin permiso, en otra zona del tiempo. Hay una «yo» que se va a volar y a flotar, y otra «yo», más temerosa y terrenal, que la obliga a volver. Puse música para dormir. Me conmueve ver a Cholo recostado en mí, sintiéndose seguro a mi lado, mientras yo, en cambio, me siento insegura con respecto a todo.

No hay rebelión posible que pueda deshacer la huella que nuestras culturas madre —grecorromana y judeocristiana— han dejado en la forma como vemos el cuerpo, entre muchas otras cosas de su realidad. Particularmente el cristianismo, que hereda de Platón la concepción del alma como casa de la virtud, ubica en el cuerpo humano todo lo vicioso, lo malvado, lo despreciable. (No sé si esa dualidad jerárquica es la que ha determinado que el hombre occidental no pueda pensarse a sí mismo como una unidad con todo lo vivo sino como un yo dispuesto a dominar el mundo). Consecuentemente, también hay una relación de fuerzas entre cuerpo y carne.

El cuerpo alcanza un nivel de abstracción de mejor jerarquía que la carne. Suena muy digno decir que hay un «cuerpo emocional», «un cuerpo astral», «un cuerpo físico». Sin embargo, la carne, la pulpa densa que se adhiere a la calavera, aquella que duele, suda y sangra, es el foco de la infección y donde suceden el orgasmo y la tragedia del fin; es el despojo que nos acerca demasiado a los animales. Para los animales no hay cielo ni infierno; «los animales no tienen alma», decía mi profesora de religión (y Descartes). Los otros animales son carne para comer; se los mata, se echan al fuego, se cocinan y saborean porque son eso: carne pura. Uno nunca se come un cuerpo; los animales no tienen cuerpo, entonces. El cuerpo es una idea y, como tal, es pensado y narrado por nuestra cultura. La carne, fiel a su naturaleza salvaje, es el grito insurgente del cuerpo. Es aquello que se burla de las alturas a las que el cuerpo aspira, cuando, por ejemplo, su cerebro, carne viva y gris, presenta una falla en su cableado. Nadie sabe «dónde está» el alma cuando no hay neuronas para pensarla ni para decirla.

El cuerpo es un sistema que tiene unas leyes de funcionamiento estrictas y también es un producto moral con ínfulas celestes. Pero la carne es también la única señal de que tal cuerpo vive. Es la que nos dice que sin ella no habría dónde depositar el yo que tanto valoramos. La carne no sufre la dualidad alma-cuerpo porque ella no reflexiona, ella es, en materia, su propio impulso de vivir y morir. ¿No es ésa su virtud? ¿No es eso suficiente «alma»? ¿Cómo cayó tan «bajo», entonces? ¿No es la animalidad el paraíso del que fuimos desterrados? ¿No es en la carne donde ocurre la muerte de las religiones y se agotan los dioses?

Jueves, 2…

Hoy soy capaz de ver el absurdo sin angustia, como si creyera en Dios. «Ser» es raro. «Ser» es algo cercano a lo imposible. ¿Cómo pudo ser el «ser»?

A Dios lo convirtieron en un mendigo político que hace propaganda, rogando y comprando creencia. ¿Acaso un Dios sabio pediría que creyesen en él? ¿Un Dios que todo lo es, acaso no pediría que se le descreyera y olvidara? ¿No es Dios Soledad Suprema? ¿Cuánto detestaría un Dios Decente que lo alabaran?; ¡cuánta vergüenza pasaría! ¿No es embarazoso para Él verse a Sí Mismo escribiendo tablas de mandamientos como todo un Burócrata?

Dios no debe ser concebible por una mente. Si lo es, no se trata de Dios, sino de una idea.

Los humanos bien podríamos mirar de lejos la moral y dejar de intentar ser personas de bien, justas y virtuosas. Sería más interesante apoderarnos de nuestros pensamientos más feos y demoníacos, para mirarlos y nombrarlos, así como hemos sido capaces de nombrar lo santo. Sería más valioso bautizar con agua bendita nuestros vicios y ponerlos en altares para no perderlos nunca de vista.

Hemos tratado a Dios como si fuera un recién nacido de lo humano. Un pequeño ser que necesita comprensión, atención, y precisa de nuestro amor, el amor humano: nada menos, nada peor.

Al hombre se le dio la razón de la misma forma que un cuchillo afilado a un niño: el ser humano se hace daño con su propia razón; no sabe usarla porque ignora para qué sirve. En la pura animalidad del hombre hay más razón que en su inteligencia (lo leí en alguna parte). El hombre civilizado está loco.

Entiendo que muchos dioses tengan forma de animal. En cambio, no entiendo cómo podemos creer en un Dios que se parece a nosotros. Dios es impensable.

Los dictadores aman la religión y se encomiendan a un Dios masculino y bruto como ellos. A los dictadores de patrias, los ampara el Dios del Estado. Cuán arrogante es «saber lo que el pueblo necesita» sin preguntarle al pueblo. Ahí está el Estado ocupando el lugar de Dios, que todo lo sabe. Pero Dios, para ser Dios, necesitaría no saber.

Dios, me arrodillo ante Ti porque no sabes nada. Si fueras sabio, ya habrías deshecho el mundo sin furia, aceptando, como todos los sabios, Tu error. Te amo porque no tienes moral, porque lo bueno y lo malo no existen para Ti. Sólo los que no sabemos amar tu Ausencia inconmensurable tenemos que regirnos por una tabla de Bien y Mal. Te amo porque no necesitas perdonarme, pues no conoces la ofensa. Te amo porque no me conoces.

¿Acaso no entraría dentro de lo realmente religioso el admitir «no saber» lo que Dios es?

No puedo dejar de leer a la Pizarnik. Cuando quiero descansar de ella, duermo o veo videos sobre la situación política de este país. Leerla a ella me parece más serio que enterarme de las vulgaridades de la actualidad política colombiana. Me obsesionan su fascinación con la muerte y su deseo de suicidarse. Quiero ver lo que escribe minutos antes de su primer intento, si es que lo registró en su diario. Leer todo esto me produce fatiga y miedo; un morbo violento.

Del latín *violentia*: *vis* = fuerza, *lentus* = continuo. Uso continuado de la fuerza. La voluntad de vivir hace uso continuado de su fuerza sobre todos los seres que subsisten. Mantenerse vivo es de por sí una lucha violenta y sin tregua. Hay violencia en ese impulso irrefrenable de copular, engendrar, de dar y seguir con vida. Hay violencia sucediendo dentro de los cuerpos, en la silenciosa batalla que los microorganismos libran piel adentro. Parir es ya un acontecimiento violento: el pequeño cuerpo dentro del cuerpo cálido y protector de la madre ya no puede ser acogido; se ha convertido en un estorbo biológico, un peligro mortal y doloroso que avisa al romperse la fuente de sustento; ese cuerpo que no puede ser contenido es expulsado bruscamente a un ambiente hostil; deberá ser violentado para que su primer y desgarrador grito dé testimonio de que ha superado el ahogo.

La violencia no es sólo privilegio de los que matan, no es sólo una virtud del mal ni de las mujeres que abortan. La violencia es un sustrato de la misma vida. Los «amoristas» hablan de amor divino y del nacimiento como «lo más hermoso del mundo». Niegan la violencia intrínseca y paralela que hay en ello y en todo lo que la vida toca. La destierran, la moralizan, se la endilgan a los asesinos y a los abusadores. El espectáculo de la naturaleza en pleno ejercicio de sobrevivencia es estremecedor por esa combinación de violencia y belleza extraordinarias.

La violencia atraviesa nuestro lenguaje cotidiano: «me provoca matarlo», decimos con humor o con rabia, sin asomo de remordimiento.

La permanencia de lo vivo es el resultado de una voluntad salvaje y obstinada de seguir respirando, palpitando; siempre a costa del sufrimiento de otros, de su carne, de su sangre, de todo lo orgánico que pueda arrancarse a las entrañas de la tierra, que el hombre, en su carrera por «mejorar las condiciones de vida», hurga y empala con tubos de hierro; penetra con sondas y excavadoras, levantando así sus orgullosas ciudades con su inventario de hospitales, mataderos e iglesias.

Para continuar la vida hay que violentar algo vivo.

Feb., 567778

Llevo dos días, encerrada, leyendo a Pizarnik sin parar. Me produce mucho desasosiego. Me desperté a las 5 a. m. y luego me volví a dormir. Soñé que iba a visitar a mis padres a un hotel. Voy en un Mini Cooper-bicicleta. Pedaleo por una autopista con mucho tráfico y llevo a Cholo conmigo. Cometo muchas infracciones peligrosas durante el trayecto. Llego al hotel, parqueo el carro en el sótano y subo por unas escaleras exteriores, como de incendio. Llego a un piso de un hotel donde hay muchas mascotas; veo perros por todos lados. Pregunto por ayeyos (mis sobrinos llaman así a mis papás) en cada puerta y ventana. Me encuentro con mi mamá, que me saluda muy animada y feliz de verme. De pronto, me doy cuenta de que Cholo no está. Imagino que lo he dejado encerrado dentro del carro y eso me angustia mucho. Bajo las escaleras. Llego al sótano; hay muchos hombres vestidos con overoles blancos, muy ocupados, atendiendo a otros usuarios; nadie me hace caso. Veo unos jóvenes descargando un bote pequeño, guardado en una funda. Finalmente, me acerco a dos hermanos gemelos, también en overol, y les digo: «No encuentro mi carro». Apenas llegué, empecé a buscar mi Mini Cooper negro y no lo vi por ninguna parte. La desesperación es enorme. Uno de los gemelos me da una explicación técnica que no entiendo. No me dan razón. Me despierto. Cholo está durmiendo a mis pies. Todavía siento angustia.

4 566677 Feb.

Sigo leyendo a Pizarnik con desenfreno. Hasta culpa me da leerla, porque empiezo a contagiarme de su imposibilidad de vivir una vida concreta y del terror que eso produce. Me conmueve su lucha con el lenguaje; el rigor con el que corrige sus propios textos y los de los demás. Envidio sus lecturas. Pizarnik es una mujer muy joven y una lectora tan voraz como su enfermedad. Me hace preguntarme muchas cosas sobre el fenómeno de querer «escribirse»; escribir el ser en un texto bello en todos los sentidos; poético y estilístico. Quisiera escribir sobre ella en *El Tiempo*, pero temo que los lectores crean que quise hacer una crítica literaria. No tengo conocimiento literario como para hablar de literatura. Leo con frustración, con la sensación de que no podré jamás acceder a esos autores aunque tenga su obra completa entre mis manos. No tengo la inteligencia suficiente para leer los autores que ella lee. Pero puedo escribir acerca de lo que me produce su lectura; eso sí es legítimo y perdonable; como contar un sueño sin ninguna culpa.

Como siempre hago cuando llego de «mercar» en una librería, pongo todos los libros juntos sobre mi escritorio y empiezo a manosearlos y a hojearlos hasta que alguno dice, agárrame a mí primero. A veces se me abalanzan al mismo tiempo, pero también pasa que el de turno se impone inmediatamente sobre los otros, como fue el caso de los *Diarios* de la poetisa argentina Alejandra Pizarnik, reunidos en un volumen de 1.100 páginas.

Comencé por la tardecita, con el café, el bolígrafo y la expectativa de tener esa cita plácida y deliciosamente privada con mi autor elegido. Aunque algo sabía sobre su genio y su tormento, no fue si no leer las tres entradas iniciales para que el texto me pegara una revolcada de la que no pude pararme hasta después de cinco días con sus noches. Nunca he leído con tanto desenfreno. Concluí que eso debe ser leer con todo el cuerpo, al darme cuenta de que cada frase ahí construida me había devorado por completo; se me olvidaron mis propios espacio y tiempo. ¡La eternidad existe!

Hasta culpa me dio cuando resolví no contestar el teléfono ni salir a ninguna parte por seguir espiando la sangría interna de esta artista enferma terminal de sí misma y de literatura. Perseguí cada letra con celos de su lucidez precoz, de la exactitud con la que eligió las palabras que decodifican su sufrimiento en infinidad de combinaciones sublimes. Me sentí mezquina escarbando entre sus heridas más íntimas, resteadas en el lenguaje hasta la última gota de vida y de muerte. «Ahora sé que cada poema debe ser causado por un absoluto escándalo en la sangre», dice, a sus dieciocho años, esta mujer que se suicidó en la mitad de su treintena, cuando se le acabaron los símiles y demás recursos literarios para describir una angustia sin la cual nunca se reconoció; su majestuosa angustia, la musa de su don artístico.

Cuando dejaba el libro sobre la mesa de noche, su espíritu vivo se quedaba respirando en ese objeto que parecía despedir un vapor infernal e irresistible como el vértigo de esos abismos que intimidan e invitan a botarse al mismo tiempo. Y me lanzaba, deslumbrada ante el cumplimiento que dio a su más grande desafío: escribirse; escribir su ser con un dolor lujoso y una belleza terrible, violenta e inevitable, fuera de cualquier principio estético.

«Sé, de una manera visionaria, que moriré de poesía», profetizó. Y así fue.

El arte como hecho de creación reúne originalidad, belleza, técnica, talento, equilibrio, magia, armonía, misterio, destreza, genio, disciplina, éxtasis, pasión, rebelión, justeza. Es un modo estético de expresión que compromete de lleno el ser.

El artista no se propone crear una obra de arte; ésta ocurre y se expresa en tiempo presente (el tiempo propio de la creación), durante el cual el creador y su obra son un solo sujeto sin pensamientos, que no calcula ni se fija plazos. Como médium e inspiración puros, el arte es casi un poder que poseen algunos para extraer belleza hasta de lo infame, de lo inmundo, de lo terrible y de la muerte, eterna musa de los artistas. Por eso nos deja sin respiración la pintura magnífica de una escena violenta, o la descripción exquisita de un crimen, y muchas más manifestaciones del arte, nuevas e inesperadas, que parecen absurdas y siguen conservando ese pulso excelso que las hace inexplicablemente maravillosas.

En este campo podría incluirse la tauromaquia, arte que a veces ofrece momentos de absoluto misticismo entre el hombre y la bestia, y en los que, en muy especiales ocasiones, parece que el uno y el otro fueran un solo cuerpo. Las he presenciado. La plaza entera se queda en un silencio de sepulcro, porque la muerte, la madre amenazante y sempiterna de esta ceremonia, es la que mide la casta de la víctima y su verdugo, también expuesto a la fatalidad de su plástica danza, cuyas figuras acompaña de una forma desgarradora la noble embestida del toro. Sin duda, el arte, donde mete mano, se sale con la suya para enaltecer hasta la miseria más grande. De acuerdo con esto, se puede hacer arte hasta de un asesinato. No dudo de que un buen torero sea un verdadero artista.

Habría que preguntarse si es justo, por la vanidad de lo que el arte es capaz, infligir sufrimiento y someter la dignidad de aquellos animales a servir unas leyes sangrientas, ajenas a su naturaleza. Frases como «el toro de lidia muere feliz en la plaza», que alguna vez le oí decir a un profundo aficionado, no pueden sino provenir de una interpretación acomodada, pues ignoramos si estos seres elaboran simbólicamente el dolor como lo hace la mente humana. El arte puede tragarse la sangre sin indigestarse; pero la sangre provocada por un espadazo, a pesar de las tradiciones culturales, no se traga el arte y sigue siendo eso: un espadazo. La matanza artística de toros es la fiesta de una agonía atroz que aquellos seres sintientes son obligados a padecer en nombre de la belleza.

¿Cómo culparnos de haber soñado? Si la voluntad del yo que hemos construido a la fuerza no interviene, entonces, existe una voluntad ajena al yo «hechizo»; una vida paralela que manipula los símbolos en el inconsciente como un prestidigitador; hace con ellos lo que quiere y nos maravilla; nuestro yo idiota no entiende nada; ignora la sintaxis de los sueños como si no tuvieran nada que ver con su proyecto de yo, siempre fallido y sólo ejecutado por lo más mediocre del ser humano. El sueño parece ser lo más verdadero en la psiquis pero no sabemos interpretarlo. ¿Qué es eso de interpretar? ¿Añadirle más palabras al discurso? ¿Sumarle más símbolos amañados a nuestro idioma aprendido cultural y socialmente? (Dice Borges que soñar es la experiencia estética más antigua). Necesitamos un traductor de nuestro ser verdadero, el cual se insinúa en los sueños con crueldad y sadismo, pues el sueño es un conjunto de códigos, una película surrealista que nos proyecta un ser extraño a nosotros pero que vive dentro de nosotros; ahora cuestiono el concepto «dentro»; me horroriza pensar que los códigos dictados en los sueños han sido suministrados por una entidad externa al individuo. ¿Alguien, un Otro, nos sueña, entonces? Con razón el espejo asusta tanto; porque refleja más espejos, y así, muchos «otros», hasta el infinito. No me gusta soñar. Sé de personas que se divierten y a las que les encanta. También sé de gente que dice que no sueña. Yo le temo a lo que soñaré cada noche. Temo ver más aspectos desconocidos e inexplicables. Nada más misterioso que soñar. Incluso más que existir.

Hoy el madrugón está duro. Una jornada más de grabación nos espera en un remoto paraje de este intenso planeta. Debemos salir muy temprano, junto con el cuerpo técnico, cargando nuestra vida de un día en los camiones. Mientras vamos por una carretera —que más bien parece una trocha— me distraigo mirando por la ventana las escenas del hacer cotidiano de los nativos.

Yo vengo con una pesadilla colgada al cuello; no he terminado de soñarla y mi corazón está tan sobresaltado como el accidentado andar de la camioneta:

Habían venido a la Tierra seres extraterrestres para recoger muestras físicas y biológicas de los diferentes aspectos de nuestra raza. Se estaban llevando a algunas personas, al tiempo que iban pulverizando al resto con una especie de pistola, en un acto fríamente maquinal y rutinario, sin asomo de violencia ni crueldad. Yo estaba con mi madre y mi hermana en lo más alto de un edificio. Miré hacia arriba y vi el cielo descoserse, rasguñado por la propulsión de los exostos de mil artefactos voladores; unas naves ovoides, nítidas, sin costuras y siniestramente silentes. Aterrizaron en las calles; de ellas descendían unos sujetos de figuras estilizadas, aparentemente frágiles, que invadían todo como escuadrones de hormigas. Asomada al balcón, me sobrecogió ver la infinita pequeñez del mundo desde esa altura, a kilómetros del suelo; vi a muchas personas corriendo espantadas; parecían más unos microbios en actividad, que al ser atacados y observados por un cuerpo más grande pierden por completo su valor como individuos. La aplastante avanzada de esta colonia extragaláctica reducía, al mínimo, toda idea de trascendencia, y en ese momento fui perfectamente consciente de mi segura muerte. Nunca mejor que en un sueño, donde los pensamientos andan huérfanos, se sienten las certezas del alma con tanta crudeza. Volví a alzar la vista. Me sorprendió ver el sol indolente peinando el firmamento con sus cerdas de oro y vistiéndolo con el más reluciente y azul de sus trajes, como un dios ungiendo a su sacerdote antes de oficiar algún sagrado ritual: el sacrificio de la especie humana. En manos de estas criaturas inimaginables, el holocausto se celebraría con la complicidad de todo el universo, en medio de un mutismo quirúrgico, durante el cual, por algún poder ajeno a nuestra naturaleza, hasta los gritos serían silenciados como quien desconecta un cable de audio.

Mi pesadilla llegó al clímax cuando una decena de ellos asaltó la habitación donde nos encontrábamos las tres mujeres; mi madre nos miró y, sabiendo que debíamos rendirnos, dijo: «Hasta aquí fue». Cerró los ojos y relajó los hombros en un supremo gesto de renuncia como para dejarse ir sin reservas en aquel río de fatalidad. De repente, uno de los humanoides nos separó. Me llevó al cuarto contiguo, donde me esperaba un puñado de ellos. Me obligaron a acostarme en una camilla. No resistí; no podía hacer nada más que entregarme y temer por la suerte de mis dos amadas compañeras. Yo también cerré sumisamente los ojos al sentirme escrutada por este grupo convexo de negras pupilas gigantescas. Mi visión se apagó y me despertó la alarma del reloj.

Tengo el gesto sereno de mi madre clavado entre pecho y espalda mientras la mañana resplandece como una santa, sencilla y limpia. Poco a poco, ella, la dulce mañana, va curando la resaca de mi mala noche con paños de brisa fresca, sorbos dulces de rocío, sahumerios de mango, de piña, de coco, y con la savia esmeralda de la selva. Voy recobrando la alegría a medida que avanzamos hacia el mar. Hemos alcanzado nuestro sitio de trabajo.

La playa está plateada. El conductor apaga el carro y, por fin, oímos con deleite la sinfonía de las aguas que hacen bailar la espuma; la música del fondo de la vida. ¡Ay! ¡He muerto en sueños muchas veces y otras tantas he resucitado para contarlo!

Soñé con ß antenoche. Ella tenía una cara diferente, aparecía muy segura y maquillada, parecía una señora feliz. Le dije que la veía iluminada, radiante, esplendorosa; se lo dije por adularla, en el fondo quería que se callara. Ya olvidé la escena en la cama donde estamos ella, mi hermano y yo. En el sueño siento vergüenza de que mi hermano se despierte y se entere de mis juegos sexuales con ella. Me avergüenzo de ella y de mi deseo por ella.

Ëlla llegó a un edificio de cuatro pisos en un barrio de clase alta. Su amante la estaba esperando en el 301. Apenas abrió la puerta, Ëlla se dio cuenta de que la mujer —el señorito— que la aguardaba había bebido. El señorito tenía puesta una camisa blanca, impecable, tan limpia y planchada que parecía de papel. Cerró la puerta y la atrajo con decisión para saludarla con un abrazo. Ëlla no se preguntó por el futuro que no tenían. Para Ëlla no había nada que perder, quería abandonarse en aquel río turbulento hasta que algún remolino la botara en cualquier playa, como un animal muerto. Sí, el planteamiento de la situación tenía tintes de fatalidad; ninguna de las dos respiraba tranquila, pero las atraía, como un imán, el revoltijo de pasión con muerte, el tánatos (me encanta esa palabra). ¿Qué podrá ser más seductor que aquella mezcla de agonía con placer? Ëlla se demoró unos minutos en reconstruir la imagen del señorito que tenía en el claroscuro del recuerdo y del alcohol; tal vez la tuvo demasiado cerca después del abrazo. Ahora Ëlla debía hacerse cargo de la consecuencia del juego que habían planteado y tal vez por esa ética obligación perdía fuerza el muchacho guapo y lleno de sí mismo que tanto le gustaba ver traslucir en el señorito; ahora abrazaba a una frágil mujer de cintura pequeña y pechos más grandes de los que creía que tenía. El señorito era una joven con todas sus suavidades y formas redondas, sin vello, con un cuerpo lánguido y friolento como un tallo liso; era el trasunto del cuerpo incompleto de Ëlla; su espejo. Ya no recuerdo muy bien de qué hablaron; en realidad todo se trataba de que ambas se acercaran físicamente. Ëlla estaba tan confundida que aceptó el trago de vodka que el señorito le ofreció en pleno mediodía; con eso pudo sobreaguar esa mezcla de decepción y perplejidad que le produjo ver su cuerpo de mujer tendido en la cama (el apartamento era un solo espacio, la cama estaba ahí como un elemento central y acosador; se suponía que debía servirles para algo). El señorito no se había desnudado, pero, para Ëlla, el hecho de verla acostándose con un dejo de sensual resignación, era como una sentencia con su peso en kilos; su cuerpo dejó de ser una yuxtaposición de símbolos abstractos. Ahora era un elemento terriblemente vivo y disponible para alguien como Ëlla, que no tenía muy claro en qué categoría ubicar su interés por ese cuerpo que hasta ese minuto podría haber sido una construcción mágica, como la de los centauros o los unicornios. Estas impresiones volaban desordenadas en su mente. Creo que sólo ahora encuentro las palabras para traducirlas; pero, igual, Ëlla no habría podido confesarle lo que le pasaba, no sabía ser tan cruel. Avanzaba como si sus pasos fueran, cada vez, una caída. Eso; se dejó caer sin derecho a preguntarse si quería continuar por ese camino, pero sí tuvo plena consciencia de que, más que un camino, había elegido una trocha al borde de un acantilado.

El cuerpo del señorito resplandeció, blando y materno a las doce del día, prístino como su camisa almidonada. Ëlla nunca vio un camino tan abierto, o mejor, la trocha tan al filo del abismo. «Esto es lo que ven los hombres», pensó, «así nos ven ellos cuando nos tienen ahí, expuestas y listas para recibirlos, hundidos en nosotras; qué bello espectáculo».

En ese momento Ëlla no pensó en las mujeres que desean a otras mujeres. El señorito le revelaba la substancia del cuerpo femenino que Ëlla no advertía en el suyo. Su cuerpo nunca había existido hasta el momento en que vio al señorito sobre la cama.

Ëlla lleva varios años conviviendo en aquel universo de mujeres amantes y artistas. Como princesas de la antigua Atlantis, territorio de diosas, se reflejan hasta el infinito, unas contra otras, en un cielo de espejos. Están encerradas en su laberinto de cristales, proscritas, lejos de la ciudad y de aquellos que las juzgan. Confinadas en un valle verde se arrellanan todas aquellas mujeres: ceramistas, jardineras, pintoras, arquitectas y músicas, conformando una comunidad cerrada y ardiente. Ëlla intenta comportarse como una más de su cofradía, pero, en realidad, es un gato en la sombra, que observa y espera el momento de escapar de sus vientres voraces. Ëlla sueña, todas las noches, que no puede moverse; tampoco puede pedir auxilio. Cuando, por fin despierta, descubre a su carcelera, mirándola, vigilándola, y dispuesta a interrogarla. Las pisadas de Ëlla, la prisionera, han delatado su engaño. Han revelado el secreto que, en su encierro, no había querido revelarle a la guardiana nocturna: su vacilación.

Ambas caminan por el borde de un precipicio.

Anoche soñé con F, cantante de rock, debe ser porque me quedé viendo sus videos y me sobrecogieron su éxito mundial, su juventud, el *summum* de la fortuna personificado en un joven hermoso y en plena efervescencia sexual. Recordé mi envidia, mi propio «éxito», mi edad. Me pregunté por qué hay seres destinados a ser deseados por el mundo entero. La mayoría de seres humanos sueña con eso ¿o no? En el sueño, yo tengo una cita con él, no sé para qué, pero creo que era para rendirle cuentas o hacer un examen para que aprobara algo de mí. Ahora mismo pienso que el sueño como tal, su exactitud, pierde resolución cuando se lo trata de traducir al lenguaje de las palabras (no sé si pasa lo mismo con el de la pintura u otros); o sea que la posible interpretación ya sería inexacta o falaz. Qué inquietante es que nuestro ser permanezca encriptado en el sueño sin ser descubierto nunca; o también el hecho de que seguir soñando, más veces, sea la oportunidad que el ser le da al yo, de contraponérsele y ofrecer su decodificación, transformando o cambiando símbolos, a ver si —por fin— ese yo capta algo. O sea, el ser es generoso: en infinitas imágenes, insiste en contarse al yo.

Para funcionar en la vida práctica se supone que hay que tener convicciones, posiciones claras, principios sólidos, argumentos para defender ese yo que ubicamos en el centro del universo. Como buen megalómano, el yo devora el mundo que cree ver y lo transforma en un mecanismo que lo hace sentir dueño y señor de todo lo que posee: mi amigo, mi mujer, mi perro, mi carrera, mi casa, mi entorno. Para el yo no hay nada que no sea suyo. Hasta la negación «no es mío» afirma su ley de pertenencia; lo que no es mío, no me incumbe, está excluido de mi mundo; el otro «real» no existe hasta que no lo convierto en algo para mí. Ese espectáculo yoísta es lo que cada uno de nosotros identifica como mundo real, perfectamente comparable a lo que se conoce hoy como «posverdad». Eso sí, la más sofisticada posible, pues se trata de un mundo que el yo convierte en realidad objetiva y lo hace caber a la fuerza dentro de sus mitos, reglas preconcebidas, convicciones y herencias históricas y genéticas que ni siquiera el mismo yo registra de forma consciente. Ese mundo es el cuento que hay que echarse para poder andar por estas sociedades como alguien normal y del que hay que convencerse para poder ganar una discusión, una causa, una guerra y, así, darle un sentido a la vida. Para el yo, la vida tiene que tener sentido; como si algo tan inexplicable como la vida, para ser válida, tuviera que servirle a su limitada invención. Si no sirve al yo, no tiene razón de ser. Tal vez por eso le cuesta aceptar la muerte y prefiere crearle una vida eterna —al constructo artificioso que es— en una dimensión todavía más pura como, por ejemplo, en la gloria de ser recordado, o allá, en el Cielo, adonde quiere irse con su identidad y todo lo suyo, intacto y a salvo. El yo quiere vivir eternamente sin desintegrarse.

¿Para qué señalar todo esto? Esa es la acostumbrada pregunta que siempre hace el yo tan interesado en lo útil, y al que le irritan los interrogantes que la filosofía plantea, disciplina que no le sirve para nada y que deberían, por su bien, suprimir los colegios de sus programas educativos, porque hacen preguntas traídas de los cabellos como ésta: ¿no será una enfermedad del yo estar tan convencido de sí mismo?

¡Cómo angustia aquello de no tener identidad real y nunca conseguir tenerla! Las sociedades necesitan de la identidad, o si no, ¡qué caos! Pero para que la sociedad sea un poco más inteligente y reflexiva necesita deconstruir (no soporto más esa palabra, mi querido Derrida) todas las identidades. El sueño sería una deconstrucción o desarticulación de la identidad creada por el yo.

En el sueño, el rockstar y yo caminamos juntos por la ciudad (Bogotá). Yo le cuento de un negocio engañoso que estoy inventando; un perfume que quiero vender, pero es un perfume falso y yo me enorgullezco —ante el rockstar— de mi timo, de mi estrategia de engaño a la gente que lo comprará. Le explico cómo es la manufactura de ese perfume, hecho con material barato, de mala calidad, pero empaquetado presuntuosamente. Tengo la idea de que lo he seducido con mi astucia, con mi arte de engañar. Llegamos a la puerta de una discoteca. Nos saluda una persona, alguien que nos unirá a ambos en un negocio que yo supongo será un éxito. De repente, el cantante dice, sin ninguna piedad: «Esta mujer me tiene sin cuidado; su cuento con el perfume es perdedor, es mediocre, quedaría como una "subhéroe"; no me interesa». Y se va. Yo quedo devastada; agarro el carro y manejo sin saber para dónde voy, desorientada y con una sensación profunda de abandono. No puedo creer que no me haya escogido para su proyecto. Recuerdo su peinado parecido al de Joaquín Cortés y lo que me ocurrió después de que lo dejé en el estadio cuando no quise acostarme con él: esa desorientación dentro del carro, de pura felicidad y desconcierto, porque pensé que lo vería de nuevo. Estaba desorientada de pura excitación al haber sido elegida por un dios sexual.

Nuestra eterna y entrañable Fanny Mikey tuvo la generosidad de invitarme al espectáculo que, en el año 2000, presentaba en Bogotá Joaquín Cortés, el bailarín cordobés, y luego, a la fiesta que ofrecía en su honor esa misma noche.

La obra que había traído Cortés me sobrecogió por la elegancia y sobriedad del vestuario, casi todo en negro; también por el derroche de coreografías que fusionaban el flamenco puro con gestos de otras culturas del mundo, y el virtuosismo de los músicos que interpretaban aires flamencos acompañados con percusión latina. Pero lo más seductor, sin duda, fue la impecable ejecución de aquel diablo descamisado.

Llegué como emburundangada a la casa de Fanny por haber visto tanta sensualidad y belleza, y también con la curiosidad de conocer al «bailaor». Cuando entré, la rumba estaba que ardía. Un cuarteto de son cubano tenía a unos cuantos zangoloteándose, mientras otros se les echaban encima a las bandejas que llevaban los vasos de whisky y las copas de champaña. Al rato, apareció Fanny entre la turbamulta, con sus rizos de fuego, como una explosión de pólvora. Me dio un abrazo y me dijo: «Quiero que conozcas a Joaquín». Me llevó a la terraza, y ahí estaba, solitario, sentado en una silla plegable, el hombre que hacía unos minutos exudaba arte y testosterona por todos los poros del cuerpo.

«Ella es la actriz de la que te hablé», dijo la anfitriona, y me ofreció un asiento. De un momento a otro quedé a solas y frente a frente con esta especie de sátiro, que ahora cubría su objeto de pecado con un abrigo de paño negro. Alcancé a balbucear unas cuantas pendejadas; me puse nerviosísima (por alguna razón, la situación me pareció forzada y rara). Él, a su vez, se limitó a examinarme como un obstetra lo hace para ver si el recién nacido está «completo». Con un gracioso acento del sur de España me dijo: «Guapa, pero si erej un ejcándalo» y, a los pocos segundos, me preguntó si podíamos vernos al día siguiente. ¡Increíble! ¡Tendría una cita con Joaquín Cortés! Acordamos encontrarnos en el Café Pomeriggio a las 3 p. m., y se fue. Me quedé pasmadísima. Si acaso, habíamos cruzado tres frases; pero bueno, yo estaba encantada ante la expectativa de la tarde siguiente.

Aquel sábado me acerqué con las manos encharcadas de sudor al lugar convenido. Cuando llegué, el bailarín ya estaba instalado tomándose un café con, supuse, un asistente. Yo, la verdad, estaba hecha una idiota completa; casi no podía hablar. «Rubia, ¿tenéi coche?», me pregunta a quemarropa, y yo le contesto «sí» en medio de un atolondramiento fuera de lo normal. El asistente desaparece y, sin más preámbulos, nos dirigimos a mi camioneta (a todas estas, no habíamos cruzado más palabras que «hola»).

Manejando más torpemente que nunca, tomé la carrera 11 y, más temprano que tarde, desde el asiento del copiloto, el toro miura embistió sin miramientos a la muchacha despalomada que era yo en ese instante. Sin aviso ni permiso, echó mano certera a la poca carne que había en mi muslo y, aprovechando un semáforo en rojo, me volteó la cara con los dedos y me clavó hasta la empuñadura un beso que me dejó tonta.

Un momentico, hago un paréntesis. Yo sé que puedo haber imaginado todo ésto y creído que en realidad pasó, pero, si me lo estoy inventando, francamente no considero descabellado ni mucho menos imperdonable tener una fantasía erótica con Joaquín Cortés.

Sigo. Yo no estaba preparada para semejante faena; no por puritana, sino porque no daba pie con bola. Nunca me había pasado que, por estar tan intimidada, no tuviera ningún control sobre qué decir o hacer. Como recién revolcada por una ola, tomé aire para decirle «pero, cómo así, ¿no vamos a conversar?». A lo que él replicó: «¿Cómo así? Pué, ¡así! Pero de qué queréi conversá, cojone». Y se agarraba la cabeza con las dos manos exclamando: «Pero vamo, ej que no me lo pueo creé!».

Ante mi parálisis, me pidió que entonces lo llevara al coliseo donde su compañía estaba ensayando. Soporté los alaridos del silencio mientras él miraba por la ventanilla y yo, petrificada, terminaba de empapar de sudor el timón del carro. Cuando se bajó, tiró la puerta, y yo, enseguida, pasé por uno de los estados más extraños que he experimentado en mi vida: perdí por completo el sentido de la orientación. No sabía cómo volver ni en qué lugar de Bogotá me encontraba. Estaba hechizada, literalmente. Esperé media hora entre la risa y el llanto mientras me preguntaba por qué no era capaz de volver a mi casa.

Hace poco fuimos a verlo con mi mamá, mi hermana y una prima, al Teatro Jorge Eliécer Gaitán. El diablo había engordado. Presentó un show menos altanero, más sencillo; y él, más maduro y relajado, menos adusto y arrogante. Los movimientos de su cuerpo —ya no tan perfecto— se me antojaron más mórbidos y sensuales. Estuvo enorme; nos volvió locas (otra vez). Yo les había contado el cuento del paseo a mis acompañantes y, al final, mi prima, conmocionada, dice: «No, hermana. Vos sí sos boba. ¿CONVERSAR DE QUÉÉÉÉ...?».

Feb. 37373'

Acabo de darme cuenta de que § no es eterno. Me encuentro deseándolo y, en mí, descubro un orgullo imbécil; pensarlo muerto me produce una inmensa ansiedad. Quiero verlo y recuperarlo en mí, curar en mí el desdén con que a veces lo he mirado; curarlo en mí porque nunca ha interpretado mis nubes negras como un desprecio. Probablemente tuvo razón siempre. Hoy he pensado que mi vida sin su canción perdería esa melodía que me ha estado arrullando desde que lo conocí y que sólo habría de advertir si, de pronto, cesara.

Escribir en tres palabras una historia triste, propuso alguien. Se me ocurrió «look at me». Luego pensé que esa historia triste, en español, consta de una sola. Mírame. ¿Cuál es la triste historia que cualquiera de los anhelos de ser mirado trae consigo?

Cuando nos saludamos, yo estaba temblando. La música había estado sonando hacía rato mientras tú aguardabas, pues me demoré en bajar. El tiempo de espera había operado como un motor exasperante, creo que ambos sentimos ganas de huir. Cuando te tuve delante, me di cuenta de que los años habían pasado por tu cara con esa solemnidad impersonal que el mármol o el bronce conceden a los bustos de los próceres; tus ojos, tus mejillas, tu nariz, tu barbilla, estaban alisados por la piedra o el metal; formaban un bajorrelieve apretado en una quietud siniestra; utilizo el término «siniestra» en el sentido de avería, de lo dañado, de la pérdida, de las grietas que subyacen y sobre las cuales ese rostro se construye. Tu cabeza es la punta de una estatua erigida sobre muertos enterrados y olvidados hace mucho tiempo. Tus ojos no son los de un muerto; son los ojos de alguien vivo que no siente nada, o de alguien que quizá no ha vivido jamás. Me estrello con tu frente y me quedo impávida. El siniestro es ese choque con el muro de yeso que es tu cara, con sus ojos y labios paralizados. Sin embargo, el momento de contemplarte no escapó de ser un gran acontecimiento. Es muy distinto verte de lejos conversando con tus vasallos (no creo que tengas amigos), a mirar directamente tus ojos huecos dirigidos a mí, pero no a mí. Es un evento mortal ver la cara misma de la oscuridad en unos ojos tan próximos. Nunca he estado tan cerca de la Nada. Pensé que ese era un concepto abstracto imposible de experimentar. Nos abrazamos al cabo de unos segundos y nos dimos un beso en la boca; nuestro primer beso, el que nunca nos habíamos dado, el que pensé que iba a ser un beso talmúdico, contenedor de todas las versiones fantásticas e históricas de lo que puede ser un primer beso.

El mito del primer beso entre nosotros se deshizo sin estruendo. El estrépito hubiera sido más digno, más bello. En cambio, sucedió casi como un error banal y torpe, un beso a tientas, tembloroso por parte mía e inconmovible por parte tuya. Tu saliva estaba oxidada como los objetos metálicos que han estado guardados mucho tiempo en un cajón avaro. Se ve que no has besado nunca.

Te pregunto si quieres tomar algo, había conseguido un whisky Sello Negro. Lo aceptas. Nos sentamos en el sofá. Todo en ti es sofisticado y frío como los hielos que se dan golpes tan insensiblemente dentro del vaso de whisky. Mientras me cuentas que vienes de hablar con «una persona muy importante», yo miro tu suéter púrpura de cachemir, tu Rolex, la camisa estampada de arabescos que se asoma por el cuello, tus pantalones de paño (¿inglés?), tus zapatos de cuero fino, tu argolla de matrimonio. También siento tu perfume distinto a todos los perfumes de hombre que conozco y que detesto. La cualidad tan propia de tu olor es lo más honesto que hasta ese momento había percibido de ti. Me hueles a algún tipo de árbol aromático de clima frío, o a arce, o a lo que debe quedar en el fondo de las cubas de roble, después de verter un coñac exquisito. Tu voz también es más noble que tú. La bocina del teléfono no le hace justicia. Te oyes como deberías ser, probablemente. Me hablas un poco para romper el hielo, o ese mármol que no se rompe con nada. Me cuentas tu conversación con «la persona importante»; a mí, que no doy un centavo por los intereses de los importantes y su corte de lambones tradicionales, pusilánimes y religiosos.

Te juro que me agoto con cada línea que escribo; todo el tiempo estoy deseando que pase rápido este episodio, como si tuviera que contarlo por obligación para una tarea o un encargo. Nunca me he sentido tan estúpida ni tan carente de valor. Al fin, el tema se te acaba y me preguntas cómo estoy, que qué es de mi vida. Respondo con una voz que no es mía. De nuevo me sustituye un personaje que pareciera que me invade con su discurso y su tono de voz ajeno por completo al mío (¿cuál es el mío?); me sueno extraña, impostada, no puedo sonreír ni decir la verdad de cómo me siento ni de lo que quiero. Parece que en ese espacio hubiera un testigo mirando, una sombra, o algo que pide de nosotros un resultado para este encuentro. La situación se salva porque me dices que no te puedes quedar, que tienes un compromiso. Yo deduzco que no soy lo suficientemente interesante. La actualidad me interesa poco. Contigo no tengo tema de conversación.

Feb. 3737388

Terminé de leer a Pizarnik. Me desilusionó no encontrar su último poema, el que escribió antes de morir, si es que tuvo restos para escribirlo. Leí con fruición, con mezquindad; sí, con «mezquindad» porque me sentí como una señora chismosa y codiciosa, escarbando entre las sobras que dejó alguien —ella— para ver si encontraba algo mío, algo que le conviniera a mi yo, cada vez más pobre y desposeído. Al leer su diario he recobrado la energía para hacer lo mismo; dar cuenta de algo cada día. No sé con qué objeto. Imagino a mi hermana organizando estos textos, dudando sobre si publicarlos o no, cuando yo ya esté muerta. Ando por la vida creyendo que la única que va a morir soy yo; pero es así, cada uno es el único que muere (luego leí esto en Heidegger y me sentí muy orgullosa). Pero esta certeza sólo les ocurre a los que experimentan la epifanía de la muerte eterna, del silencio absoluto que sobrevendrá o que permanece debajo de todo; como una promesa dicha en voz baja; como una voz íntima que confirma que nada existe como creemos que existe.

De lo inefable, nada se puede decir, afirmaba un señor Wittgenstein. Presumo que lo que no es posible transcribir en palabras —como Dios, lo sublime, la experiencia mística o estética, o los duelos— se sirve de ellas, como paños curativos en el caso de los dolores insondables, o como puentes sobre los que poder transitar la ausencia de verdaderos significantes para nombrar lo que sentimos, o como símbolos de lo innombrable. Las letras no alcanzan a tocar lo profundo del bien o de la belleza; ni siquiera de la maldad o la crueldad. Ya vemos cómo se agotan cuando tratamos de describir el nivel de dicha y de sufrimiento humano.

Entonces, lo que no se puede decir pertenece al ámbito de lo trasmundano o al de las emociones indescriptibles. Una visión beatífica o una epifanía no se pueden decir; tampoco lo que ocurre dentro del corazón de alguien que presencia el asesinato de un ser querido.

Lo que sí se puede decir, aun con el lenguaje precario del que disponemos, son los hechos, los fenómenos, lo que aparece ante nosotros pasando o siendo, sencillamente. Cuando, por algún motivo, decimos de un hecho que «no se puede decir», es porque no hay la voluntad de decirlo. De poder, se puede. Lo que hay que diferenciar es qué se quiere decir de lo que siempre se puede decir.

Por ejemplo, los actos de corrupción institucional, política, empresarial, y un caso tan comprobado como el del más reciente capítulo de narcodiplomacia, es algo que, en efecto, se puede decir. Es más, historias como ésa han sido dichas y se siguen diciendo, a grito herido, por algunos valientes, con todos los recursos del idioma corriente. Si hay algo sobredicho en este país, es cómo se lo roban y lo despedazan entre políticos, contratistas y narcotraficantes. Lo que se puede decir ya no es ni siquiera necesario.

Volvamos al principio. El hueco hondo que dejan en el alma de las regiones los crímenes contra quienes defienden sus ecosistemas; la infinitud del terror diario ante las amenazas de muerte a los que lideran causas comunitarias; la soledad inconmensurable de pueblos hambrientos y sedientos por abandono histórico y sistemático del Estado; la magnitud del desconsuelo ante tanta masacre; todo aquel amor por la vida que no cesa y que insiste y que se estrella contra muros de silencio; eso tan inmensamente triste, es lo indecible. Eso es lo que no se puede decir.

5 p. m., Mumbai. Hora en que el tráfico de esta ciudad caótica es una bestia de mil cabezas que acomete brutalmente en contra de cualquier señal de tránsito. El conductor ha detenido el carro, y desde aquí me llama la atención una visión estremecedora. La niña tendrá, a lo más, nueve años; sola y descalza, va a atravesar uno de los brazos del monstruo que dando alaridos parece em-

bestir con más furia que nunca, armado de toda clase de vehículos y buses repletos, a segundos de desbaratarse. Su finísima silueta, disuelta en el humo y los vapores de la tarde hirviendo, es un punto remoto en este cruce mortal de avenidas. Mal envuelta en harapos y en su pelo negro largo hasta las rodillas, avanza como si el peligro no significara nada para su andar ausente. Con la displicencia de una princesa acostumbrada a caminos alfombrados, angélica y transparente, ha llegado sobrenaturalmente al otro extremo, alcanzando el vértice de un puente gigantesco. Debajo, varias familias han improvisado sus viviendas, si es que aquellos cobertizos de latón y tablas merecen ese nombre. La niña se reúne con el grueso grupo de mendigos que enciende fuego para cocinar, mientras un hombre desnudo alivia todas las necesidades de su cuerpo a pocos metros de distancia.

Esta imagen no es una escena aislada en los extramuros de Mumbai. Es parte de una película cotidiana en el corazón de Bollywood, donde la protagonista es la pobreza. Casi se convierten en una atracción turística los cordones interminables de tugurios que estrían la ciudad entera; y por la noche, decenas de personas durmiendo alineadas en casi todos los andenes semejan un masivo inventario de muertos. Las imponentes construcciones heredadas de la colonia inglesa conviven con los trapos convertidos en techo, y los artistas de cine y televisión son venerados como dioses por un pueblo que acepta su destino gracias a la religión, en una inconcebible armonía entre opulencia y miseria. Ese sopor místico es tal vez lo que tiene sonriendo mansamente a estas gentes nobles —pertenecientes a una de las culturas más diversas y fascinantes— tan lejos de cuestionar la incoherencia de su democracia. No es necesario venir hasta la India para mirarle la cara al abandono de un gobierno, pero es más flagrante la realidad de que hay sistemas que roban a sus ciudadanos, en este caso a más de la mitad, absolutamente todo, incluida su dignidad.

Las palabras preferidas de Pizarnik: enferma, muerto, silencio, soledad, miedo, polvo, ceniza, humo, loca. Dice que un escritor sólo debe escribir sobre sus obsesiones. ¿Cuáles son las mías? La muerte, el yo, el yo, el yo, el no ser, existir, el cuerpo, el tiempo, el sinsentido de la historia, mi ignorancia, mi falta de academia, mi pobre manera de leer, la envidia, el anonimato, el reconocimiento, Cholo, Chakra, mi familia. Antes era la música; ahora la detesto. Aunque me gusten algunas canciones o frases musicales, la música ya no es «la diosa de todas las musas»; de pronto tendrá que ver con que MI música no fue valorada por otros. Odio mi música y más aún decir «mi música». ¡Los actores y los músicos tenemos tan expuesta nuestra vanidad!

Era mi primer día de clase en The New World School of The Arts, del Miami Dade College. A los treinta y nueve años, había sido admitida para continuar mi tardía carrera de Música con énfasis en Composición.

Mi pasión desmedida por cada lección que recibía provocaba un respeto sobrenatural hacia mis profesores, a quienes veía como grandes privilegiados por conocer los entresijos de la diosa de todas las musas. Particularmente, el húngaro László Szokolay, mi profesor de Piano I, despertaba en mí un estado psicológico cercano al pánico escénico (del que tanto he sufrido a lo largo de «mi vida en el espectáculo»).

Szokolay —un cincuentón delgado y pálido— nos dirigió un saludo cordial, mirándonos a través de dos gruesos lentes verdosos que agrandaban el tamaño de sus ojos. Cada alumno debía presentarse; todos eran muy jóvenes y me avergonzaba sentirme mayor que mis compañeros. Cuando llegó mi turno, el corazón me llenó toda la boca; casi no pude decir mi nombre, que me sonó al de una flor extraña y espinosa; nunca fui una rosa más roja que esa mañana.

El maestro advirtió mi desacomodo de una forma sutil, pues fui a la única de todos que tributó con un leve mohín de sus labios de alcancía y, curiosamente, también a la única a quien preguntó por qué había decidido estudiar Música.

Ese mismo día nos propuso un ejercicio sencillo: en el piano eléctrico, adjudicado a cada estudiante, debíamos reproducir una pieza indicada en la partitura, con acordes y melodía muy básicos. A los quince minutos daría vuelta por cada puesto para revisar el progreso o las dificultades que tuviésemos. Mientras yo resolvía las mías, desde luego multiplicadas por el nerviosismo, aislada en mis audífonos veía cómo el hombre, de mirada ultraconvexa, se iba acercando lentamente a mi lugar como un barco fantasma rompiendo las aguas melancólicas de algún canal del Danubio. Cuando llegó a mi muelle y me pidió que dispusiera las manos sobre el piano, corrigió delicadamente la posición de mis dedos, cuyo contacto con las teclas del instrumento reventaba las gotas de sudor que temblaban en la punta de las yemas. El profesor ignoró sabiamente esta evidencia para mí tan bochornosa. Preocupada por mi desolador debut, esa misma tarde me quedé en una de las salas de estudio practicando mil veces la tonada de notas casi infantiles, hasta dominarla durmiéndome en ella. En la siguiente clase me ofrecí para mostrarle «la tarea» como una niña de diez años deseando deslumbrar a su padre. Mi actitud debió conmoverlo, pues al final me dijo que le interesaba conocer la pieza que yo compondría para la asignatura Composición I.

De Szokolay me obsesionaban sus pupilas aumentadas, que parecían revelar con detalle su sensibilidad enfermiza, como lo haría un microscopio. Se sentían, en la cuadratura de su quijada, los muchos años de dolor contenido, y en el malva de sus ojeras, el brutal rigor de las noches de insomnio.

A las cuatro semanas, mi primera pieza para piano estaba terminada. Aunque era un trabajo no destinado a su materia, quería mostrárselo, como él mismo me lo había pedido. Le entregué las partituras al final de la clase y empezó a mirarlas por encima como un clínico experimentado, lo que provocó en mí cierta fascinación sensual. Aproveché los segundos para observar sus manos de mármol blanco, mientras daba vuelta a las páginas con una asepsia honrosa, y sentí el vértigo de la velocidad con que se sucedían las secuencias de corcheas, fusas y semifusas, viajando por el láser de sus anteojos. Le cautivó el ritmo en seis octavos de mi composición, para él inusual, porque aludía al exótico galope del bambuco colombiano. Cuando iba a retirarme, me llamó con un *pia-*

nissimo «Miss De Francisco», y me hizo una señal para que lo acompañara. En el trayecto hacia el punto desconocido, mi agitación no sabía si ubicarse en el temor, o en la alegría de ser tomada en cuenta por mi maestro de forma tan inesperada. Abrió la puerta de un anfiteatro en el último piso del edificio donde la penumbra dejaba ver la silueta durmiente de un piano de cola. Me brindó asiento en la primera fila, puso mis partituras sobre el atril y me dijo: «Su composición es muy original; ¿quiere saber cómo suena en un piano real?».

Desde ese minuto nos enlazó un fino cordón de plata que después se deshizo perversamente en una maniobra menos sublime. Pero no tengo espacio en mi alma, ni en esta página, para contarlo.

Estoy feliz porque ahora leeré a Balzac por primera vez; terminé agotada de tanto yo y de tanta muerte.

Febrero 373277

Qué tristeza no haber anotado los sueños que he tenido desde que aterricé aquí. Tres sueños. Uno de ellos, con un cantante de ópera: un hombre de pelo rizado, con la misma voz que mi papá, o parecida (qué cosa con mi padre y con el canto; el canto es mi padre). El cantante está enamorado de mí. Sólo recuerdo la escena en que cenamos, en un estado de absoluto arrobo el uno por el otro. Este hombre del sueño es un galán, un príncipe de telenovela; un hombre gentil que me ha llevado a cenar a un sitio suntuoso. En la narrativa (palabra inmunda) del sueño hay una elipsis. Hemos estado ahí, extasiados, la noche entera; parece que ambos nos dormimos en la mirada del otro mientras cenamos. Luego, el hombre me invita a bailar un vals. Durante aquel baile, él me agarra con «hombría» y galantería, es decir, con el brazo firme (ahí está la hombría, parece). Me siento segura con su brazo firme y protector alrededor de mi cintura. Es el vals más bello que bailé en mi vida.

Ver bailar a mi mamá me conectaba con la belleza y el erotismo del cuerpo femenino.

Cuando mis padres hacían fiestas, siempre llegaba el momento en el que los asistentes pedían: «¡Que baile Merceditas!». Y ella los complacía al son de un bolero de Manzanero que mi papá entonaba en clave de rumba flamenca y se llama *Adoro*. La voz de mi papá cantando «yo te adoro»; el cuerpo de una mujer de belleza extrema, como centro de atención; sus movimientos (a mí me parecían atrevidos); la gracia, el pañuelo, la noche… Todo aquello conformaba el cuadro completo de una diosa infernal y celeste, en plena soberanía. Creo que mi hermana Adriana, mi hermano Martín y yo, aprendimos a bailar en el vientre danzante de nuestra madre.

Pero también en Cali, mi ciudad natal, somos muchos los que aprendemos a bailar al mismo tiempo que a caminar, si no antes. Es el ritual en el que todos los cuerpos se inscriben, y en el cual —cuando bailamos en pareja— no renegamos de los roles que ahí se establecen muy específicamente para hombres y mujeres.

A pesar de mis escaramuzas feministas, cuando bailo en pareja con un hombre quiero que el patriarcado se exprese en el esplendor de su representación: espero que el hombre «sepa llevarme» y así poder abandonarme con confianza a lo que él disponga. No disfruto del baile si él no tiene decisión para marcar el siguiente paso. El éxito del papel masculino en esta particular circunstancia (demos por descontado el sentido del ritmo) no depende tanto de su repertorio coreográfico como de su apropiación del cuerpo de la mujer. Su «hombría», en este contexto, quiere decir dominio y mando. Si bailo con un hombre, mi encomienda es obedecerle, y mi reto, entregarme, no obstruirlo, y gozar. En esto soy tan machista que bailar en pareja con mujeres no me resulta emocionante porque ese código desaparece. No me gusta llevarlas ni que me lleven. ¿Y llevar al hombre? ¡Jamás!

Cuando bailo sola, siempre imagino que soy observada por un hombre. Imagino que bailo con él y para él. En ese momento mi cuerpo se integra: brazos, piernas, corazón, oídos, pies y todo lo demás, no son ya una pregunta sino la respuesta orgánica y emocional al enigma de mi propio cuerpo. Es curioso que, en mi fantasía, para que esto ocurra, sea necesario el símbolo de la mirada masculina como agente unificador. Me lo acabo de contar. Apenas lo veo. Qué barbaridad.

El segundo sueño es con E (hasta cuándo, diosmío). Ahora sólo recuerdo que hacemos el amor; estamos desnudos bajo las cobijas y le pregunto si «su otra amante» sabe todo. Él no responde, pero sigue existiendo el subtexto de que no me pertenece o no estará conmigo nunca más.

La verga

Imagino que al atreverme a titular así este texto obtendré especial atención. No produce el mismo impacto la oreja o el codo como tema de una columna de opinión. Todo depende de qué tanta carga simbólica tengan que soportar las inocentes partes de nuestro cuerpo, de por sí moralizado y politizado hasta la paranoia. La diferencia entre un pene y una rodilla no está tanto en su función biológica como en la forma en que esas simples palabras que los nombran provocan nuestra fantasía.

Me sorprendió un ensayo del ilustre pensador francés Michel de Montaigne, titulado «La fuerza de la imaginación», en el que usa ese encabezado para referirse, en uno de sus fragmentos, a los deshonrosos contratiempos de algunos hombres con su órgano sexual —producidos por miedos inoportunos— precisamente cuando se necesita su mejor desempeño. Montaigne fantasea con ser el abogado de «su señor cliente» y así defenderlo de quienes lo juzgan, injustamente, por rebelión y por su infamante voluntad propia, causante de terribles bochornos. Como apoderado de su causa, dice que los otros órganos, sus compañeros, están «envidiosos de la importancia y dulzura de su uso». Señala que ellos, al igual que «el amigo», también se animan y nos traicionan sin nuestro consentimiento: «No mandamos a nuestros cabellos que se pongan de punta, ni a nuestra piel que se estremezca de deseo o de temor».

El pasaje me hizo pensar en el acento que la cultura pone sobre ciertos «pedazos» del cuerpo. El pene es el símbolo de poder por excelencia: el báculo que concedía la palabra en el ágora, el cetro del soberano, los obeliscos, los cañones, la espada, y otras figuras fálicas, lo resignifican sin que haya que imaginar mucho. No sin razón, los hombres se avergüenzan de tener el pene pequeño. Una muy efectiva forma de halagarlos, o insultarlos, es aludir al tamaño y a la capacidad de penetrar, permanecer y durar de ese apéndice altamente expuesto a la agobiante e histórica demanda de lo que representa. No es cualquier cosa, hombres, llamarse hombre y merecerlo por tener entre las piernas unas masas blandas, poco confiables, que deben endurecerse y erguirse en el momento requerido por el exigente espectáculo de la virilidad. Estoy con Montaigne. Son excesivas la responsabilidad y la expectativa; mucho el temor al deshonor y la vergüenza, para ser aguantados —sin colapsar— por carnes tan humildes.

Me avisan de la portería que estás aquí. En mi equipo de sonido suena *Promise of a Fisherman*, de Sérgio Mendes. Dejé la puerta abierta; yo estoy en el piso de arriba de mi dúplex, esperando. Ya me bañé; preferí vestirme con un pantalón y un buzo negros; lo de la bata me pareció muy obvio. Todavía no me cabe en la cabeza que has venido en realidad. No creo en tu cuerpo físico; estoy segura de que estoy imaginando cada desplazamiento del minutero de mi reloj; no hay espacio medible capaz de contenerte. El fondo del paisaje es mi incapacidad de abordarte, y el paisaje son esas palabras que usamos, que se oyen y revelan un ser quizá más real que el que pretende formatearse en un cuerpo; un cuerpo de hombre tan inaccesible como el pico más alto y congelado de una cordillera. Y qué hacer con la palabra, el verbo, los símbolos que nos salvan de la verdad que se oculta detrás de ellos; una verdad que jamás alcanzaremos porque vivir parece tratarse de eso: de no alcanzar la verdad sobre nada. Vas a atravesar la puerta de mi casa. ¿Cómo negar esa «facticidad»? ¿Cómo soportar la densidad de una presencia tan vulgar como la tuya?

Entraste. Te veo revisando las cosas que hay sobre un aparador. Tu espalda se ve más grande desde arriba, más encorvada de lo que imaginé; me pareces más alto que antes. No estoy recostada sobre la baranda del balcón que da sobre el pequeño salón; preferí mirarte desde un punto ciego; un escondite para observarte quizá con algo de crueldad.

Me cuesta un trabajo penoso escribir sobre esto. Quisiera que lo contara otra persona; todo me incomoda. Qué se supone que vamos a hacer, o a decirnos; de qué vamos a hablar si «lo nuestro» no es nada más que un texto mal redactado y superficial, baboso y sin carácter; cualquier conversación que tengamos ahora sólo logrará hacerlo todavía más evidente y afrentoso. Ojalá no te vuelva a ver nunca; no sé cómo lidiar con esta perturbadora mezcla de repugnancia con encantamiento; de desprecio con idolatría; de ahogo con un flujo furioso de oxígeno. Me pesa esto que simbolizas para mí: un hombre deseante, que únicamente me incumbe mientras esté deseándome a mí. Le temo más al fin del deseo de este deseante que a cualquier otra nada. Me dice: «Mira, estás aquí porque te deseo; te deseo, luego existes».

El tercer sueño es con G. También hacemos el amor con detalle y con gusto. El éxtasis es suyo, pero me siento unida a él por el deseo y la delicia de su cuerpo precioso (el más bello cuerpo de hombre que haya visto jamás). En este sueño, todo su cuerpo está humectado por el sudor dorado de la excitación. Su cara expresa gozo total, entrega absoluta; algo que nunca vi en el verdadero G.

Una vez lo vi c...r. La cara de orgasmo que puso cuando «evacuó», nunca la olvidaré: los ojos en blanco, la barbilla hacia arriba, la boca entreabierta. «¡Aaaah...!», exclamaba.

La animalidad —ese paraíso del cual fuimos desterrados— no mantiene su inocencia en manos del ser humano, que todo lo corrompe con su moral. Esa máquina modeladora me tiene sintiendo asco de la combinación entre cuerpo y carne; penosamente, me tiene odiando el animal que también somos. Tal vez lo que hace fascinante a todos los animales es que no hay nada humano en ellos y que su sexo es un órgano funcional, sin más, y no otra institución férrea con unas reglas de funcionamiento que me hacen desvariar sobre los hombres y las mujeres desde que comencé a escribir sobre cuadernos y papeles. (Me va a tocar escribir hömbres y müjeres).

La historia de desamor de mi cuerpo comienza el mismo día que nazco, el 8 de agosto de 1965. Alimentar mi cuerpo siempre ha sido problemático para mí, por defecto o por exceso. Cuando era niña me veía demasiado delgada, tenía muy escaso apetito. Creía que comer era un acto tan vergonzoso como «ir al baño». (No puedo con la palabra «cagar», ya lo había dicho antes en *El hombre del teléfono*). Me daba vergüenza comer delante de mis compañeros y vergüenza ajena verlos comer a ellos. No entendía por qué no había que esconderse también para hacer eso. Tragar, digerir y defecar son todas operaciones necesarias y —quizá por eso— antiestéticas: porque si no se realizan, el cuerpo muere o se enferma. Todas sugieren una entropía asquerosa: revoltijos, bolos y amalgamas, como cuando se combina la saliva con los jugos de los alimentos. Luego vienen los que segrega el estómago cuando recibe la comida. El concierto de ácidos dentro del estómago nos resulta indigno verlo fuera de nuestro cuerpo, casi como si el vómito fuera un acto de mala educación; es humillante y abyecto «devolver» lo ingerido a medio digerir, pero en ese cuarto oscuro que es nuestro cuerpo por dentro, a escondidas, es eso lo que se prepara: un líquido espeso y amargo, elaborado trabajosamente por las enzimas y todo ese prodigio endocrino de la máquina humana que conspira con diligencia para producir mierda y más mierda. Cuando veo a las personas comer en restaurantes de lujo, o a mí misma, pienso en la cantidad de mierda que producimos también los que ganamos plata y construimos hermosos retretes, mientras hablamos mierda vestidos de seda y de saco y corbata, y masticamos y bebemos con buenos o malos modales entre perfumes y desodorantes.

El cuerpo y el asco van de la mano. Como el cuerpo y el placer, como el cuerpo y el dolor. Me da risa que la

Iglesia católica inculque el miedo al cuerpo por ser fuente de placer. El cuerpo católico es la expresión concreta de lo demoníaco. Por cuenta de esa religión horrible (parece que la culpa la tiene Platón), el cuerpo me repugna. Todos nos producimos un asco atroz. De eso nos damos cuenta cuando nos encontramos demasiados extraños en un solo espacio. A mí me pasa más en los aviones, durante los viajes largos. Criticamos los malos olores de otros, como si no fuéramos parte del hedor general. Nos da asco lo demasiado otro. (No podría decir eso de los animales, una de las más extremas formas de alteridad; ninguna de sus excreciones me repugna. Me repito, ya sé).

También me revolvía las tripas el olor de las loncheras, esa alquimia de aromas que producían la fruta a medio fermentar por el exceso de sol y de calor, y el vaho azufrado de los huevos cocidos; el pan húmedo entre el papel aluminio, la rodaja agria de jamón, la leche cortada y tibia. Me pregunto de dónde pudo venir ese pudor tan agudo, pues en mi casa, aun en los momentos de más dificultad económica, la comida que se servía era abundante, variada y con mucho sabor. La comida, de todos modos, está asociada con lo materno; es de nuestra madre de quien primero recibimos el alimento para mantenernos vivos. Dependemos de la madre para sobrevivir, la comida la representa. Mi rabia contra la comida… Estoy harta de mis teorías baratas y fáciles. Odiar la comida es odiar a la propia madre, o digamos, lo materno. La rabia por no ser yo quien cumpliera su primer anhelo, pero corrijo, no el de ella, ni mucho menos; el de la autoridad, la orden que venía «de arriba», donde el Padre está.

Pasé por tres colegios, no precisamente por mala estudiante, aunque suene inmodesto. A los doce años resolví salvar mi salud mental huyendo, literalmente despavorida, del primero, donde alcancé a terminar segundo de bachillerato, porque mi dios (o mi ateísmo) y mi determinación son muy grandes. Nunca nadie en la historia de mi vida me ha despertado tanto terror como la honorable directora de mi primer colegio. Teacher Yolanda, furibunda y rubia, era la comandante en jefe de un joven batallón de educadores, casi todos ellos norteamericanos energúmenos como ella y pertenecientes a un peculiar movimiento cristiano que se llamaba Alfa y Omega. Los enormes dientes de Teacher Yolanda, también propietaria del colegio, me produjeron, desde el primer momento, ese frío en los huesos que sólo anuncian los malos presagios. Su mirada estaba siempre liderada por una ceja que parecía tener vida propia. Aquella ceja era famosa por su poder de intimidación, arma favorita para obligar al estudiante a obedecer. La escalofriante coreografía de la consabida ceja, combinada con un discurso fundamentado en el Castigo Divino y articulado con una boca grandota desde donde se asomaba su pianola interminable de muelas, hacían las delicias de mis peores pesadillas infantiles. El cenit del horror llegó cuando a mí, en un acto suicida de rebeldía, me dio por usar unas medias que no pertenecían al uniforme. Eran del equipo de fútbol Barcelona, de rayas azules y rojas, que me había prestado mi hermano Martín. La mujer, desde su lugar estratégico, alcanzó a notar cuando me bajé del bus, y hay que ver con qué cara de placer caminó hacia mí y me ordenó, con su voz de ambulancia, que la siguiera a sus tenebrosos cuarteles. Cuando cerró la puerta, acercó la cara de tal forma a la mía que parecía distorsionada por un lente gran angular. A un milímetro de distancia, me dijo con toda su mandíbula: «De mí no se burla nadie. Quítese esas medias». De pronto, agarró una Biblia gigante, como de la película *Los diez mandamientos*, y me leyó un pasaje espeluznante sobre Satanás y la ira de Dios.

Cómo olvidar aquella escena tan desproporcionada y su carismática villana, quien me condujo a pensar que el diablo me había tentado por usar las medias del Barcelona. Al parecer, Dios era hincha, pues nunca me castigó por eso.

Feb. 5688

Hoy es el último día en esta casa. Se vendió. Me siento feliz. Mi vida al lado de £ es placentera, pacífica. Creo que así quiero vivir; ya la aventura tiene otro significado para mí. No tiene esa grandiosidad de la palabra «aventura», ya no se refiere a algo fantástico o estrafalario. La aventura de mi vida tiene otra cara, otro volumen. Despertar ya lo es. Despertar es una experiencia extrema e intensa.

Me pregunto por los momentos en los que me he sentido completamente feliz, pues yo también formo parte del circo; yo también he vivido de proyectar una «imagen positiva» y me ha molestado terriblemente que me califiquen como una persona triste. Observo muy de cerca que, bajo el pretexto de la gimnasia y la vida saludable, lo que estoy haciendo es comprar un poco de felicidad en la miscelánea de vanidades. Pero aquí lo importante es la pregunta y no el juicio sobre nuestro aprendido comportamiento, que más merece una sonrisa compasiva. ¿Cuándo he sido feliz?

Mi hermana Adriana y yo jugábamos a las muñecas durante horas, a veces días. A la sombra de un aromático árbol de totumo, allá en el fondo del patio de la casa, organizábamos un mundo lleno de detalles que nos entretenían y alimentaban nuestra creatividad. Cocinábamos con tierra, pasto y flores de veranera; invitábamos a cenar a nuestros amigos imaginarios en una mesita decorada con una vajilla de cartón; alimentábamos a nuestras hijas con teteros de maicena y las dormíamos con cantos que sabíamos entonar. Siempre surgían nuevas situaciones y diálogos en los que ni siquiera teníamos que ponernos de acuerdo. Nos dejábamos ir en una corriente que interrumpía la noche y el cansancio, porque ni hambre nos daba. Éramos sencilla e infinitamente felices.

Desde ahí aprendí a identificar la felicidad con un estado creativo y de conexión con el otro, donde se está en una especie de presente continuo. Aunque estuviéramos jugando a tener cosas, incluso a ser mujeres de fantasía, la felicidad se instalaba en el solo acto de dar y recibir; en nuestro caso, el intercambio sin pausa, la complicidad en el juego concertado, el compañerismo de la inocencia y la pureza. Crear produce felicidad.

Abril 2

Dejé pasar todo el mes de marzo sin dar cuenta de mis pensamientos diarios. Nos mudamos a otra casa, más modesta y alegre. Está ubicada en un barrio residencial, donde viven familias comunes y corrientes. No tiene la majestad de la anterior, pero es acogedora y fácil de cuidar. De alguna forma, me siento más dueña de esta casa; tengo gobierno en ella.

El sexo me cansa. Por estos días no quiero saber nada de mi sexo ni del de nadie. Sólo en sueños lo soporto.

He recibido una oferta de trabajo; la versión en español de una exitosa serie brasilera (cuando me dicen que tengo que «despertar» mi carrera como actriz me dan ganas de dormir).

En la serie que me proponen haría el papel de una mujer casada que se enloquece de deseo por un joven; sueña con él, y esos sueños eróticos son registrados en cámara. El problema con ser actriz es que a veces toca dejarse manosear y besar por personas desconocidas. A la mujer de la serie se le ha despertado el deseo sexual y de ser amada. Imaginar las escenas eróticas y tener que moverme de mi casa me descompone; quisiera enfermarme.

Cuando me ofrecieron protagonizar la telenovela *Gallito Ramírez*, tuve el atrevimiento de decirles a los productores y a su director: «Pero, eso sí, no me pongan a besar a nadie». Es evidente que mi imperativo no surtió ningún efecto, pues a mis veintiún años ignoraba que el melodrama se alimenta con lágrimas y babas. Para redondear la ironía, el primer beso que le di al protagonista se me volvió un matrimonio que, aún hoy, no ha conseguido el divorcio en un alto porcentaje del imaginario colectivo de este país.

Acababa de salir ilesa de dos ataques de risa que sufrí durante mi presentación del *Noticiero 24 Horas*. Digo «ilesa» porque ni por eso me iba a despedir su director, Mauricio Gómez, quien había tenido la temeraria ocurrencia de contratarme como su presentadora, inmediatamente después de mi primera telenovela, *Gallito Ramírez*. Por miedo a defraudarlo con otro descache, yo misma, haciendo acopio de sensatez, me acerqué a mi entrañable amigo para decirle que ya había tenido suficientes pruebas de mi ineptitud absoluta como periodista y que, por el bien de todos, debía renunciar, pues no descartaba el advenimiento de otros ataques de risa y, además, porque realmente lo que hacía era jugar a leer noticias, de las cuales, con frecuencia, no estaba debidamente enterada.

Una vez tomada la decisión, y más convencida que nunca de mi vocación como actriz, le eché mano a la sinopsis que me esperaba hacía dos meses sobre la mesa de noche. Era una propuesta de Jorge Alí Triana para interpretar a Juanita, papel de reparto en la ambiciosa serie de época *Los pecados de Inés de Hinojosa*, que protagonizaría nuestra diva de divas, Amparo Grisales.

Mi personaje era el de la sobrina de doña Inés y el acento de la relación entre ellas, el fuerte erotismo que recreaban durante sus místicos ungimientos con aceites aromáticos. Mis textos eran mínimos; no tendría más de cuatro frases por escena; sin embargo, no dudé en aceptar, pues la producción prometía ser un heroico desafío artístico.

A pesar de que conocía el tono de las secuencias durante las cuales, a medio vestir, Juanita y su tía se mimarían a la luz de las antorchas, no le vi la cara a su alto poder de impacto hasta cuando tuve que filmar la primera de ellas. La imagen que surgió en mi mente cuando vi a Amparo como una diosa de cobre tendida sobre la cama y escasamente cubierta con una sábana blanca transparente, fue la de mí misma presentando el noticiero con una bufanda al cuello y abotonada hasta la base de la barbilla. «Ay diosito, esto va a ser un escándalo tenaz», me dije. Pero ya estaba ahí parada esperando que el coordinador me diera la señal para entrar a auxiliar a la tía Inés; ya había dicho que sí sin condiciones; ya se le había avisado a medio equipo técnico que saliera del foro; ya la suerte estaba tan echada como mi desnudísima colega. No me podía poner con remilgos; había reanudado mi camino para ser actriz y me le tenía que medir, si eso era lo que quería.

A la voz de «acción» entro en silencio y me siento a los pies de la cama. Doña Inés está acostada bocabajo y murmura sus lamentos del día; ha llegado el momento privado en el que ella se desvanece en una sensualidad casi meditativa, por fin liberada de la áspera barba de su marido y de sus feroces acometidas de animal. Mientras tanto yo, Margarita Rosa, doy las gracias de que no me toque decir nada mientras Amparo, totalmente dueña de su papel, interpreta su parlamento como si lo creara en ese mismo instante. Me limito a obedecerle y a esparcir la ambrosía del líquido por su espalda en línea descendente hasta los pies. «Esta mujer parece tallada en madera, ¿qué ejercicios hará?», es todo lo que puedo pensar, y doña Inés continúa su terso monólogo al tiempo que el mío (mental, por supuesto) responde a la insólita experiencia en la que me veo involucrada. «Qué piel más suave, ¿qué se untará? Qué pesar yo tan blanca, qué envidia me da este color canela».

La escena continuó a la inversa; era el turno de doña Inés para investir con mieles a su sobrina de la misma manera. Predije el fin de mi carrera.

La historia me ha demostrado que no lo fue, gracias a que los televidentes me perdonaron las desnudeces y mi pésima actuación en la exitosa serie. Eso sí, me gané hasta el día de hoy la referencia perpetua que hacen muchos hombres a que la veían al escondido de los papás porque eran muy chiquitos, y también la persistente pregunta de cómo fue besar a la divina Amparo. Pues, les respondo: tan glorioso fue que, de todos los pecados que he cometido, ese ha sido el más celebrado, nunca castigado y por el único que me han pagado.

Querida Amparo:

Qué buena oportunidad me estoy dando para decirte unas cuantas sinceridades. Este género en particular, el de la epístola, tiene la virtud de facilitar la precisión de lo que se quiere comunicar, especialmente cuando va dirigida a una sola persona. Aunque este texto sea público, lo llenaré de todo lo que conlleva escribir a alguien en privado cuando ese alguien es admirado profundamente por quien lo redacta.

Supe de tu vida porque salías en televisión. Luego, tuve la oportunidad de trabajar con vos y, desde ahí, nos ha tocado soportar juntas los insultos y burlas por haber tenido el atrevimiento de cumplir años.

El motivo de esta carta es ahondar un poco más en el sentimiento de admiración que me inspirás, no necesariamente ciego. Se puede admirar a alguien, incluso este maldito mundo, con todas sus imperfecciones. Busqué la etimología de la palabra «admirar». En latín «*ad*» significa «hacia», «aproximación», y viene de una raíz más antigua que alude a «cerca». *Mirari* (admirarse) viene de *mirus*: «maravilla», «milagro», «mirífico», que tiene un origen asociado con «reír» y «sorprender». Según mi propia interpretación, admirar es, entonces, mirar de cerca una maravilla, presenciar un milagro, aproximarse a algo sorprendente y reír de asombro ante lo inusitado.

Sos la primera mujer-revolución que vi en mi vida. Aunque no me esté refiriendo a «revolucionaria» en sentido ideológico, debo decir que tu posición asertiva como mujer dueña y orgullosa de su poder sexual fue una declaración política de extremo impacto para mí. Quise unirme al grupo de las mujeres como vos que, tan sólo siendo ellas mismas, sacuden las estructuras de las normas expresamente configuradas para impedirlo. Eso fue lo que me mostraste desde el primer momento sin dar cátedra ni consejos; apareciendo en mi consciencia, y en la de todo un país, como un fenómeno de mujer autónoma y volcánica. Este acontecimiento me sigue ocurriendo cada vez que sé de vos, aun cuando me regañás por Twitter o comentás cosas que no te gustan de mí en las entrevistas que te hacen. La forma en que manifestás tu desacuerdo o tu molestia conmigo no consigue deshacer el milagro de haberte mirado directamente a los ojos, besado y corroborado que la mujer que desafiaba con su sola presencia a una sociedad mojigata como la colombiana, era, sigue y seguirá siendo una maravilla real, viviente.

No olvidaré jamás un gesto tuyo de inmensa bondad del que hablé hace poco en un hilo de Twitter. En una clínica veterinaria había muerto mi perro Lalo, por exceso de anestesia, y vos tuviste la generosidad de acompañarme y exigirle una explicación al médico, con tus propias lágrimas.

Quiero aclarar que mi fascinación no obedece a un agradecimiento por favores que me hiciste y que me sirvieron. Tampoco quiero hacerme «la buena»; no creás que no puedo llenarme de razones para regañarte de vuelta. Lo que me ocurre es que la totalidad de lo que sos y representás para mí me quita las ganas de hacerlo.

Una última cosa, para terminar. No podría decir que hemos construido una verdadera amistad porque en ella los obstáculos se tramitan en la intimidad valiente de la conversación y de corazón a corazón. Aunque te dejo el mío en este mensaje, no te lo envía una amiga, sino una admiradora incondicional pero consciente de tu humanidad en todos sus claros y oscuros colores. Por eso te voy a volver a gritar esto en tu cara: mujer divina, mujer de carne y hueso, ¡nunca te callés!

Margarita Rosa

Quiero saber qué es exactamente lo que siento con respecto a mi «carrera», que no es lo mismo que ser actriz. La «carrera» es el plan de acción comercial de la actriz. Lo que viene adosado al asunto de serlo: la publicidad, las entrevistas, las horas de espera, la incomodidad de trasladarse a otros lugares. En cuanto a lo del traslado, me pregunto si el hecho de tener a Cholo influye. Claro que sí.

No sé qué hacer. Trabajar en esa serie tiene más cosas buenas que malas. Me daría culpa no aceptar. Casi lo siento como una obligación moral. Creo que me sentiría libre si dejara ir esa oportunidad. Esta sociedad consumista o devorista o devoracionista no concibe que se pueda rechazar una buena oferta económica, y menos cuando el trabajo que se va a hacer es provechoso y digno. Es casi como rechazar un buen marido.

Alguna vez, durante una sobremesa, pregunté a los presentes cuál era el trabajo que más habían aborrecido. Todos coincidieron en señalar aquellos que involucraban actividades mecánicas. Cuando me devolvieron la pregunta, inmediatamente recordé mi viaje temerario a Nueva York cuando recién cumplí dieciocho años. Mientras trataba de «comerme el mundo», éste —indigesto, al fin y al cabo— me asestó la primera bofetada cuando me vi obligada a buscar trabajo. Un contacto me recomendó ante el dueño de una tienda de ropa ubicada en lo más intrincado del *downtown*. Contrario a la idea glamurosa que me había hecho, el almacén resultó ser una especie de pasadizo con ropa colgando en ganchos, a lado y lado y de techo a piso.

Sólo había espacio para el pequeño vestier y la gran máquina registradora con todo y supervisora, una mujer judía encuadrada en 1,85 metros de estatura. Ella, Mrs. Elek, muy seria, me recibió y de una vez me indicó mi obligación. Vender. Si vendía algo, debía tratar de vender más. El horario era estricto. Las otras dos dependientes y yo teníamos cuarenta y cinco minutos para almorzar y volver dispuestas a seguir aguantando de pie, por supuesto, lo que quedaba de la jornada de nueve horas. Acepté el compromiso como vino. No pensé que pudiera aspirar a algo mejor; incluso me sentía en desventaja con respecto a mis compañeras, de ascendencia puertorriqueña, extrovertidas y completamente familiarizadas con el *slang* de nuestra clientela, principalmente de raza negra y raíces latinas. El lugar tenía mucho movimiento; todo aquello era un sofocante laberinto de bulla y sudores, ambientado con el chirrido de la máquina que campanilleaba anunciando cada venta. Muchas veces, por encima de ese ruidaje, se escuchaba la voz atronadora de Mrs. Elek atropellando mi nombre con su pesado acento hebreo: «¡MARJRITE!», exasperada ante mi falta de rapidez para atender a tres clientes hambrientos al mismo tiempo. Me despidió a los pocos días.

Nunca conseguí odiar a la terrible Mrs. Elek, quien cumplía apasionadamente con su rol de capataza, cosa que, lejos de agredirme, me conmovía. Gracias a ella me di cuenta de que vender cuerpo a cuerpo nunca sería lo mío. Ese esfuerzo extra que era necesario hacer para convencer a otro de comprar cosas que en el fondo despreciaba hizo de aquel trabajo el más aborrecible de todos.

Siento rabia contra los actores y su vanidad. Ya he pasado por esto antes. Quiero sólo leer, escribir y estar en la casa con mis gatos. Si mi afán de figurar es tan agudo, pues debería tener bastante con escribir en la prensa y no joder más. Mi trabajo como actriz casi nunca estuvo asociado con el goce; desde el primer día quiero que se termine rápido el rodaje. Tengo ganas de entrar a la universidad. ¿Qué estudiaría? Filosofía, sin duda.

Si alguna vez tuve ídolos, siempre fueron profesores. Desde muy joven sentí verdadera reverencia por aquellos que hacen de su misión una práctica creativa, arriesgada, aventurera, divertida. Basta un maestro apasionado para que cualquiera quede motivado de por vida por algún saber. A mí me pasó con pocos, pero fueron suficientes para enseñarme, más que el contenido de las materias que les correspondían, que la docencia es de las profesiones más bellas y entrañables que hay.

Enseñar en un aula de clases puede significar mucho más que transmitir conocimiento. De mi profesora de Historia en tercero de bachillerato, Raquel Rey, aprendí que enseñar también puede ser un acto de seducción; esa palabra peligrosa que en su caso se refiere a un tipo de picardía que aplicaba a la forma de narrar el cuento del pasado humano, esa fábula de amor y terror subyugante y tremebunda. Sin pretenderlo, su discurso adquiría una cualidad lírica, quizá poética, cuando ella misma, maquillada como para una fiesta y vestida de colores, nos lo compartía emocionada, como si hubiese estado presente en cada triunfo y cada rendición de sus héroes y villanos.

Por mi profesor de Arte Dramático, Juan Carlos Corazza, aprendí que enseñar también quería decir provocar, subvertir, estremecer, movilizar e incomodar, para producir en los alumnos la urgencia de pensarse a sí mismos. Con él aprendí a no temer al conflicto (sin éste, los actores no tendríamos cómo trabajar) sino a verlo como una oportunidad de ir a las raíces de la medular contradicción humana; de este modo, me mostró que enseñar es dar, cuidar la libertad de pensamiento del que aprende y, también, aprender mientras se enseña.

Aunque un alumno ávido aprende de cualquier modo, lo que hace más inolvidable a un maestro es su alegría; cuánto sentido ético ese simple aspecto puede sembrar en un corazón; hasta en el de los estudiantes más ingratos.

Abril 16

Sigo indecisa. No logro continuar la historia de las tres mujeres; no sé para dónde llevarla, por eso no fluye. Al estar creando personajes basados en personas que conozco, debo inventarles una historia y no sé cómo se hace eso. Cada «muchos días» escribo una página y me agoto. No sé escribir ficción. Aunque creo firmemente que el intento de contarme a mí misma mi propia vida es una manera de estarla inventando, al pasar los recuerdos por la trama de las palabras. Estoy «escribiendo ficción» sin darme cuenta de que invento, o haciendo de cuenta que no me doy cuenta. Como los animales para Lispector, que aman sin saber.

No ha sido fácil. La conozco desde que nació. No todas las personas cuentan con algo tan fiel como yo desde que comienzan a latir. Empecé a vivir de Ëlla sin su autorización y sin importarme su inconsciencia y su egocentrismo. Bebo de su sangre. Soy un parásito que Ëlla ha aprendido a necesitar. Desde el principio, me aferré como un león en peligro al filo del acantilado que era la piel de sus primeras sensaciones y pensamientos. Eché mis raíces, no sólo en su cuerpo, sino en algo profundo de su personalidad, porque, más tarde, no pudo evitar pedirme ayuda para sentirse «ella misma». Es raro. Nunca había pensado en Ëlla, hasta hoy. No imaginé que pudiera pensar; soy una criatura que crece desmesuradamente como la maleza, de forma indeseada y caótica. Soy pura y dura voluntad de expansión, esa ansia congénita que padece el universo.

Asumo que no tengo consciencia porque siempre actúo de forma errática e irracional. No entiendo ni me gustan el orden ni la ley ni los lazos. Yo sé ser libre porque nunca pienso. Ëlla, en cambio, cree que pensar es muy importante y es esclava de sus reflexiones.

Sé cómo engañarla y desconcertarla cuando espera mucho de mí. Me aprovecho porque ignora de qué estoy compuesto. Sin embargo, me toma por verdadero porque, cuando se siente demasiado liviana e insustancial y a punto de atravesar las paredes como un fantasma, se agarra de mí —como lo hice yo de sus bordes siendo león— para comprobar que forma parte del mundo orgánico. Nos odiamos como sólo los amantes saben hacerlo: destruyéndonos y volviendo a crearnos al momento siguiente.

Ëlla siente que es extraño vivir. Para mí, eso no es ni siquiera una pregunta. Soy a sus expensas y eso es suficiente para mi «razón» de estar en alguna parte. Aunque cada célula de mi anatomía esté muerta, me siento mucho más digno de la vida que Ëlla. Me pregunto si podría sobrevivirla. Es extraño sentirse vital cuando el significado de vivir depende tan radicalmente de la existencia de otro.

He muerto por Ëlla más de una vez, pero tengo el don de resucitar cuando me deja en paz. He resistido sus abusos con la nobleza que su propia alma no tiene. Ëlla afirma que no hay alma (lo repite tanto que cada vez le creo menos) pero me trata como si yo tuviera una.

Felizmente, ser una mata de pelo —eso soy— parece tener más sentido que ser una mata de contradicciones.

Julio xjxj

Acepté trabajar en la serie. El proyecto resultó seductor para mí desde que conocí a su directora, una señora mexicana, de unos sesenta años. En cuanto me vio, el día del casting, me trató con mucho cariño y respeto. Su entusiasmo y su confianza en mí me cautivaron. El ejercicio que nos puso a hacer el día del casting me pareció poético. Puso una música sublime y nos hizo mirar a la cámara. Eso fue todo.

Reconozco que he tenido muy idealizado el concepto de arte, aunque me justifico diciendo que no he sido la única que ha visto el arte como un milagro o una especie de revelación sagrada que «le ocurre» al creador. Por otro lado, también creo que si existe algo como el duende o genio artístico, es necesario crear una atmósfera atractiva para que esa entidad se presente con más frecuencia y libertad. El genio no es algo que se saca el artista de la manga; también es el resultado de un trabajo insistente, o una destreza practicada de forma obsesiva, de modo que el duende pueda actuar a sus anchas y con el mayor número de herramientas.

Pero pensando en el arte como resultado de una especie de epifanía metafísica, tal vez lo he sentido así porque, como actriz, he experimentado vivencias inefables que podría llamar «momentos artísticos», muy parecidos a estados místicos o de beatitud religiosa. Aclaro que me cuesta trabajo llamarme «artista». Compararme con los grandes nombres en todos los campos del arte, que han puesto la vara tan alta, me hace sentir algo ridícula. Podría decir que soy artista a un nivel bastante doméstico, como lo he mencionado. Prefiero considerarme aspirante a artista.

Los minutos místicos a los que me refiero ocurrieron durante mis ejercicios de clase, cuando estudiaba Arte Dramático y en algunos de mis trabajos. Recuerdo una escena en particular, de *Café con aroma de mujer*, la telenovela de la que fui protagonista después de tres años y medio de entrenamiento en la escuela de Juan Carlos Corazza, en Madrid. El proceso con este profesor fue muy riguroso; estaba centrado, sobre todo, en la exploración exhaustiva de nuestras memorias sensoriales y emocionales. Su método era claramente stanislavskiano, o sea, vivencial, en la misma línea del creado por Strasberg, en el cual se utiliza como herramienta fundamental el material interno personal, para darles realidad a la psicología y fisicalidad de un personaje cualquiera. Juan Carlos Corazza se basó en «El método», como se le conoce, pero, en realidad, estaba creando él mismo su propia técnica. Y ahora tengo que presumir un poco (o mucho): su escuela empezó con veinte alumnos, dentro de los cuales me contaba, y también el premiadísimo actor Javier Bardem. Por esa época, Bardem ya trabajaba mucho en cine, pero se las arreglaba para ir a los entrenamientos. Era un prodigio verlo cocinar sus personajes ahí mismo, frente a nosotros.

Trabajar con la técnica de Corazza es arriesgado, descarnado y, por lo mismo, requiere valentía. No se juega a imitar algo; se pone toda la historia viva y personal en primera línea para lograr una caracterización, no sólo natural, sino real. De hecho, el arte, en sentido profundo, es descarnado; tiene que serlo. El arte, para que sea arte, debe ser sincero, más que bello. Lo estético resulta de aquella justeza misteriosa, esa armonía poderosa entre el contenido y la forma peculiar y original en que está expresado un aspecto infinito de lo humano; lo estético se deriva de la «verdad del ser» expresada en la obra.

Recuerdo algo que dijo Borges en una conferencia sobre la poesía. Él dice que la belleza no es el resultado de un juicio intelectual sino algo que se siente en el cuerpo; algo así como una sacudida, un derrumbe (también lo dijo Byung-Chul Han). La poesía, según Borges, se siente en la carne. Me viene muy bien esta forma de referirse a la belleza, a propósito de la escena en la que experimenté lo que llamo un «momento artístico» (comparable a un instante místico):

La escena ocurría al final de la historia contada en la telenovela, donde Gaviota, mi personaje, llega a pedir perdón a la familia de su amado, Sebastián, por no haberlo escuchado y, por causa de ello, provocado su infortunio e injusto sufrimiento. En la situación, Gaviota necesita la bendición de la abuela de él —una gran señora, una matriarca, la dueña de la hacienda cafetera—, y se arrodilla ante ella para pedirla. El foco de significado de la escena era pedir perdón desde una situación límite; casi como quien pide clemencia para no ser ejecutado; el sentido de esa singular petición de perdón era salvar su vida. En ese momento, a mí, Margarita Rosa (ese es otro personaje, pero de eso no vamos a hablar hoy, creo), me sucedió algo extraordinario durante el trabajo introspectivo que, como actriz entrenada, siempre hago con mis personajes antes de entrar a escena. Esa, en particular, era de suma importancia para la historia y debía acercarme, lo más posible, al estado anímico y psicológico que estaba padeciendo mi personaje.

Yo he pedido perdón, o, más bien, disculpas, pero nunca he sentido que se me pueda ir la vida en ello. De modo que, para llegar a esa comprensión, tuve que recurrir a un proceso previo, muy parecido al de la meditación, durante el cual me pregunté por quién, por qué y para qué pediría perdón con todo mi ser. Poco a poco, iban apareciendo en mi mente esos «quiénes» y esos «para qué», a medida que permitía el flujo de aquello que venía espontáneamente, sin forzar nada. Nunca imaginé que aparecería, también, yo misma. Simultáneamente, mi cuerpo empezó a reaccionar a esas imágenes y a entender, con cada parte de su anatomía, el riesgo y la fatalidad de la pérdida. El «momento místico» sobrevino cuando, sin proponérmelo, ese yo Margarita fue desapareciendo y se fue «derritiendo». Ya no era una actriz con la intención de hacer una buena escena, sino parte integral e integrada de una consciencia de perdón más extensa. Yo era, indistintamente, Gaviota y Margarita y aquello universalmente humano que reconocía, con toda verdad, qué es rogar con el alma por un segundo de redención. Para mi mayor asombro, ya filmando la escena, aunque seguía perfectamente al tanto de que estaba en un set de cartón, rodeada de luces y camarógrafos, me sentía unida —en ese sentimiento cierto— a todos los que allí estábamos, sin excepción. Había utilizado a Gaviota, y su penosa situación, como médium para dejarme ir en un viaje unificador, sin ninguna restricción. Desde ese estado rogué y pedí y me arrodillé, en nombre mío, de Gaviota y de todo lo humano que nos hace suplicar la piedad del otro. Era yo, Margarita, y todos los yo posibles, rogando a muerte, con el acento y los modos de Gaviota, que ya tenía tan interiorizados, y no una actriz que había logrado «meterse en su personaje», como tanto oigo decir.

Eso es lo que yo llamo un momento artístico: aquel instante en el que surgen una comunión absoluta y un reconocimiento fundamental de un aspecto humano universal (el miedo a perder, a morir, a colapsar, ¿qué ser humano no ha sentido eso?), y llevarlo al extremo de una sinceridad íntima, a una forma —en esta ocasión—, a una interpretación teatral o dramática, para exaltarlo y llamar la atención sobre él, como lo pretendió el escritor. Es un momento en el que el tiempo se detiene (yo no quería que la escena se terminara) y también donde el yo desaparece, de la misma manera que cuando contemplamos una obra de arte y ésta nos sobrepasa; «botados» sobre ella, «arrojados a ella», nos olvidamos de lo que somos y pasamos a ser comprendidos por o en esa obra. Esto es lo que hacen las artes en cualquiera de sus manifestaciones. («El summum del efecto artístico es ser tocado por la obra de arte», dice Pablo Maurette en su libro *El sentido olvidado. Ensayos sobre el tacto*).

El efecto del arte es, entonces, esa conmoción o sacudida; aquello que nos pone a sentir la vida como movimiento constante, en toda su belleza y horripilancia; en todo su poder y violencia. No hay que desterrar la palabra (ni el hecho) «violencia» y dejarla sólo a los asesinos y a los abusadores, no. La violencia es un sustrato de la vida misma; y el arte quizá sea un gran modo de no negarla y de convertirla en metáfora. No reconocer que la violencia nos ha parido a todos puede ser lo que a muchos nos enferma; quizá sea el arte la mejor forma de expresar ese dolor, ese miedo tan grande que subyace a toda violencia, como les pasa a los demás animales, que sólo son violentos cuando sienten miedo. Una vez asumida la violencia como parte de nuestra raíz, probablemente nos ayude a mirar hacia lo simbólico, y podremos poner nuestro instinto asesino al servicio de lo poético, y matar. Sí, matar, violar, abusar y corromper lo que nos amedrenta, con toda libertad, como hacemos los actores cuando nos toca interpretar a un villano; con toda nuestra verdad, sin juzgarlo, y sin tener que reproducirlo en la vida social cotidiana (iba a decir «la vida real» pero no puedo, pues considero que el momento artístico es real y es vida).

Estoy acá. Lejos de mi casa, rodando. Extraño a los animales como nunca. No soporto que me manden fotos de ellos. Acabo de terminar de leer a Derrida, y estoy muy esperanzada con su planteamiento frente al asunto de «el animal». He destrozado el libro subrayándolo y apuntando pensamientos al margen. Tengo demasiado tiempo libre y me la paso en esta casa, que es como una pequeña finca en el campo. Los sonidos de los animales se mezclan con los del pueblo, a veces, enervantes. Se escucha, casi durante todo el día, una organeta que emite una melodía simple y que se repite en un mantra irritante. La tonada hiere una parte de mi consciencia hasta sacarle sangre; una sangre ardiente, la sangre que brota de repintar con una punta metálica la herida del tedio, de lo romo, de lo redundante. Mientras tanto, releo a Derrida. *El animal que luego estoy si(gui)endo*, se llama el libro.

Vi una película sobre la relación entre un pulpo hembra y un cineasta sudafricano, quien, harto de su trabajo, busca refugio bajo el agua del mar frente al que se ha despertado desde que nació. Cada mañana pasea por un bosque submarino, meditando, con su careta, sin tanque de oxígeno. Un día, le llama la atención el comportamiento de la criatura que se encuentra de pronto, cubriéndose con conchas marinas. Se queda mirándola y ella parece responder de una manera demasiado consciente para no ser humana. El cineasta habla de la sensación inusual de ser racionalmente registrado por ella, que da la impresión de ser quien lo «estudia» a él. El hombre se siente muy intrigado y empieza a visitarla diariamente; así, se van acostumbrando a la mutua compañía. Por fin, en uno de sus encuentros, ella extiende uno de sus brazos y palpa delicadamente su careta y su cara, reconociéndolo; en otro momento, él le ofrece la mano y ella la envuelve, como saludándolo; la siguiente vez, lo acompaña a tomar aire a la superficie, posada en el dorso de esa misma mano familiar; y más tarde, en un par de ocasiones, lo abraza con sus ocho extremidades, adhiriéndose al pecho amoroso del amigo con todos sus tentáculos.

El proceso de esta amistad dura un año exacto. El cineasta aprende a conocer el íntimo existir de su amiga: cuándo y cómo caza; cómo «piensa» sus estrategias para salvarse de los tiburones «piyama» que la acechan; cómo y dónde duerme; cómo juega, cómo se cura las heridas, cómo se aparea y cómo, al final, entrega su vida al desovar. Ambos han permitido que alguien extraordinario entre en su mundo.

El visitante asiste a los últimos minutos de vida del animal, que, exánime, después de liberar sus huevos, ya no tiene fuerzas para esconderse ni cambiar esplendorosamente de color ni de forma. Extendida en el fondo, muy pálida, se deja picotear por los peces estrella que antes ahuyentaba de su guarida. De repente, viene un tiburón que acaba de un solo tarascazo con su sufrimiento, y se aleja con el bocado todavía sin engullir, desmembrado en jirones de muselina blanca.

Esta historia me hace pensar en el falso anonimato que nuestra falta de atención impone sobre los otros animales. Asimismo, en el encuentro con lo distinto. Es posible amar lo que no se parece a nosotros cuando el destello de una consciencia más honda que la nuestra nos interpela sin decir una palabra.

No siento más admiración por un ser humano que por cualquier animal; éste me inspira consideración y reverencia singulares, precisamente porque me cuesta comprender lo que quiere decirme su enigmática voz. No me llena el corazón saber que el ser humano se multiplica bajo la premisa irracional de «dejar huella en este planeta» (¡como si ello fuese posible!). El hombre no es más prodigio que un insecto o que la hoja de un árbol, porque lo prodigioso es la misma vida. Menos mal ella es eterna y nosotros no.

El tiempo muerto me hace aborrecer mi trabajo; pero admito que el muerto no es el tiempo sino un pedazo de mí, que no sabe crear. Eso es morir en vida. Extraño horriblemente a Cholo y a Chakra. Nunca había tenido tanta consciencia de la existencia viviente de los animales. Que ellos, esos seres excepcionales, sean tan inaccesibles, los hace más fascinantes para mí. Quiero escapar de aquí y dejar todo tirado. Hoy debo reunirme con el presidente de la productora. Soy mala para las relaciones públicas.

En 1999, *Café con aroma de mujer*, la telenovela que tanto ha significado en mi carrera como actriz, estaba siendo un éxito en Cuba. Me pareció un regalo de la vida recibir la invitación del entonces presidente Andrés Pastrana, a quien todavía agradezco semejante honor, para ir como «pato» entre los selectos miembros de la misión diplomática que visitaría la isla por cuatro días. «Presidente, ¿y qué debo hacer?», le pregunté muy nerviosa. Me sentía como mosco en leche. «Nada, ya vas a ver qué alegría les vas a dar a los cubanos cuando vean a la Gaviota». Sólo esa frase fue mi motivación para aceptar; no se me pasó por la mente ponerme a analizar el significado político de aquella reunión. Recuerdo tres momentos muy emocionantes de ese viaje.

Uno, en que pude saludar a la multitud que terminó cantando conmigo, a capela, «Gaviota que ve a lo lejos vuela muy alto».

Otro, inolvidable, con nuestro nobel Gabriel García Márquez, cuando él solo, sentado en la parte trasera de su automóvil, me esperó en la entrada del condominio donde me habían hospedado, para llevarme a su casa blanca escondida entre las ceibas de un barrio plácido de La Habana.

Y el tercero, haber visto al comandante Fidel Castro a pocos metros, caminando derecho y marcial sobre la alfombra roja que vestía de solemnidad las escaleras del Palacio de la Revolución. Me impresionaron su alta estatura y ese peso en el aura que da el ser una de las figuras más determinantes de la historia del siglo xx.

Cuando finalizaron los actos protocolarios y empezaron los saludos, se aproximó al grupo donde estaba yo y, de pronto, como una montaña, me miró desde la cumbre de su leyenda y me dijo: «Niña, no sabes cómo te quiere el pueblo cubano». En ese momento, el fotógrafo encargado nos pidió un instante para hacer la foto donde, acompañada del presidente y la primera dama, resulté ubicada entre Gabo y Fidel. Se me mezclaron las mariposas amarillas del uno y el épico pasado del otro; los aguaceros vaporosos del trópico y la sangre y los muertos de la Sierra Maestra; los fusilamientos, la opresión y una santa subiendo al cielo entre sábanas. Todo un mundo de belleza y de horror, donde el gran villano por excelencia es —y siempre será— el poder.

Aún quedan restos de aquellos hechizados segundos y esa foto, que ha resultado ofensiva para muchos.

Las redes. Cada vez que publico algo me parece una frivolidad; qué ridículo es hablar y publicar fotos de uno mismo. Hablar desde el yo es, de por sí, esperpéntico. Nada de lo que digo en las redes es genuino. Absolutamente nada.

1. Influencer: una persona que voluntaria o involuntariamente ejerce influencia sobre otras, supongo.
2. El fenómeno del influencer es nuevo para mí. Hasta ahora me entero de que cualquiera que tenga muchos seguidores en una red social puede ser considerado un influencer o alguien con el poder de conducir la opinión de mucha gente. El influencer, como fenómeno mediático, es un producto de los mismos que lo siguen y que, a su vez, influencian a su gurú; no creo tanto en que haya una persona con mucho poder de influenciar, sino que se crea socialmente un clima previo, generalizado, y esta figura aparece como un espejo en el que ellos, los seguidores, se pueden ver a

sí mismos. El seguidor sólo sigue lo que se parece a él, no a alguien que le devuelve una imagen contraria a la expectativa que tiene de sí mismo, o de sus ideas. El influencer es más un reforzador de ideas previas o una especie de traductor de lo que la gente piensa y no expresa con concreción, y que la gente valida a través de él en un proceso continuo de retroalimentación. En esencia, el seguidor de un influencer se sigue a sí mismo, por eso su fanatismo. A mí me parece muy cómico que alguien se tome en serio el término «influencer» y, todavía más, si lo incluye en su perfil para presentarse. También es cierto que la gente necesita responsabilizar a otros cuando no se atreve a sacar la cara por sus propios pensamientos. El ser humano siempre ha necesitado creer religiosamente en algo para no sentir el vértigo de pensar solo.

3. Yo me resisto a aceptar que engañar a la gente por estos días sea tan fácil. La responsabilidad está en el seguidor, que tiene toda libertad —y tal vez, el deber— de estudiar muy bien a quién «sigue».

4. No veo cómo se pueda regular un fenómeno tan difundido como ese. Hoy en día todos somos personajes públicos; somos millones de canales, medios de exhibición del yo, el espectáculo actual por excelencia. Habría que empezar por implementar una educación orientada a la reflexión, a la observación crítica del ser humano, para aprender a pensar autónomamente y así, no endiosar políticos, artistas o cualquiera que, por tener un poco de carisma, atraiga la atención desde cualquier ángulo.

5. No me gusta la figura del influencer. Si a eso vamos, mis influencers son todos los que comentan o interpelan lo que escribo o digo en cualquier parte. Todos nos influenciamos mutuamente. No creo en las figuras que se ponen en posición de dar mensajes y consejos para ser «la mejor versión de nosotros mismos». Aprecio a los maestros y estudiosos que comparten en las redes su conocimiento y opiniones, desde un lugar de apertura, sin pretensiones morales ni dogmáticas, y que en lo último que piensan, es en ser influencers de nadie.

Ahora llueve. La televisión no está en el cuarto. Veo videos en mi teléfono, leo bastante. He comenzado un libro corto sobre la parresía, de Foucault. Parresía es el arte de decir la verdad; el compromiso del sujeto con su decir. Para decir la verdad se necesitan industria, maestría y también el don de la oportunidad.

Hace ya casi un año leí una crítica feroz que hizo una profesora de Literatura, a través de Twitter, con respecto a mi rol como columnista. Ella es conocida en esa red por sus letras puntiagudas, capaces de destrozar en unos cuantos párrafos todo aquello que no le simpatiza. El contenido de su diatriba me afectó bastante; sin embargo, superada la parte que tuvo que ver con mi ego, me llamó la atención su estilo sencillo y preciso. Era uno de esos textos que se leen suavemente, sin más accidentes que el relieve natural de las palabras bien empleadas. Aunque no me gustó lo que decía, disfruté la forma de su discurso; en realidad, me encantó. Cuando se lo hice saber, se sorprendió y se refirió a su artículo como un acto de parresía o el arte de la injuria. Me cautivó aún más aquello de «el arte de la injuria», no sé si porque el solo hecho de preceder de «el arte de» cualquier actividad humana, le conceda a ésta un rango de belleza. Olvidé el asunto hasta que se me atravesó la transcripción de una conferencia sobre el tema, dictada por Foucault.

La parresía —término griego que significa «decir veraz»— también se refiere al compromiso que tiene el sujeto con su decir. No utiliza la parresía quien, porque sí, hiere a otro con sus palabras, sino quien ejerce también el arte de la ocasión para comunicarlas con total serenidad y franqueza. Más tarde, su significado empezó a asociarse con el insulto, tal vez porque, en muchos casos, decir lo que llanamente se piensa demanda valentía y asumir el riesgo de que la expresión sin filtros de ese pensamiento sea recibida como una ofensa. La profesora no me insultó; se limitó a escribir lo que opinaba con una crudeza que supo llevar a un apreciable nivel estético.

Foucault analiza la parresía desde muchos ángulos, entre ellos, su historia como instrumento de la política, cuyo interés se concentra en «el alma del príncipe». El gobernante precisaría de alguien confiable que, lejos de adularlo, le dijera al oído su verdad sin retórica ni contemplaciones (como hizo la profesora) y, a su vez, de tener la correa para aguantarla como parte de una práctica ética.

El valor de lo bello en la parresía se jugaría entre dos interactuantes y radicaría en esa danza recíproca del decir libre y el escuchar, por qué no, con igual audacia y coraje. Eso define el carácter parrésico; una posible y exótica virtud.

Oigo las conferencias que dictan profesores de filosofía. Me cautiva hacer del pensar un arte; no tengo sed de verdades, no me importa la Verdad, pues he dejado de creer en ella; más bien, tengo hambre y sed de filosofía. No quiero salvarme, pues no hay salvación. No es posible salvarse de vivir.

La filosofía puede ser una forma de literatura, como dice Darío, un profesor argentino. Resueno con su forma de enseñar. Me gusta oír sus conferencias una y otra vez. Tengo hambre de razonamientos creativos, de pensamientos/obras de arte, por su novedad, por el ángulo insospechado desde el cual se pueden ver las cosas, la realidad, el mundo, el hombre. Poco me importa si estoy de acuerdo o no. Quiero admirar sistemas de pensamiento que parezcan esculturas en un museo, para darles la vuelta y ver lo que está debajo y encima de aquellas piezas; palpar la base y revisar los cimientos que sostienen esas esculturas. Tengo hambre de preguntas. (El que más sabroso pregunta es Heidegger).

Me he preguntado muchas veces qué es el arte, no porque necesite teorizar sobre ello para trabajar como actriz, sino por simple curiosidad filosófica. La filosofía, dicho sea de paso, puede ser casi otra forma de arte; un filósofo es un cultor (escultor) o artista del pensamiento, un creador de conceptos.

Me interesa la pregunta por el arte, mas no la respuesta. Definir el arte de una sola manera es imposible; es un tema inabarcable, incluso para los filósofos que, uno tras otro, han reflexionado sobre el tema. Pero vale la pena intentarlo y atreverse a preguntar de qué se habla cuando decimos que algo es artístico. Se podría decir, entre otras muchas cosas, que, como manifestación humana primigenia, el arte es una forma de exaltación y reivindicación de la vida; es una forma de testimoniar su movimiento, sus contrastes, es decir, el «ser» de la vida, a través de medios estéticos o propuestas estéticas.

Quiero estar siempre sola aquí; que no me visite nadie en esta casa-finca. He tenido que aprender a tolerar la presencia de S. Sin embargo, he podido apreciar las conversaciones con ella; siempre hay algo interesante cuando se le pregunta a una persona acerca de su vida.

¿Quién decide cuál es el papel de la mujer? ¿Cómo se dispone ese rol? No dudo de que la escena social es una obra de teatro, cuyo director es el sistema de poder que controla disciplinariamente a todos sus actores diseñando incluso su propia subjetividad. Históricamente, a cada actor social se le han adjudicado unas guías que debe seguir para que la obra maestra de ese poder sea un espectáculo «decente», convincente, y que sirva sus intereses del momento. En esa gran ópera hay actores de primera, segunda, tercera categoría, y otros que ni siquiera alcanzan el estatus de extras, o mejor su eufemismo, «personal de apoyo».

A través del tiempo, las mujeres hemos interpretado un rol muy limitado y también hemos cumplido como «personal de apoyo» para que los protagonistas, casi siempre masculinos, se luzcan. Pero la revolución feminista ha ido abriendo el camino para que los directores no tengan otra opción que revisar el guion. Aquí es donde no estaría mal mirar más de cerca, no vaya a ser que la escena donde las mujeres se emancipan también la estén escribiendo los que se inventan las leyes. ¿Por qué no salirse por completo del libreto y avanzar hacia una instancia donde los géneros no tengan límites? ¿Por qué es necesario mantener ese binario hombre/mujer, si el momento actual nos enseña que el género se está desdibujando? La asignación hombre o mujer parece ser también una norma impuesta (hay individuos que no se identifican con ninguna de las dos opciones y a los directores les aterra), por eso podría ser realmente revolucionario zafarse de la identidad sexual, una ficción política, como lo reconoce el filósofo Paul Beatriz Preciado, investigador y pensador brillante de la teoría de género.

El feminismo como actor político y social es de una importancia innegable; yo pago lo que valga la boleta para verlo en acción, pero también quiero ver una escena que vaya más allá de un feminismo que se conforma con homologar sus conquistas con las de sus supuestos oponentes. Lo femenino puede ser defendible también desde la diversidad, porque va más lejos que una simple enunciación sexual. Como Preciado, quiero ver una escena donde se monten los actores que no figuran en el casting de género acompañados de la causa feminista en la lucha por liberarse de los roles. Ésa sí sería una verdadera emancipación.

Sigo soñando mucho con €. El desengaño fue grande. Su carta me aniquiló. Nunca imaginé que su rencor estuviera todavía vivo. «Te burlaste de mí», me dijo en la «vida real».

Nos sentamos en el bar de un restaurante dentro de un centro comercial. Antes dimos un paseo a pie por las calles de la ciudad. Yo intenté vestirme discretamente. Nos juntamos en la esquina de la cuadra del edificio en el que todavía vivo, un domingo solitario a las once de la mañana (parece que me persiguiera esa maldita hora inhóspita, luminosa y maligna; como siempre, incómoda). Allí llegó él, recién desembarcado de Barcelona. Me había enviado un mensaje de texto que decía «Estoy aquí. ¿Qué haces?».

Empezamos a caminar por calles que nos llevaron a una avenida y luego a una tienda de licores. En el trayecto yo no daba crédito al hecho de que estuviéramos, de nuevo, el uno al lado del otro, sin más mediación que el desamparo de no saber qué hacer con tanta presencia (sólo hablábamos por teléfono). Cuando llegamos a la tienda, él saludó jovialmente al dependiente. Se notaba que se conocían. Mientras conversaban, yo daba vueltas por el lugar mirando las botellas alineadas, pero sin mirarlas. Pasaba la vista sorda sobre las formas y etiquetas, sin leer, sin creer en las cosas. Una «vista sorda» es aquella que registra la superficie del mundo sin dejarse afectar por lo que mira. Es una vista que no oye, que no vibra y que no deja nada, ni siquiera en el nivel de conocimiento más elemental; es una mirada automática, sin apetito por lo que mira. Hasta no mirar «con el alma» una estantería atiborrada de botellas es imperdonable; no me perdono no existir las cosas. Lo que no se mira con todos los sentidos del cuerpo es una pérdida triste para la experiencia de existir.

Mientras miraba sin ver los envases de litros y litros de alcohol, esa droga tan aceptada para que todos (hasta «la gente de bien») podamos soportar esta vida, los dos hombres continuaban su charla dominguera. Tuve tiempo para pensar en las pequeñas conversaciones que tenemos las personas durante los encuentros casuales; el *small talk,* para el que no tengo ningún talento ni interés y que sirve para subrayar la escritura de la vida como fenómeno: «El día está bonito», «el tiempo pasa rápido», «está haciendo calor». Tengo que aceptar que lo que se decían el par de hombres tuvo mejor contenido. El vendedor tiene una hija enferma de los riñones y no ha sido posible acceder a un tratamiento. Mi amigo lo ayudaría. Al terminar la conversación, compra una botella de champaña y la descorcha ahí mismo. El señor trae dos copas. Brindamos. Otra vez arrecian las doce del mediodía con su luz picante.

A partir de ese momento me monté en el sueño de la secuencia que duró hasta la medianoche. Me encargué de vivirla como un sueño porque nada de lo que ocurría tenía verdadera consistencia. Cada momento se deshacía y se transformaba en otro más absurdo que el anterior. Ahora no puedo evitar pensar en los segundos reventándose como las burbujas de la champaña o como una granada que explota entre las manos del que está a punto de lanzarla. Los segundos se llenaban de aire, de gas, de nada. Seguimos el camino hacia un centro comercial cercano. ¡Un centro comercial! El último de los lugares a los que iría al lado del hombre inventado como amante, el deseante dentro de mi sueño. Me había entregado a la aventura del día, que terminaría cuando él lo dispusiera. Sería la mejor compañera, la cómplice divertida y libertina, la mujer risueña, fresca, desprevenida, abierta, un deleite para él. Esa noche iríamos a un concierto. Faltaba llenar muchas horas todavía. Era importante que aparecieran otros personajes, otra gente con cara de otra gente para que nuestro verdadero rostro se demorara en aparecer en nuestras caras. El camino que hay de una cara a un rostro es el de la soledad pura. Yo siento que no nos miramos o hacemos lo posible para no hacerlo. Sentimos mucha vergüenza (al menos yo soy consciente de la mía) y eso se soporta mal. Mi vergüenza es ser una mujer pobre de sí misma; pobre de razón, pobre de su razón de ser frente a un hombre; una mujer cuyo rostro desaparece ante el hombre al que desea.

Su mano apretaba la mía con una tranquila hospitalidad y yo respondía como una niña a la que acobijan antes de que le cuenten un cuento para dormirla; iríamos —de la mano— a un parque, a la luz del día, y luego, a oír a alguien cantar. Agarraba mi mano con la autoridad de un padre bueno. Su mano estaba presente. Me aferré al cuidado de su mano. Significó toda la tarde, toda la mujer en mí, el recuerdo de mi mano protegida por la suya. Seguimos caminando con las manos agarradas como novios jóvenes.

Esta ciudad fría, en la que no he nacido, es fea. Mi amigo nació aquí y la ama porque la conoce bien, porque se ha sentido vivo en ella y tiene comprometida su juventud burguesa en sus esquinas y calles desaparecidas. Conoce sus ingenuidades, su perversidad, sus lugares húmedos y malvados. Lo sé porque me lo ha contado él mismo. Habla de discotecas y cuevas nocturnas que en otro tiempo fueron muy frecuentadas por él y por su grupo de amigos, todos hombres con ganas de ver mujeres, muchas mujeres, y luego comprarlas y devorarlas compulsivamente sin querer saber nada de ninguna. Hombres que disfrutan el anonimato del cuerpo de la mujer y lo chupan como un dulce al que le quitan el empaque con rapidez; como pasaría en una fábrica en la que ya casi no hay seres humanos trabajando. Hay máquinas que liberan al hombre de la acción y del gesto, privándolo de su relación con lo que toca. Se me antojó que mi amigo y estos hombres amigos de mi amigo tocan a las mujeres como autómatas. Las sacan de una bolsa de dulces, y botan al suelo el papel que las envuelve; mujeres-dulces, una tras otra.

Mi amigo camina con cariño las calles picadas de viruela gris. Me señala, con orgullo, edificios que le traen recuerdos de tiempos divertidos; me cuenta anécdotas que no me interesan. Yo miro los edificios que me muestra sin poder adivinar un pasado mejor, pues estructuralmente son cuerpos lisos, rígidos y oscuros como ataúdes, deteriorados e invadidos por el cáncer del comercio. Me conmueve su emoción filial. La ciudad que se hace amar es como la madre más absoluta. No necesitamos una madre inteligente ni bella, sino aquella que abrace y acaricie como madre. En ese «amadrar» tan animal, despojado de conceptos, está toda la sabiduría que necesitamos de ella. Me sentí palpando el cuerpo de la madre que en él vive.

Me daba envidia no ser parte de su pasado de drogas y putas dulces. Quería ser su puta dulce. Lo intentaría todo el tiempo porque, como en una transmutación del cuento de la Cenicienta, después del concierto, dejaría de ser la puta feliz y me convertiría en la princesa de mi reino estéril, virtuosa y sola.

Caminaba junto a él, tratando de que mi andar fuera despreocupado, y pisaba las cicatrices que habían dejado, sobre el asfalto, las picazones de la corrupción oficial, tan familiar para mi amigo, él mismo amigo de muchos de sus responsables. Seguimos un rato dando muchos rodeos por laberintos de calles. Dimos un paseo por una zona humilde y amable de sí mismo que yo no conocía. Asimismo, el tiempo se había unido como un niño inocente a nuestra caminata, jugando y deteniéndose a placer, y la ciudad sonreía a pesar de su fealdad. El sol, como un costurero condescendiente, trataba de acomodarle mejor su vestido de tarde que no terminaba de favorecerle, pero igual, ella, la ciudad-madre, enseñaba sus dientes gastados y mal mantenidos, con una modesta alegría, agradeciendo la solicitud de su modisto.

Nos sentamos en una cafetería del centro comercial; por un momento me sentí un producto más de compraventa en aquel santuario de artículos innecesarios. Él seguía hablando de sus antepasados, del compadrazgo de sus amigos y de lo bellas que son algunas mujeres. Pidió unas empanadas rellenas de un guiso de carne con papas. Él me había preguntado antes qué quería, pero me vio tan indecisa que terminó resolviendo el pedido con ese pasabocas típico colombiano, y dos cervezas con aguardiente. Todo lo que pasó de ahí en adelante es de las cosas que más vergüenza me producen de mi propia vida. Esta es la hora en que me pregunto qué era exactamente lo que yo tanto admiraba en aquel hombre que, como la cifra de una posición en la bolsa de valores en estado crítico, iba variando sus dígitos, a veces subiendo, otras bajando, como si cada palabra y movimiento determinaran una ganancia o una pérdida en el mercado de cualidades y defectos que un *broker*, dentro de mí, trataba de equilibrar. Al tiempo, me aplicaba las mismas operaciones a mí misma. Forzaba el balance para que la ganancia fuera suya y la pérdida, mía. Quería que ganara, que continuara siendo atractivo para mí.

Como la conversación era bastante insulsa (consistía en evitar a toda costa ponernos muy personales), mientras él la rellenaba con sus anécdotas de juventud, yo construía otro diálogo en mi imaginación a la medida de mis necesidades. El ejercicio no se sostenía. Tenía que ir y venir de la fantasía higiénica de nosotros dos escribiéndonos correos electrónicos o hablando por teléfono, a sus frases en staccato mientras masticaba las empanadas fritas; eso que llaman «realidad concreta» que ahora mismo estas palabras desmienten. Recordar no es más que otra forma de ficción; sin embargo, no me importa mucho tener que remendar los momentos subsiguientes acudiendo a mi imaginación. No creo que haya otra forma de recapitular un hecho que no sea zurciendo las fisuras con la invención. Incluso, pienso que quizá haya olvidado las partes más desagradables de este relato para poder seguir escribiendo y crear nuevas reminiscencias, no necesariamente más dignas. No, perdón. Ahora tengo el impulso de inventar una secuencia más vergonzosa de lo que realmente ocurrió.

Algo me pasa con este pasaje de esta historia que me cuento. Me resisto. Me paro a tomar agua, a leer alguna cosa. Quisiera que otra «yo» lo hiciera por mí mientras leo a Lispector o a Kafka. Prefiero acostarme a leerlos que obligarme a trabajar para crear el recuerdo de mi amigo y yo en esa cafetería, la caminata por el acné de las calles, los encuentros imprevistos con personas conocidas para él, mi apartamento, el coito, su abrigo, el video, el concierto, el fin. Si fueran ellos, con su genio desbordado, los que me ayudaran a narrar una historia insignificante como esta, resultaría un relato menos lineal, harían de esa narración un cuerpo mirado desde adentro, quizá desde el hígado o desde el esófago, o desde un bicho que llegó a infectar ese organismo para transformarlo en otra cosa, seguramente en algo magnífico y anormal. Cada frase sería una sonda, un instrumento para obtener una verdad que sería destruida inmediatamente; se haría de esta pequeña anécdota un laberinto palaciego. Qué puedo hacer yo sola, sin su genio, ¡sin ellos!, frente a mí misma arrodillada ante un payaso, sino tener un mínimo de voluntad para mirarme en el espejo de mis propias palabras y jurar como una criminal arrepentida nunca más volverlo a hacer. Mi capacidad de narrar no me pide algo superior a seguir enumerando ordenadamente los empalagos de la mediocridad de mi amigo y, por consiguiente, de la mía.

Mi amigo no es un hombre guapo. Yo lo miro y lo rehago; hago lo mismo que cuando hablamos por teléfono: imaginarlo. También soy consciente de que el hombre que come empanadas grasosas frente a mí es un hombre poderoso y hábil para no dejar de conversar sobre algo. Ese hombre poderoso todo lo puede; incluso salvar los horribles abismos de una mala conversación; incluso botarme su cara y aliento repulsivos sobre mi andén sin ser multado. Experto en temas inútiles, los usa con pericia para tender puentes que no conducen a ningún alma, que no sirven para pasar al otro lado sino para devolverse a donde se está antes de cruzarlo. Al fin, me pregunta: «¿Me muestras el video?».

Detesto escribir sobre el video que hice. Todavía no puedo creer que yo haya querido ser su protagonista y, encima, mostrárselo, como si fuera un producto publicitario, una gran oferta de carne en una vitrina, un pedazo de pierna, de estómago, de labios y uñas. Para qué diablos querría yo que me viera así, abierta por él. Soy de esas mujeres que no saben serlo, cómo serlo. O que sólo lo son si unos ojos vulgares como los suyos la retienen por segundos en la retina como una piedra de río, común a tantas, confundida entre tantas. Mi «mujereidad» vale apenas unos segundos en la mirada del hombre que tiene poder sobre el mundo. #elhombrequetienepodersobreelmundo sopla para que la pompa de jabón surja del marco y flote, vacilante, apenas un momento, y se reviente acosada por el aire que la estremece, creando antes un espectáculo bello y breve, de luces de colores y transparencias indeterminadas. Desprecio a la mujer que él también desprecia. Soy una mujer fugaz como una burbuja de jabón. No duro sabiéndome mujer frente a ningún hombre.

Disfruto los sabores. Especialmente los dulces, el chocolate y las texturas cremosas. Saborear es algo que me toma tiempo y me gusta hacerlo en privado, por eso prefiero comer sola. Comer mientras se conversa expone la privacidad de los almidones, fibras y carnes que se llevan a la boca; una gran parte del goce de comer (parte de mi goce es estar sola con mi flaqueza) se pierde en hablar. Hablar mientras se come, o también bostezar, son gestos comunes que me desagradan.

Los animales bostezan, y a ellos, en cambio, los encuentro graciosos. Cuando mi gato bosteza lo amo más. Es curioso que los cuerpos de los otros animales enaltezcan o suban de categoría impulsos que encuentro viles, asquerosos o execrables en nosotros, los animales humanos. Matar, atacar, defenderse, comer, sudar, defecar, vomitar, babear, estornudar, lamer, sangrar son actividades y funciones que me parecen verdaderamente naturales en los otros animales. En el ser humano todo eso se ha vuelto un conjunto de construcciones artificiales; en el hombre ya nada es natural; la errática razón del ser humano ha invadido lo natural transformándolo en categorías creadas por él, ante su incapacidad de soportar la ignorancia de su propia naturaleza; el hombre necesita explicarse todo, encontrarle razón a todo. El hombre resolvió reinventar lo natural como mecanismo de defensa cuando se vio frente a frente con el vértigo de no saber quién es.

El hombre, un día, se vio a sí mismo y no resistió el horror. Por eso se tuvo que echar un cuento romántico que subiera de rango la imagen de sí mismo ante sí mismo. Entiendo esta salida de emergencia porque el ser humano puede llegar a ser una criatura realmente monstruosa. Cómo creer en un creador pensante que «nos hizo», si nosotros mismos nos hemos hecho a partir de una vanagloria que parece ser nuestra naturalísima impronta. ¿Quién habrá trabajado en una genealogía de la vanidad? ¿Qué filósofo? Ay. Nuestra razón nos ha hecho profundamente infelices.

Agosto 3636

Fui cinco días a mi casa. Gocé estar al lado de los gatos. Ya quiero decir que Chakra es mía. Por causa de § me siento en paz donde vivo (a veces olvido que la muerte nos espera a todos).

Cómo aborrezco recordar mi deseo por otros cuerpos; la súplica de fondo, la adoración anhelante. Esa mirada de vaca muerta que odio en todos los deseantes del mundo.

1981. Vine a un concierto de Paco de Lucía en el Teatro Municipal de Cali con mis papás, mi abuela y mis dos hermanos. Estoy cumpliendo dieciséis años.

Ahora que está tan de moda el dorado, me siento feliz estrenando mi suéter de rayas verdes y doradas y mi falda pantalón estampada con unas figuras que parecen lenguas de fuego, también doradas. Me puse mis sandalias de tacón (doradas) y me dejé el pelo suelto (¡dorado!) que por fin me llega a la cintura; hoy no quiso dejarse agarrar; mi pelo rizado es como una especie de bestia feroz imposible de domar. La gente se fija en mi vestimenta y eso me gusta.

* * *

Termina la primera parte del concierto y habrá quince minutos de intermedio. Me siento muy emocionada por la música y los artistas, me costó trabajo quedarme sentada; me dieron muchas ganas de bailar. Mientras nos abrimos paso para salir de la platea, mi hermana mayor me dice «mirá para arriba», señalando a dos muchachos que nos saludan desde el primer palco. Uno de ellos es D, un estudiante de Ingeniería que ha estado invitándola a salir; al otro lo conozco de vista; es moreno, de rasgos turcos y barba. El de barba no me quita los ojos de encima pero yo hago como que no me doy cuenta y empiezo a ponerle tema de conversación a mi hermana y a reírme a carcajadas de mentira. «El de barba es M, ¿te acordás? El que era esposo de S, la que trabajaba para mi mamá en la boutique. Es el mejor amigo de D», me señala ella. Vuelvo a mirar hacia el palco y el hombre sigue clavándome los ojos sin ningún recato. Es atractivo, pero muy mayor. Ninguna de mis amigas tiene novio con barba. Además, la de éste no es ninguna pelusa de adolescente; esta es una barba con kilometraje, cuidada y recortada en la peluquería.

* * *

Acabó el concierto y tengo las manos rojas de aplaudirles al señor Paco y a sus músicos; no sé cuánto duró la ovación de pie, pero lo suficiente para hacerlos volver al escenario a tocar con el mismo ánimo. Hay mucha gente saliendo a la vez, no veo más al turco de barba. Me hechizó su mirada enfocada en mí con tanta determinación, parecida a la del predador cuando por fin avista su presa después de buscarla por mucho tiempo. Los pelaos que van a fiestas con nosotras, fuera de que no tienen barba, no saben mirar así.

* * *

Hoy es miércoles y mi hermana acaba de entrar a nuestro cuarto con cara de culpable. «Bruta, D llamó y me dijo que M está fascinado con vos, que si salimos el viernes. No creo que a mis papás les guste de a mucho». «Pues no les digamos que voy a salir con M, sino que me vas a presentar a un amigo de D y ya», le sugiero.

* * *

Por fin llegó el viernes, casi que no. No encuentro qué ponerme, con toda la ropa me veo flaca; la verdad, no hace mucho que me empezaron a crecer los senos y mi cuerpo parece de niñita todavía. Eso me acompleja horriblemente con el barbudo, por eso voy a compensar maquillándome bastante. Mi mamá tiene en su mesa de noche una revista donde sale Brooke Shields con los labios súper rojos y divinísima. Tenemos la misma edad.

* * *

Salimos los cuatro sin contarles a mis papás lo de M. Es muy coqueto y seguro de sí mismo. Habla hasta por los codos y se ríe duro de los chistes que él mismo cuenta. Le lucen sus bluyines baggies y, debajo de su camiseta blanca con cuatro botones desabotonados adelante, puedo ver los pelos del pecho enredados entre las aristas de una estrella de David que cuelga de una cadena de oro. Sabe muchas cosas, creo que es inteligente y muy hábil para los negocios. Mientras calcula cuántos kilómetros diarios corre entre Santa Teresita y Granada, yo me fijo en sus cejas espesas y en su barba «tres días», y me pregunto cómo será un beso suyo. También tiene un bigote podado como su barba (eso de dejársela crecer sin bigote me parece de lo más mañé, lo mismo que las chiveras o los candados). Todo el conjunto es una sombra uniforme, muy bien delimitada, que cubre la mitad inferior de su cara. Se trata de una barba pensada, no sé si para tapar algún defecto, o diseñada para gustarle a las mujeres.

Le pregunté cómo hacía para afeitarse la barba y dejársela tan parejita. Primero me picó un ojo y me dijo, «pero ¿te gusta o no?». Yo asentí con la cabeza y le sonreí encandelillándolo con las chispas de mis bráquets (hace cuatro meses me pusieron freno arriba y abajo). Después me contó que «Martica» iba cada semana a su apartamento para arreglársela así como hoy. (Inmediatamente me la imaginé a ella con sus grandes pechos redondos inclinada sobre M; y a él desgonzado en una silla y con la cumbamba mirando el techo, los ojos cerrados y la manzanilla de la garganta reluciente después de la caricia de la cuchilla de Martica).

* * *

«¿Cuántos años tenés?», le pregunto. «Veintiocho», me responde.

* * *

Salí por segunda vez con M a una discoteca. Esta vez, los dos solos. El dueño es amigo suyo. Después de bailar salsa y disco sonó *My Endless Love* y nos quedamos en la pista abrazados. Un ratico después, M, sosteniéndome cuidadosamente el mentón con las dos manos (un gigante arrullando una flor), me dio un beso en la boca, macizo, perfumado e inolvidable; un beso de hombre andado que me hizo sangrar las mejillas. Mi primer beso enamorado.

Alguna vez consideré el sexo como un peaje que pagaba por recibir protección; por el gran regalo que es ser cuidada.

El momento de estar sexualmente con alguien a quien se le debe un favor es indigno. Ella lo reconocía, pero prefería no decir nada y esperar a que el otro se diera cuenta solo. ¿Para qué confesar verdades innecesarias? Ella dejaba en el otro la responsabilidad de darse cuenta de lo que ocurría cuando llegaba el momento «ese» que, a veces, ella se sentía obligada a propiciar. Era mejor que esperaran como mendigos su limosna y la recibieran sin analizar nada. Tal vez se daban cuenta de que ella se ausentaba y de que quería que pasara pronto «aquello» que consideraba grotesco y antiestético como ningún otro oprobio en el mundo.

La noche que quedaba sería un resto desechable. Sólo nos serviría para diluirnos en ella y quedar convertidos en dos seres aún más extraños el uno para el otro. Algo la rescató, sin embargo. Un solo momento sostenido y esplendoroso, literalmente: minutos antes de que empezara el concierto, en el estadio de fútbol de la ciudad madre, después de los saludos y charlas en el camerino —adonde habíamos sido invitados—, me agarró de la mano y me condujo a una boca de salida al escenario. Nos sentamos en las estrechas escaleras ascendentes que, dos segundos atrás, había pisado el cantante —ya de espaldas a nosotros, con los brazos extendidos—, que empezaba a recibir con el pecho el aplauso y los gritos emocionados de sus fanáticos. El estadio entero aclamaba al cantante de música embrutecedora, pero, sentados ahí, a metros de la estrella pop en pleno posicionamiento de su soberanía, pareció como si una audiencia de miles de espectadores nos diera la bienvenida a nosotros dos, mientras brindábamos con dos copas de champaña. Vimos el concierto desde el punto de vista del astro que arroja su luz sobre un sistema planetario. Desde el anonimato contemplábamos de cerca el fenómeno del ídolo; ese extraño caso de *delirium tremens*, compartido por los adoradores y el adorado, en que el síntoma mortal de temblor y alucinación se transforma en éxtasis colectivo. Desde donde estábamos —ese aleph, ese ojo ciego que todo lo ve—, el espectáculo humano, como un juego de locos, revelaba su carácter azaroso y arbitrario.

Tal vez sea el terror a la insignificancia la génesis del ídolo. Parece imposible concebir que se puede tener consciencia y, al mismo tiempo, aguantar que, como seres existentes, no signifiquemos nada para nadie. Yo me niego a admitir que no significo nada para el hombre que me ha invitado a mirar el mundo estallar desde la grieta remota de una escalera. Ojalá hubiera podido negarme a registrar su deseo fallido y la soledad con la que nuestros cuerpos se existían mutuamente. Ojalá no hubiera insistido en hacer parte del frágil mundo de las burbujas.

Veo que mi compañero no tiene ningún interés en el canto de la estrella; mira su teléfono, se va y, al rato, vuelve. A él le importa ser visto como alguien que tiene el poder de ocupar un lugar especial en todas partes. Él es su propio ídolo, orgulloso de su actuación.

Lunes...

No me veo viviendo con otra persona más que con §.

Cuando me acuerdo de €, sobreviene una náusea desde la planta de los pies. Nunca pensé que llegaría a sentir eso por él.

Viernes, sep. 14

Faltan ocho días para terminar el rodaje. ¡Han pasado tantas cosas! Hace apenas una semana terminé en la clínica por sobredosis de ejercicio y dieta sin carbohidratos. Venía sintiéndome mal; mi cuerpo estaba extraño, como si estuviera quemado por dentro. Sentía un acelerador funcionando, aunque estuviera descansando. Siempre quiero estar más flaca, nunca es suficiente y veo con nostalgia a los otros comer. Recuerdo cuando estaba en el colegio y me daba vergüenza comer delante de los demás; también me parecía grotesco ver a los otros niños abrir sus loncheras y destapar los moldes con comida recalentada. Ese tema siempre ha sido complicado para mí. De niña sufría porque no tenía apetito. Envidiaba a una compañera de mi curso de ballet porque comía mucho y le gustaba contarnos cómo eran sus desayunos y almuerzos. Yo, en cambio, tenía que forzarme a comer. Me acuerdo de esas torticas de harina, fritas, que hacía nuestra nana María, y que yo comía, una tras otra, sin pensar, como un remedio para engordar. Luego, sentía una náusea atroz.

Ya no sé qué decir sobre los hombres muy inteligentes.

Apenas comenzaba a estudiar arte dramático en España. Mi mamá, que había venido a visitarme, estaba preocupada porque me veía muy abandonada y llorosa. Yo andaba todavía recogiendo mis restos después de mi separación de Carlos Vives (mi primer marido) y no tenía amigos cercanos en Madrid. Ella sabía que el escritor y periodista Daniel Samper Pizano vivía allí y, como ya le había dicho que yo no era capaz de llamarlo a él ni a nadie, se consiguió el teléfono, lo localizó, le pidió cita y me llevó de las greñas a que lo conociera. Del encuentro resultó una amistad que Daniel, su esposa Pilar y yo hemos preservado hasta hoy.

Un día, al verme tan triste y desprogramada, a Daniel se le ocurrió que su amigo el escritor Antonio Caballero —también radicado en Madrid por esas épocas— y yo podríamos, al menos, iniciar una amistad. Y nos arregló una salida a cenar.

Me acuerdo sólo de tres cosas. La primera: cuando él me recogió, yo estaba masticando chicle y no lo solté hasta que, en el restaurante, el mismo Antonio me dijo que no le gustaba ver a una mujer haciendo eso (a mí tampoco; cuánto lo entiendo). No recuerdo si me tragué el chicle o me lo saqué y lo puse obedientemente en el mismo cenicero que, luego, llenó él con colillas de cigarrillos de tabaco negro.

La segunda, es que ambos nos aburrimos como nunca. Yo, pobrecita, sólo estaba capacitada para hablar de mi tusa por Carlos, y Antonio no era precisamente el interlocutor que necesitaba para desahogarme, razón por la cual me quedé en silencio casi todo el tiempo, muy intimidada, además, por su mirada diagnóstica, aguda e implacable, de microcirujano. Él, como buen taurino y periodista, capoteó la ausencia de temas de conversación haciéndome preguntas que tampoco tengo claro cómo respondí. Imagino que mal, porque no había leído lo que él había leído ni hojeado siquiera nada que él hubiera escrito ni me interesaba la política ni la actualidad nacional o internacional ni la música clásica ni la pintura ni la historia de Colombia ni la universal ni nada fuera de mi muy íntima y enredada psicología.

La tercera cosa que recuerdo es aquella atmósfera incómoda y aterradora que se genera entre dos personas que tienen que reprimir las ganas de salir corriendo en direcciones opuestas. Con sobrada razón le debí parecer bonita (eso sí era) pero boba. Mucho me temo que sigue pensando lo mismo.

Desconfío de aquellos que se creen inteligentes y se escandalizan ante la estupidez ajena. Me ruboriza que alguien conteste «sí» a la pregunta, «¿usted es inteligente?». Más que una respuesta arrogante, me parece ingenua. Hoy en día, los círculos sociales están plagados de «eminencias» que dictaminan cómo se deben arreglar las cosas que los otros hacen mal y se burlan de lo imbéciles que somos los demás. ¿Qué significará ser inteligente? Me da la impresión de que la razón, ese instrumento de la mente del cual nos sentimos tan orgullosos, ha sido una condenación.

Antes de estrenar el pensamiento, éramos todos una mano de salvajes formidables. Cuando el *Homo* todavía no cargaba con la cruz del *sapiens*, la criatura estaba conforme siendo animal, sin registrar su voluntad de existir, matando para sobrevivir y multiplicando la especie sin preguntarse nada. Pero ese misterioso efecto que produjo el primer razonamiento lógico aguó la fiesta. ¡Estábamos dichosos en la inconsciencia total! A mala hora alboreó en el orden de nuestra feliz brutalidad el caos del entendimiento, que, pretencioso, vino como un intruso a cuestionarlo todo y a dar palos de ciego entre la bondad y la maldad, conceptos completamente ininteligibles. Como si fuera poco, tan desgraciado evento ha servido para darle ínfulas de «especie superior» al ser humano, que no sabe ni sabrá nunca dónde está parado. Tan no sabe, que su historia se muerde la cola, girando incesantemente sobre sí misma, histérica, despistada, reiterativa. Nos han dotado de una inteligencia que no nos alcanza para perdonar; tampoco para comprender qué es esto tan insólito que llamamos vida y muerte, ni para explicar el para qué de la mente, esa loca que malogra todo. No sabemos nada. Somos un acertijo para nosotros mismos. ¿Cómo no admirar a los inmensos filósofos que, fascinados por esa trascendental ignorancia, dudan también de su propia lucidez?

Hay quienes orgullosamente dicen no arrepentirse de nada. Yo sí me arrepiento de muchas cosas; aunque mis errores siempre terminen llevándome a aprender algo, hasta el punto de convencerme de que incluso las equivocaciones son perfectas en este curioso orden al que a veces llamamos destino.

Por ahí escarbando en entrevistas, veo que me repito diciendo «me arrepiento de haberme dejado faltar al respeto». Creo que si de algo hay que arrepentirse es de elegir situaciones indignas; como mujer, he optado por ellas en unas cuantas ocasiones, ante los hombres.

Un aspecto de la misoginia de nuestra cultura consiste en que a las mujeres se nos haya inoculado, como por vía intravenosa, esa especie de resignación a nuestra suerte de víctimas; nuestra pobre suerte de blanco frecuente de agresiones y señalamientos, al haber sido designadas por la naturaleza para salvaguardar el pesado tesoro que es la humanidad. No puede haber una carga más insoportable y maravillosa que ésa y, en la misma proporción, ocurre la implacable vigilancia sobre nuestros actos desobedientes. Los pecados propios de las mujeres —pues somos las únicas putas y las únicas que abortamos— se castigan con más dureza por las autoridades morales.

Me arrepiento de haber obedecido algunas veces la ley histórica que nos ha obligado a odiarnos a nosotras mismas. De no ser así, no nos seducirían hombres que nos hablan a los gritos y pegando puños en la mesa, que se jactan de acostarse con nosotras, que nos pegan y nos ordenan servirles, no bailar con otros hombres, renunciar a nuestras profesiones; hombres que nos exhiben como una prueba de poder, que nos juzgan porque no queremos ser madres de sus hijos; hombres que nos aseguran que no somos lo suficientemente inteligentes.

Yo me arrepiento de no haberme arriesgado más temprano a corroborar mi verdadero valor como persona y como mujer. La culpa de esto no la tienen los hombres porque, gracias a esta misma vida, los hay amorosos y nobles; pero si no desobedecemos aquella ley maldita, no los encontraremos nunca aunque los tengamos cerca.

Inolvidable hijueputa:

Aunque de verdad me parecés un tipo despreciable, no te merecés la hiel de esta carta que, por pura deuda con mi propia dignidad, me atrevo a escribir ahora ya vieja y, afortunadamente, lejos de tu empalagosa presencia. La única motivación que tengo para escribirla no es enviártela, pues gracias a mi afortunado destino te he perdido el rastro, sino divertirme hablando pestes de vos y burlarme de mí misma observando, desde la distancia del tiempo, la babosa en que me convertí por cuenta de mi paupérrima autoestima, excelente caldo de cultivo para misóginos de tu calibre.

«Te quiero comer a besos», fue una banderilla muy atrevida y florida que me supiste aplicar como a los dos días de conocernos, en todo el centro de una soledad desesperada que traía a cuestas desde hacía rato. Yo trabajaba bajo tus órdenes; qué más seductor que ser la elegida del imponente capataz. Vos eras el que mandaba la parada ahí, rodeado de un séquito de peones templeques a los que tratabas como cucarachas, tomándote ese derecho desde tu investidura de patrón con machete y látigo, que es la máscara intimidatoria de los cobardes.

Así me dejé llevar de cabestro hasta el punto más loco de tu mente en caos que, gracias a tu facilidad de palabra, casi lograba disimularse con aquella verborrea psicótica. Vos y tus términos estrambóticos, conectados con un alambre al rojo vivo, hacían sonar tu discurso disparatado como una grave sentencia —muy bien articulada— que condenaba mi falta de inteligencia para comprenderte como hombre y mi necesidad egoísta de estar mirándome el ombligo —porque «se ve que nadie te ha enseñado cómo se vive de a dos»—.

«Una mujer orgullosa de su hombre debería recibirlo con las gambas abiertas, rogándole a gritos que le haga un hijo». De todo el barrizal de frases que salieron de tu boca, esta fue la que más me enfrió el estómago. Ni siquiera «sos incapaz de amar» ni «hacete revisar esa cabecita que fuera de loca te vas a quedar bruta» me traían a la mente una imagen más denigrante que la de la pobre mujer que podría ser yo, abriéndote la puerta y las piernas a vos, pitecántropo mesozoico, literalmente pidiéndole un engendro al demonio.

Como esta carta no se trata de lo mal de la cabeza que estaba yo para someterme a tu bajeza ni de culparme por no haber salido despavorida a las dos horas de conocerte sino de cantarte esta tabla a mis anchas, te digo con la boca llena, mi querido hijueputa, que te ganaste ese título con todos los honores. Estás enfermo de desprecio por lo que representamos las mujeres. Nos detestás. Sabelo, entendelo, asumilo y metete tu amor por el culo.

Mujeres: si en el destinatario de esta carta en algo reconocen a su actual pareja, no se conformen con publicar un mensaje tardío en la prensa. ¡Huyan! Antes de que les rompan la cara.

La crisis que tuve hace días reventó un día de rodaje. Estábamos filmando en una casa antigua, una hacienda cafetera. El cuarto que me asignaron para mi descanso estaba lleno de fotos de muertos; gente que me miraba a la cara desde un papel pálido. Me llamó la atención la foto de un niño con el uniforme del colegio, sentado ante un escritorio, mirando a cámara con unos ojos de perro triste y ojeras oscuras. En ese momento empecé a escribir un texto que me inspiró S, una mujer que me recordó el temperamento llameante de K. El texto que escribí es un golpe directo a su mandíbula; un manifiesto sobre su pulsión devoradora y asfixiante. Es lo que intuyo en ella, aunque siempre fue amorosa conmigo.

Había escrito unas cuantas frases y comencé a experimentar un desasosiego tremendo; mi cuerpo se puso frío y tembloroso;

me dieron ganas de vomitar y de escapar de ahí, o de que me durmieran con alguna droga dura, opiácea, o con algo para el dolor de vivir. Quise aguantar un rato, creí que era pasajero. A los pocos minutos, me asustó más pensar en lo distantes que estábamos de algún hospital. No fui capaz de seguir trabajando; avisé a la producción y me enviaron al hotel, en donde me esperaba un médico que me examinaría. En el trayecto hablé con §; me habló al oído, todo el tiempo, con su voz serena y firme; me pidió que parara en alguna parte a tomarme un Gatorade. La angustia que sentía era de una índole especial, no era sólo pánico mental. La vivía (la existía) como un efecto químico o la ausencia de un mineral esencial. Me volví a sentir como en el colegio: trastornada mentalmente.

Mujer abrasiva, tórrida, llameante. Tu dolor es una serpiente dispuesta a devorar entero todo lo que ames. Ser amada por una mujer como tú es someterse a tu odio, a tus abrazos virulentos, a tu maternidad asfixiante. Es imposible que enamores a alguien pidiendo auxilio de esa forma. Nadie vendrá a profanar el hueco que tú, toda tú, eres. Quien osara hacerlo tendría que cargar con la culpa de tu muerte. Eso es todo lo que le pides a tu ser amado. Que pague por tu condena de muerte. Te queda el deseo incesante, como un eco de ese asesinato que no has confesado, ese fármaco que no cura y que, como Dios, promete un «más allá» de la sed. Tu dios me libre de ser idolatrada por un ser como tú. Dejas todo manchado de sangre y de líquidos pegajosos y amnióticos. Tu ser amado no será un otro; será un pedazo de ti, parido por ti, aborrecido por ti, porque fue arrancado de ti. Tu amado será tu hijo deforme, tu estigma, tu humillación. Será el espantajo que te gritará: ¡no vales nada!

Oct. 18242

Estoy obsesionada con la Filosofía, la amante más humilde y generosa de la sabiduría, porque sabe que jamás podrá alcanzarla. La Filosofía, creadora de problemas, inoportuna, fisgona, curiosa, maliciosa. Mi plan favorito es meterme en el pequeño gimnasio de esta casa adorable y escuchar a cualquiera de esos profesores de Filosofía hablar de la muerte, del absurdo, de la biopolítica, de feminismo, de lo femenino, de la comunidad, de la identidad, de la amistad, del Otro. Es deliciosa la manera como los filósofos agarran el lenguaje y lo trituran inventándose palabras o conceptos nuevos para viejas palabras. Los filósofos resignifican las palabras como verdaderos artistas. Aprendo con placer, sólo por el gusto en sí, sin pensar en su utilidad práctica. Otro tema candente para la filosofía: lo útil.

Repito dos y tres veces las conferencias que me gustan. Hay unas que duran dos horas y las oigo, arrobada, mientras monto en bicicleta. Ahora estoy prendida de otras que se llaman «Filosofía a la gorra», del profesor, también argentino, Diego Singer. Se llama «a la gorra», pues las conferencias se llevan a cabo en sitios públicos y librerías y, al final, el conferencista pasa la gorra entre los asistentes y así recoge plata. Esto me perturbó un poco, pero me puse en el lugar de los alumnos y creo que pondría dinero en la gorra del profesor Singer con inmenso gusto.

«Hasta la belleza cansa». Si no estoy mal, esta frase está en una canción de José José. A partir de ese enunciado, aparentemente inofensivo, se puede construir toda una teoría sobre la experiencia estética que ahora relaciono con el libro *La salvación de lo bello*, del filósofo surcoreano Byung-Chul Han. Si quieren saber cómo hace la belleza para cansar, este pensador asiático les da unas buenas guías. No sé si José se refiere directamente a la belleza que no les alcanza a las mujeres para inspirar deseo y amor duraderos, o al hastío que puede llegar a producir la belleza en general; sin embargo, voy a referirme a la segunda opción. ¿Cuándo puede lo bello cansar? Según Chul Han, cuando lo bello se convierte en un producto para ser consumido, se agota en el «me gusta»; se limita a ser un objeto de agrado y produce el mismo empacho que comer demasiado. La temporalidad de la belleza de consumo es la inmediatez, la fugacidad, un presente vacío que no da lugar a ningún recuerdo; es el olvido instantáneo, por eso su dinámica es la reiteración. La belleza de consumo es la que hoy vemos repartida en datos, en mera información pornográfica, satinada, sin sombras, explícita. La belleza digital, plana, tersa, filtrada, negadora de todo accidente, se opone a la contradicción y al drama de la belleza natural que supone una herida, una cicatriz, un peligro, lo atroz, es decir, lo sublime, lo que la sobrepasa. La belleza digital ni siquiera está muerta porque nunca estuvo viva. En la estremecedora obra del fotógrafo Joel-Peter Witkin, por ejemplo, la muerte física es recreada al utilizar pedazos de cuerpos muertos en sus bodegones, revelando así la forma más extraña de belleza que jamás haya visto. Lo insólito es que esas imágenes respiran y dialogan; son natural y escabrosamente estéticas, un misterio que devora la atención de cualquiera que se asome a ellas. Las creaciones de Witkin pueden no gustar, pero no exactamente cansar. Lo que Chul Han llama belleza digital es aquella que no narra, que no sugiere la tragedia de su inminente impermanencia, de su desastre, y que no inspira deseos de demorarse en ella. La belleza natural puede ser insoportable por lo sublime, pero la digital reproduce el tedio de la autocomplacencia en rostros higiénicos y desechables, que no miran ni sonríen a nadie.

Sé que tengo que organizar el depósito, pero me invento toda clase de excusas para no tener que verle la cara a veinte años de historia. Ese reducto, allá en el sótano del edificio donde vivo, está atestado de cajas con archivos que contienen muchos recortes de prensa, videos y fotos que atestiguan el paso del tiempo por mí. Aun así, puedo jurar que esa confrontación no me molesta tanto como el hecho de tener que seguirlos guardando; no sé qué utilidad tienen ahora, pero ya veo que me están sirviendo para mirar la escena de lo joven y bello desde la loma de mis cuarenta y seis años. Lejos de sentir nostalgia, experimento más bien alivio al verme liberada de patrones que responden más a determinada maquinaria conceptual sobre la belleza y la juventud. Nos enseñamos a creer que son codependientes y a perseguir obsesivamente su posesión, según los cánones arbitrarios del momento y del sistema.

Observo con cierta compasión la estampida de mujeres que huyen aterradas ante lo que consideran la abyecta persecución sin tregua de sus propios años vividos, buscando congelar, al menos, el gesto de pavor. No me excluyo de esta legión, pues también les he temido a las huellas que están dejando en mi cara las carcajadas y los llantos. Sin embargo, hoy me han visitado unas horas tranquilas que me susurran al oído el secreto que hay entre la Belleza y el tiempo. No es necesario desempacar mis fotografías para retrotraer las imágenes de la linda veinteañera de mirada plana, medio perdida, de cara redonda y, en muchas ocasiones, innecesario maquillaje. No tengo que volver a ver los videos de incontables entrevistas para recrear aquellos gestos ansiosos de manos sudorosas y oír la voz, también extraviada en un registro más agudo, todavía sin encontrar asiento confortable en los remansos del alma. Me resulta imposible querer volver a ser aquella joven a quien ni su propia supuesta belleza le mitigaba el pánico que le provocaban sus inmensas incógnitas. Sería injusto devolver el tiempo y deshacer los escalones que me han llevado a sentirme, por fin, como una mujer que vive.

Por eso, un día, no hace mucho, resolví dejar de buscar refugio; me tendí exhausta en el suelo y le abrí los brazos de par en par al surco de los años que me han de corresponder. Algunas mujeres continuaron su carrera veloz hacia lo imposible, mientras otras corrimos el riesgo de cerrar los ojos y esperar a ser devoradas sin misericordia. Ocurrió algo insospechado: una quietud cristalina se apoderó de todo lo vivido y nos entregó el tiempo en una urna de oro. Cada año que extrajimos del fondo fue revelando la verdadera razón de su trazo en nuestro cuerpo con la hidalguía que sólo una musa como la Belleza puede inspirar. El último de ellos se acomodó en el iris de los ojos que por fin abrimos, los alcanzó con firmeza, y dejó en éstos un dulce rastro de luz tan cierto y diáfano que nos hizo mirarlo todo con la inocencia que teníamos cuando éramos niñas. Ocurrido esto, la Belleza nos llevó de la mano a buscar, en todos los espejos, la imagen de la mujer infinita recién nacida de los años, y encontramos su reflejo investido de una hermosura incalificable en este mundo. Guardo ese momento eterno con la fijeza de una fotografía. Tal vez sea la única que quisiera conservar en mi depósito de pensamientos útiles.

Estoy de acuerdo en eso de que los filósofos no pueden ser políticos porque su papel es el de desestabilizar lo normal. Ayer, en «Filosofía a la gorra», el tema fue la Persona. ¿Qué hay detrás del concepto de persona? Esto fue lo que entendí:

La palabra «persona» viene del griego; significa máscara. El término se refería a lo que ocultaba el rostro «verdadero». La persona es una construcción cultural hecha para ocultar lo que no cumple con las credenciales para merecer ser reconocido como tal; por ejemplo, lo animal o lo irracional. En Occidente hay una exacerbación de lo personal como singularidad; hoy en día se dan clases personalizadas y los *coaches* y libros de autoayuda promulgan el fortalecimiento de la persona, una especie de yo artificial para tratar con el mundo. La persona siempre supone un ocultar; la persona es quien tiene un dominio sobre su cuerpo, sobre lo pulsional, sobre lo animal; la persona es la consciencia que controla aquello que no le ayuda a identificarse como tal. El concepto de «persona» implica excluir al otro (la persona se crea para diferenciarse de los otros) y aquello otro que está en cada uno de nosotros.

Eres el compañero de danza al que más me he esmerado en seguirle el paso, pues siempre eres el primero en sacarme de la cómoda silla donde espero ansiosa, como una quinceañera, la próxima pieza. Te conozco desde el primer instante en que sentí mi corazón retumbar como un tambor anhelante, invitándome a vivir esta vida, baile inevitable de todos los seres.

Creo que no ha transcurrido un solo día en el que tu fantasma no se me haya acercado como un amante obsesionado a susurrar que quiere bailar, una vez más, conmigo. Nunca he denegado tu atrevimiento porque, desde que nos dimos por primera vez la mano, desde que rodeaste mi cintura con tu brazo helado, supe que estábamos hechos para retarnos el uno al otro; para derrotarnos y vencernos indistinta y alevosamente, como dos alienados.

Sabes que has tenido en mí a tu cómplice; que mis ojos nunca han dejado de mirarte a la cara porque, en tu rostro de mármol, he sabido leer los avisos de tus giros, tus pasos en falso y las pausas que anticipan tus sorpresas. Crees que no soy capaz de abandonarte.

Bailar contigo es un extraño arte que se aprende con la práctica constante de la valentía y, sobre todo, con la voluntad de encontrar en ti a un aliado, y no ese oscuro villano que viene a hacer sus zancadillas traicioneras. Haciendo esto, he descubierto que he estado bailando toda la vida con un loco.

Tengo un recuerdo claro de la primera vez que adver-
tí tu presencia en mi vida; le madrugaste a mis despreve-
nidos años de infancia, como si tuvieras afán de seguir
bailando con el resto del mundo. Viniste a decirme que
vendrías para quedarte, y a obligarme a ir más allá de mí
misma si no me resistía a tus embates. Me dejaste entrever
que te disfrazarías de muchas formas, que me mostrarías
tus mil caras a lo largo de las innumerables coreografías
que mis decisiones demarcaran. Porque tú eres así. Quieres bailar conmigo cada vez que comprometo mi existencia en algo que quiero conquistar con todas mis fuerzas.
No dejas pasar la oportunidad de exhibir tus destrezas
cuando mi intuición se interpone entre tu afán de prota-
gonismo y mi alma expectante. Me he acostumbrado a
tu respiración pesada cerca de mi oído, justo antes de
saltar al vacío de los escenarios, donde te desafío con todas mis entrañas hasta que no puedes sostenerme más tu
mirada de pantano.

Sabes que estoy harta de tu acoso. Sabes que no quiero ser más tu amante sometida. Tienes celos de Dios, de
lo que me hace feliz, de la música que me visita a diario
y de todo aquello que me anima a seguir cantándole a lo
que amo. Andas suelto y desesperado, tratando en vano
de convencerme de que mi maleta de canciones, en realidad, está llena de basura. Recurres a todas tus artimañas
para que no desvíe mi atención de tu conjuro, que sólo
te sirve para hechizar a quienes, como yo, a veces, perde-
mos la noción de nuestro verdadero valor en este mundo. Adviertes que tengo las alas extendidas e intentas evitar, a toda costa, la posible fuga de tu esclava, pues sabes
que sin ella no existe la danza del infierno.

La música suena. Estás del otro lado del salón y has comenzado tu sinuoso paseo, y examinas la contextura de mis alas nuevas que no manejo todavía con fluidez. Me encuentro de repente en el centro de un espacio lleno de miradas, donde se oyen los primeros compases de la pieza que debemos bailar. Soy consciente de mi fascinación, casi enfermiza, por compartir el momento contigo, entidad ancestral inventada por mí. Sí. Debo admitir que yo misma he creado la mano que me castiga por violar mis propios límites. La misma mano que ahora me está convidando a una desconocida pieza de baile, en un empecinado intento de hacerme entender que su insistencia anida en mi locura.

... moverme al ritmo de mi propio ser, al fin y al cabo, la única danza que vale la pena bailar.

Dentro de nosotros existe un extranjero; un otro que sale a hablar por medios que escapan de nuestro control y que dice más sobre el ser que lo que tratamos de incluir en el texto de nuestro personaje-persona. Lo que es impersonal no nos atrae; se volvió «bueno» aquello de tratar de ser «personales». El ejemplo de Facebook muestra que cada uno tiene un perfil (un ser «apersonado») inscrito en una nómina; en una plantilla previamente creada para que todas las personas hechas puedan meterse en un formato fácil de entender.

Me acabo de acordar de que a la mayoría de la gente sólo le gusta leer lo que entiende. Lo que no entiende lo desecha. Prefiere leer libros que no tomen trabajo y que no obliguen a detenerse en una página o en una frase. Se venden más los libros que se leen rápido y que resuelven problemas. La filosofía lo que hace es mostrar la paradoja que hay detrás de todo lo que el hombre toca; señala la contradicción, la mentira que sostenemos para justificar nuestra ideología. Descubre las vueltas complicadas que hace la mente humana para interpretar el mundo según su conveniencia o su historia. Esto molesta a todo aquel que no quiera pensar, pues es pesado, aburridor y, sobre todo, temible ver el absurdo o la estrategia lógica detrás de lo aparentemente obvio e incuestionable. A algunos les gustan ciertas cosas porque, supuestamente, las entienden. Pero ¿será que sí entendieron? ¿No es muy pretencioso decir que le entendimos a algún autor?

Crónicas del futuro es el título de los diarios que Paul Amadeus Dienach, filólogo y profesor alemán, comienza a escribir en 1923 —después de sobrevivir a un coma que duró un año— para dejar registro de una increíble experiencia paranormal. Durante su inconsciencia, Dienach despierta en el año 3906, dentro de la consciencia de Andrew Northman, quien, al recuperarse también de un coma, es atendido a su vez en un hospital por un grupo de médicos o autoridades que se hacen llamar jectors. Estos individuos entienden lo que está ocurriendo con la identidad de su paciente como una transmutación de consciencia, en una especie de deslizamiento del tiempo, dada la insólita información que Northman provee. En ese intercambio, los jectors le cuentan lo que ha pasado a lo largo de esos casi dos milenios.

Según ellos, la humanidad, del 2000 al 2300 se ocupó mayormente de resolver sus crisis económicas y guerras locales debidas a ese mismo sistema primitivo de dominio financiero, hasta que estalló la guerra mundial que aniquiló gran parte de la población. Después de la devastación, el orden del mundo cambia y se instaura un parlamento global de estados conformado ya no por políticos y economistas sino por científicos, tecnócratas y figuras humanitarias. Pero sólo hasta el año 3400 el cerebro humano sufre una mutación que hará mucho más sensible y potente su intuición, espiritualidad y creatividad. Desaparecen los conceptos de nación, dinero, trabajo, propiedad privada y éxito, basados en la adquisición de bienes materiales, cosas que para un hombre del siglo cuarenta —ya identificado como *Homo novus occidantalis*— resultan tan arcaicas como para nosotros, los cavernícolas. En esa sociedad ya están establecidos el acceso libre a las necesidades básicas del ser humano, el equilibrio ecológico y el control de la superpoblación.

De toda esta historia no me interesa la discusión sobre si el señor se la inventó o la soñó (aunque la posible existencia de intervalos de tiempo simultáneos no me resulta tan difícil de admitir), sino la lógica que tienen aquella sucesión de eventos y el deshacimiento que requiere el pensamiento humano para crear otra realidad muy distinta a la actual. La edad oscura que estamos viviendo no tiene pinta de acabar pronto, así que no es descabellado imaginar que a nuestra caótica raza humana le falten por lo menos dos mil años para salir de su idiotez.

Mi hábito de escribir no es consistente. Agradezco el compromiso que tengo con *El Tiempo* porque me obliga a sentarme a pensar en algo. Podría perfectamente continuar este diario todos los días. Bueno, no sé, también me da pereza contarme a mí misma mi vida, pero lo más curioso es que, al ponerme en ello, termino descubriendo cosas nuevas que no había visto o no recordaba hasta ese momento; como si alguien «me escribiera» independientemente del yo que tanto cuido. A veces quiero hacer el ejercicio de escoger al azar cualquier palabra y, a partir de ahí, empezar a molerla; esto quiere decir, interpretarla de la forma más arbitraria y libre, a ver qué sale.

1987. Tengo veintidós años. Acabo de salir de clase. Comunicación Social es lo más cercano a mi temperamento y a mis aficiones; lo de actuar no me parece muy serio. Tal vez me la pasé demasiado bien el año pasado grabando la telenovela *Gallito Ramírez* como para considerar eso como el principio de una verdadera carrera.

Debo llegar a los estudios de Inravisión donde está el foro del *Noticiero 24 Horas* que dirige Mauricio Gómez. Allí, como todas las noches de lunes a viernes, presento las noticias con cara de que sé lo que estoy diciendo. Menos mal Mauricio las lee conmigo. Me siento una cucaracha al lado de un periodista de su calibre, pero Dios sabe por qué creyó que mis cachetes regordetes podrían producir un impacto especial en la audiencia, porque el hecho es que su experimento está dando muy buen resultado.

Me bajo de mi desvencijado jeep Delta y voy corriendo al camerino. Saco del morral el pañuelo estampado de «amibas» fucsias con azul (enredado en un libro de

Propedéutica de la Comunicación II), que hará mucho por mejorar mi usado suéter de estudiante en la emisión de hoy, para la cual no traje un vestuario más adecuado. Tengo en mis manos el libreto que será reproducido en el teleprónter, aparato que he aprendido a manejar mejor (hasta este momento, la única virtud que le concedo a mi desempeño aquí). Como siempre, mis manos están encharcadas. Esto de salir en vivo, en plan de mujer que proyecta absoluto control de sí misma, me dispara un pánico voraz. Ya he tenido la pavorosa fantasía de que en la mitad de la transmisión salgo gritando del estudio.

Ya estoy sentada; tengo el micrófono puesto y la cámara delante. Mauricio está a mi lado y me ha dado unas indicaciones. Leeremos una noticia a dúo. El coordinador entona el aterrador «en tres minutos al aire» y lo remata después descontando los cinco despiadados segundos que nos separan de nuestra imagen multiplicada en millones de televisores.

Bueno, nada raro; hasta ahora todo bien. Jugueteo con un ganchito que les quito a los libretos y que uso para chuzarme los dedos mientras leo algo que no entiendo; lo de presentar noticias sin saber mucho sobre ellas es caminar en una cuerda floja y tener debajo la boca abierta del abismo. Sin embargo, este primer corte de comerciales me alcanza a dar un respiro. Mauricio quiere hacerme una pregunta. Me muestra un texto. Quiere saber si el nombre del señor protagonista de la siguiente noticia está correcto; no se siente seguro de que se llame «Eutiquio». Me pregunta si no será mejor, «Eutuquio». Yo le respondo desde mi más primitiva intuición y le digo que es mucho más probable que el «sin tocayo» se llame Eutiquio. Mauricio se lamenta de no tener tiempo para resolver debidamente la duda. El tiempo de publicidad se ha acabado. Me quedo con la gran curiosidad de saber qué decisión tomará mi jefe y director.

Mauricio se ha aventurado a decir «Eutuquio». Dios. ¿Por qué me hace tanta gracia este pequeño asunto? Dijo «Eutuquio» y, antes de pronunciar el nombre, hizo una pausa que sólo yo detecté. Cristo en cruz, ya siento la carcajada avanzando por mi esófago con el poder de una avalancha; sigue subiendo; está llegando a las amígdalas; ya viene, ya viene; no me puedo reír, estoy al aire, ayúdame diosito santo; ahora no, que tengo que leer la siguiente noticia; ahora no, por fav… demasiado tarde.

Un ataque de risa malvado como este no respeta nada. Con mucho esfuerzo he intentado la primera frase y finjo una pequeña tos que me está resultando a mí misma más condenada e hilarante. Los últimos diez minutos que faltan me están enseñando lo que es la eternidad. La eternidad es horrible, menos mal nos vamos a morir. Sí, menos mal, para que esta convulsión no signifique nada. No puedo parar de reír. Mauricio está leyendo íngrimo y solo, ahogándose en ríos de sudor que se despeñan por sus cejas y nariz, igual que alguien después de correr cincuenta kilómetros al rayo del sol.

Tengo miedo de que me vuelva a pasar esto cuando me toque leer noticias trágicas. Quizá no sea lo mío; creo que voy a renunciar.

Ahora que estoy pensando en cualquier palabra, veo que el azar, para el intelecto, no existe; me vienen sombras de palabras y temo que no me gusten las que me está sugiriendo mi «extranjera interior». Mi «persona» (la exterior) insiste en elegir, ella, lo que cree que más le conviene.

La palabra que eligió mi extranjera interior es CREER. Mi «persona» siente pereza de escribir sobre «creer». No quiere escribir sobre eso.

«¿Por qué?», pregunta mi extranjera interior. «Porque tengo que explicar qué es "creer" y no lo sé», responde mi yo/persona.

«Creer» es un verbo que cada vez me estorba más, no como verbo sino como el mismo acto de creer. ¿Qué es «creer», pues? (Vamos a ver por dónde me lleva este ejercicio).

Creer es adoptar, acoger o aceptar una idea. Apropiarse existencialmente de un concepto o interpretación. No sé si «creer» implica dar por cierto. En mi «creer» no ocurre así. Yo creo pero desconfío de todo lo que creo, y me alegro de que así sea. Creer, de por sí, me parece patético, pero no hay otra opción mientras vivimos. Hay que creer funcionalmente (es decir, para poder funcionar) o si no, directamente, equivale a estar loco. ¿En qué se puede creer?

Cuando me remito a la pregunta de si creo en Dios o no, siempre me respondo que no CREO que Dios sea algo en lo que se pueda creer o no. Se le cree siempre a alguien, o a unas ideas que otros han creado, aunque nos iría mejor creyendo en una piedra o en una flor (eso sería creer en Dios, quizá). Por tanto, ese primer «creo» de cuando digo, por ejemplo, «creo que Dios no es algo en lo que se pueda creer» (como dije antes) ya es una interpretación, una creencia más, tan débil como todas las otras. Veo que nuestra vida está montada sobre infinidad de esos primeros «creo». Un «creer», entonces, es una apuesta que la persona hace para tranquilizar el desvanecimiento que produce la oquedad de su ser. El hombre cree en cosas para no quedarse en el vacío que, quizá, sea lo único natural en él. Hay que creer en cosas para que esta vida tenga sentido, parece. Pero ese «creer», en cada uno, es una decisión. Nuestra voluntad es la que determina en qué creer y en qué no. ¿Con qué criterio creemos? Con uno construido desde monturas artificiales. Creer es un acto de cobardía, en su esencia. Es preferible creer en algo y no quedarse en aquella nada a donde todo llega y todo se va. La creencia es una fabricación, una prótesis. Uno «cree» para evadir el dolor, la angustia de vivir.

El vivir tampoco tiene consuelo; por eso tenemos que creer en algo para darnos la ilusión de que sí lo tiene.

La moral es hija del creer, por eso no creo en la moral que parte de una suposición; debe haber alguna moral natural, una moral de la vida; pero ya el ser humano perdió de vista lo que es natural en él. Ya colonizó la noción de lo natural y ahora adoctrina a otros sobre lo que cree que es natural.

Admiro (muy en el fondo) a las personas que creen en Dios, en sus propias opiniones, en sus líderes, en sus cantantes. También a quienes creen en el amor, en el arte, y en el ser humano como una criatura digna de esta vida. (Qué más quisiera).

Hay que andar por las ciudades diciendo «creo esto y aquello», de forma que los demás se hagan una idea, o sea, otra creencia —la de ellos—, sobre lo que uno es, para luego poder hablar de lo que ellos asumen como verdadero, una vez pasado por el tamiz de sus propios filtros y taras. Así nos encontramos, todos los días, con miles de creencias que miles de personas tienen sobre el mundo. Hay una guerra —a muerte— de supersticiones, y la gente defiende agüeros y creencias en ellos mismos como si fueran la última verdad. En realidad, ellos no creen en Dios sino en su creencia de Dios. Lo que valoran no es a Dios (porque ese concepto es inconcebible para la mente humana) sino a su creencia, a su yo creyente, a su yo devoto; a su yo que cree que al Dios «verdadero» se puede acceder creyendo en él. Creen que su creencia le da vida a Dios; creen que, por creer, Dios existe. El que cree, crea el mundo a su gusto. Lo que está endiosado es la creencia, no el objeto de su creencia; a esa creencia le dicen Dios y, acto seguido, la vuelven un monigote al que visten con moñitos y ridiculeces. El creyente no cree en cosas que no pueda incorporar a su psiquis. Le cuesta, o no puede, creer en lo absolutamente Otro, completamente extraño para él. A Dios es preciso «desotrarlo», es decir, despojarlo de su Otredad absoluta, para poder creer en él (y así darlo por un Él). El objeto de creencia, ya sea Dios o una cosa, debe caber en la psiquis del creyente y acomodarse al molde que él necesita para conservar esa creencia. Por eso a Dios lo tienen que apersonar para poder creerle; si a Dios se lo deja en su Otredad absoluta no habría cómo establecer ese vínculo. Dios es lo más Otro posible. Filosóficamente hablando, es imposible creer en Dios, lo cual no quiere decir que no exista. Si aceptáramos con humildad que a Dios, como radicalmente Otro, no se le puede conocer, habría menos fundamentalismos y guerras por cuenta de ello. Aceptaríamos que es un concepto que nos excede y jamás pretenderíamos hablar en su Nombre de la forma que tantas religiones lo han hecho, ni tanta gente se tomaría la atribución de saber Quién es —como si fuera un quién o un qué— ni lo que quiere de nosotros. Como Dios que es, no puede «querer». Muy poco Dios es si le hace falta algo (o tal vez somos la divina necesidad de Dios que no se sacia nunca porque es infinita como Él). Pero el hombre, en su limitación, traduce en Dios todo lo que él, como ser limitado, no es, y, en su fantasía, construye un superhéroe que todo lo puede (para el hombre es muy importante «poder», no sabemos si para Dios). Si todos aceptáramos que no sabemos quién ni qué es Dios, es posible que tuviéramos una convivencia más saludable. No lo conocemos, al menos, con nuestro intelecto; por eso lo absoluto está en el Otro como imposible. Dios es imposible para el yo. Dios es alteridad extrema, inaccesible en su totalidad. Dios y la muerte son alteridades extremas. Dios es la posverdad por excelencia, porque se cree en Él después de acomodarlo a nuestra verdad particular.

¿Creerle a Dios es lo mismo que creer en Dios?

Creerle a Dios es creer en lo que ese dios-persona ha dicho o comunicado. Es un alguien que se ha expresado, pero, hasta ahora, esa expresión, supuestamente divina, ha sido mediada por el ser humano. Sólo se le puede creer, o no, al humano que habla como si fuera Dios.

Creer es un mecanismo de defensa para tolerar la idea de morir. Incluso los más agnósticos tenemos que creer en las promesas cotidianas.

Creer viene con la traición subyacente; el acto de creer ignora la traición que conlleva el decir «creo». Quien dice «creo», previamente ha tenido que pasar por considerar el no creer. El que dice «creo» sólo se está creyendo a sí mismo. Creer en un otro que no conocemos es imposible; el riesgo de traición es alto. «Creo en mí mismo», dicen algunos. O sea, creo en el cuento, en el relato que yo he hecho de mí mismo; en eso creo. Con ese cuento, bien aprendido, salgo a vivir con otros. Intuyo que los otros, como yo, han tenido que inventarse un cuento propio; entonces, hacemos ese pacto en el cual todos creemos en los cuentos que nos echamos mutuamente. Si tuviéramos acceso a la verdad absoluta no habría que creer en nada. El creer implica un relato, un planteamiento. El intelecto hace planteamientos que son ensayos e hipótesis sobre Dios, ésas sí, las más abstractas entre lo abstracto, tal como he estado haciendo desde que empecé a improvisar pensamientos a partir de la palabra CREER.

«Creo en mí», nos decimos, a veces, para autoayudarnos. Ahora, hablemos de ese «mí mismo» en el que creemos; ese mí mismo que algunos llaman cuerpo y otros, alma. Ese «mí mismo», que subyace tras la persona, es lo más extranjero que nos compone. No lo conocemos (digo esto por el atracón de psicoanálisis que me he dado en la vida). Es decir, somos más un Otro que un «mí mismo». Ese Otro que somos —y no conocemos— da señales de vida en los sueños, en los lapsus, en los impulsos y en los pensamientos involuntarios.

Bueno; hasta aquí llegó este ejercicio de filosofía nivel principiante. Siempre será posible sacarle más punta a una sola palabra pero, ahora que estaba en pleno ejercicio, empecé a ver qué podía obtener de ahí para mi próxima columna de *El Tiempo*. No está malo el método.

Creer

Desconfío de lo que creo. Incluso de lo que voy a escribir aquí, y eso me alegra. ¿Qué es creer? Según el diccionario, creer es dar por cierto, suponer, tener fe, confiar. Hay que creer en algo, mandan a decir. De modo que, creer, a secas, es una apuesta que hacemos para apaciguar el aturdimiento que produce quedarse en el vacío, ese ámbito intolerable. Creer es una decisión; nuestra voluntad es la que determina en qué creer y en qué no. ¿Con qué criterio creemos? Quizá el único, el más básico, sea el miedo a vernos cara a cara con las preguntas y ninguna respuesta. Tal vez esto explique el fundamentalismo de aquellos creyentes que no toleran que nadie ose abrir la ventana de su celda, estrecha pero segura. Creer (en lo que sea) es una aventura artificial, no digo que sea mala o buena sino más bien conveniente, pues si vivir tuviera consuelo no habría que esforzarse por creer en nada ni en nadie. Para el yo es necesario blindar el «yo creo», pero ese yo es una creencia como cualquiera; tal parece que no hay de otra que jugar a creer para ser medianamente funcional en este mundo. Así, alternamos todos los días con los miles de cuenticos plagados de creencias sobre lo terreno y ultraterreno, y que los más celosos dan por ciertos porque sí. El problema surge al creer en la Verdad.

Cuando alguien dice «creo en Dios», lo que tal vez adora es a su yo creyente, a su yo devoto. Cree que su creencia le da verdad a Dios; creen que por creer, ese Dios es un Hecho. Parece que lo que está endiosado es la creencia misma; es a ella a la que absolutizan, no a su objeto, que de por sí no podría ni nombrarse porque excede nuestra comprensión.

«Creo en mí mismo», dicen algunos. O sea, creen en el relato que hacen de sí mismos, en el texto que se autodedican. Pero hay otros «mí mismo» ocultos y traicioneros que nos componen. Esos otros que somos, y no atrapamos, dan señales de vida en los sueños, en los lapsus, en los impulsos, en los pensamientos involuntarios. Lo que desconocemos de nosotros es más que lo que creemos conocer. Creer es, entonces, nuestra adivinanza más salvaje.

En cuanto a Dios (¿cuál?), los que no creemos en la Verdad, no creemos tampoco en el dogma racional del ateo.

Yo sonaría más sincera diciendo, por ejemplo, «ni creo ni no creo en Dios», lo cual no pretende significar que Dios no exista. ¿Cómo podría afirmarlo?

Mientras tanto, mi vida transcurre en paz. Llegué hace casi un mes de rodar una serie. No me arrepiento de haber aceptado ese trabajo. Renegué mucho, siempre usando como escudo aquello de que no quiero trabajar más como actriz. Mirando atrás, valoro el tiempo libre que tuve para leer casi todos los libros que llevé; tiempo libre que me molestaba porque implicaba demorarme más allá y pasar más tiempo lejos de mi casa, el lugar en el que más me gusta estar.

Cholo está, ahora mismo, acostado detrás de este computador. Que un animal quiera estar cerca de uno me parece el homenaje más bello que se le puede hacer al ser humano. Me pareció una hazaña haber aguantado tanto tiempo lejos de ellos. Creí que me «quedaba» en el camino. Todavía siento que mi cuerpo no es el mismo desde que colapsó. Me traquean las articulaciones y la energía se me gasta rápido; ha sido difícil adaptarme a entrenar más corto. Algunas veces «me paso de rosca» haciendo más ejercicio del que debo y, al rato, me siento mal otra vez. Le tengo mucho miedo a la comida (me acordé de cuando I me aconsejó que cambiara mi alimentación y yo no le vi ningún sentido), pero estoy disfrutándola más que nunca, aunque no me permito todavía desbocarme. Me da terror ceder a la lujuria de comer, como si por ahí se fuera a ir el control del que me siento tan orgullosa. § me da consejos y me observa volver a mis antiguos hábitos con algo de preocupación. Me da cierta satisfacción morbosa aceptar que tengo un desorden alimenticio. Debo llamarle así a esta culpa que debo pagar por comer demasiado, o por lo que creo que es comer demasiado. Debo pagar por el hambre o por el apetito, no por la comida. Me agrada la gente que come sin fijarse en si va a engordar o no; aquella que no hace como yo, que, permanentemente, elaboro un resumen mental de lo que consumo en el día para ver cómo lo balanceo, si con ejercicio o comiendo menos.

Por extrañas razones, me ha resultado difícil sentirme dueña de mi cuerpo y totalmente a gusto con él. Desde niña fui siempre muy delgada, incluso sufría mucho con ello. A los dieciséis años todavía tenía una figura sin formas; no me pasaba todavía lo que a mis compañeras de clase, que andaban a ritmos más sugestivos y muy envidiables para mí, pues ya enseñaban con orgullo sus nuevas redondeces.

Por esas épocas asistía a clases de ballet en el conservatorio Antonio María Valencia, de Cali, y estaba conociendo el rigor del entrenamiento físico a través de mis profesores rusos y cubanos, quienes no tenían compasión para exigir todo de sus alumnos. En ese ambiente, mi cuerpo largo y delgado era exactamente lo que se necesitaba para educar a una bailarina.

Los salones de clase, con sus imponentes ventanales que arrojaban luz a chorros, se convirtieron en un santuario de cuerpos míticos y maleables dispuestos para la representación; cuerpos adolescentes que terminaban de construirse, todas las tardes, de lunes a sábado, a punta de sudor y puntillazos de valses y polkas —ejecutados en un piano vivo—, y desde el suelo de resina para zapatillas que hacían sangrar los pies. Los bailarines éramos aspirantes a ángeles, a dioses.

Los profesores nos enseñaban a percibir el dolor del esfuerzo como un pasaporte para lograr la excelencia de nuestros movimientos y, también, a ver nuestros cuerpos más como instrumentos de arte que como algo propio.

Aquel mundo estricto no estaba exento de intrigas, envidias, lesiones y códigos, que nos aprobaban o descalificaban. Empecé a sentirme atrapada en una disciplina demasiado severa y peleé con el dolor que me producían los ejercicios, hasta que mi columna se encargó de torcer mi destino como bailarina profesional.

Desde los días en el conservatorio hasta mis kilómetros de andanzas por miles de pasarelas —y tal vez por el hábito adquirido desde niña— concebía mi cuerpo como una herramienta para lograr un efecto estético en los demás. Luego, viajé por el mundo y conocí mujeres con cuerpos «imperfectos», encantadoramente sensuales y, por supuesto, mucho más felices que yo. Vi en muchas de ellas a la mujer salvaje de mis fantasías.

Esas mujeres del mundo que he visto me indicaron el camino hacia el lugar donde habita La que Sabe Todo sobre nosotras. Me advirtieron que Ella vive en lo más profundo de nuestro bosque psíquico, misteriosa y libre; que anda suelta como quiere, que baila sin zapatos y para ella misma, que es la emperadora de sus pasos; inconsciente de su talla y estatura. Esa mujer es la misma que vi despuntar en las cinturas de mi compañeras del colegio, tan airosas e inalcanzables, a quienes ya no envidio más. Ahora ya sé que puedo ser como ellas.

En un cuento de Kafka, titulado «En la colonia penitenciaria», la palabra que más se repite en la narración es «aparato». (Cada vez que la veía, la encerraba en un círculo). Lo que más me llamó la atención fue la descripción detallada del mecanismo de una máquina de tortura (el aparato) que opera un oficial del ejército, quien, muy orgulloso, explica su funcionamiento a un explorador que ha llegado a aquella estación militar, invitado por el Comandante, para presenciar una ejecución.

Lo que hace el aparato es inscribir sobre el cuerpo del condenado —que debe estar acostado, amarrado y amordazado— el texto de su sentencia, mediante una batería de agujas que cada vez penetran más profundo hasta que el reo se desangra y muere.

Me hizo pensar en el aparato en que se constituyen las culturas, y la forma como éstas dejan impreso en los cuerpos un tratado muy erudito, cuyo contenido es difícil de descifrar cuando el nuestro es el objeto del examen. Sólo sentimos el impacto y las cuñas que trazan las agujas pero no podemos leer el mensaje con distancia porque estamos maniatados. En el cuento de Kafka se habla de las letras con que la máquina escribe sobre la piel: «No es justamente caligrafía para escolares. Hay que estudiarlo largamente», dice el oficial. De igual forma, la intrincada diversidad de tradiciones, accidentes, leyes y prejuicios que se transcriben en la manera como percibimos nuestro cuerpo no conforma un documento legible hasta que nos atrevemos a narrar una historia consciente sobre él. Si queremos mirar las «perforaciones» de una cultura, no hay que ir muy lejos. En nuestro cuerpo relatado podemos reconocer cicatrices elocuentes. Es el cuerpo el que piensa y nos piensa.

El cuerpo es infinito. Una lectora me dijo que ella sabía para dónde iba la secuencia de columnas sobre el cuerpo. Yo, en cambio, no tengo la menor idea. Me siento ante el computador y me pregunto: ¿qué cuerpo voy a contar ahora? ¿El cuerpo-producto? ¿El cuerpo-diseño? ¿El cuerpo amado? ¿El cuerpo-desierto?

En esos predicados está su infinitud y la de cualquier cosa perceptible o imaginable. El cuerpo, por lo que he descubierto con esta progresión, es, en mucho, literatura. Tengo curiosidad de leer más porque yo misma me asombro con lo que me voy revelando. El propio cuerpo como un acontecimiento literario: ¡fascinante!

Alguna vez dije: «V me da el lugar que cualquier mujer desearía en la vida de un hombre». ¿Qué es eso de «me da el lugar»? ¿No soy yo la que me ubico en el lugar que quiero?

El hombre se sentó en la silla frente a mi pequeño escritorio. El video estaba listo para reproducirse en la pantalla del computador.

Para realizarlo, había pasado las últimas dos horas de una tarde de domingo filmando, por separado, pedazos de mi cuerpo. Cada trozo se disolvía en un plano general en el que mi silueta oscura, extremadamente delgada, se desplazaba cortando las espadas de luz «como las oceánidas lo hacen con las olas del mar», dijo él. Mi cuerpo fragmentado se volvía una sombra danzante que aparecía cada tanto como el coro de una canción que repite su estribillo. La cámara de mi teléfono no era de muy buena calidad; los planos cerrados de las partes del cuerpo se veían borrosos y algunos relieves tenían pliegues parecidos a los de las rosas indescifrables que él me enviaba.

Él estaba ahí, ocupando mi lugar, dando por fin sentido al tiempo que yo había invertido en preparar el festín; el confite presentado sin envoltura, múltiple en sabores, reluciente y variado. Le di las claves de acceso a todo para que hundiera la vista en el cuerpo de la mujer que se armaba y se desarmaba como los cristales de un caleidoscopio. Mi cuerpo se ofrecía a gajos como en un cartel publicitario dividido en cuadrículas. En cada celda había una porción de carne roja y palpitante, extenuada de desearse unificada en un solo bocado arreglado con denuedo para el paladar de él, el hombre creador del mundo y de las pobres mujeres que no existen para sí mismas.

Yo no me miraba. Ya lo había hecho muchas veces al editar, borrar, cambiar de lugar y añadir más cachos de piel para que él eligiera a su gusto. Me concentraba en su reflejo en el vidrio: una mancha estática y triangular, una montaña de basalto, inmóvil como una torre. Apoyé mis manos en sus hombros. Toqué el mármol, el grafito, la piedra. No oía su respiración ni nada que me indicara que en esa habitación había alguien vivo. Su voz, ese lazo con el que yo ataba sus palabras vacías, sus esporádicas apariciones, la banalidad de su conversación y su caballerosidad condescendiente y mentirosa, había hecho un nudo apretado.

No hice ningún movimiento. En el reflejo éramos la fotografía que recordaba a un padre incapacitado y la hija vigilante de su honor, cuidadora y ejemplar, que espera respetuosamente la orden para atenderlo.

El transcurrir de mi vida es tal como lo deseo; el tiempo ya no es mi problema. En esta misma circunstancia podría sentarme a esperar la muerte. Aunque de pronto descubra que me estoy negando las oportunidades de seguir luchando por conseguir algo más. No sé. ¿Luchar por conseguir? No. No he conseguido, pero tampoco siento que esté debiendo nada.

No pensé que hacerme mayor me produciría tanto alivio. Esa es la palabra exacta: alivio. Ser joven y bella no fue suficiente para sentirme feliz conmigo misma. No veía la hora de que todo ese esfuerzo por mantener una imagen fresca ya no fuera necesario y pudiera, de una vez por todas, dedicarme a envejecer con pasión (perdón, pero estoy harta del sintagma «envejecer con dignidad»). No niego que en algún momento me asustó y atravesé la crisis de la mujer joven que se siente vieja antes de tiempo, pero afortunadamente no me duró mucho; apenas lo necesario para descartar el quirófano. Que el miedo a la edad es aprendido y que socialmente a las mujeres nos va peor que a los hombres con el tema, es evidente. Pero en vez de culpar a la sociedad, que es también una forma solapada de no asumir la responsabilidad de lo que uno mismo se impone, he preferido deshacerme de mis juicios sobre mi belleza o sobre mi juventud, de la cual me siento, por fin, liberada.

Ser bella ha sido importante para mí y lo sigue siendo. No hablo de la tan ponderada belleza interior, sino de la física. Lo que pasa es que, sin proponérmelo, la belleza ha dejado de ser un concepto o una opinión; más bien se me ha vuelto una experiencia, una sorpresa, un asalto; o sea, un modo de epifanía. Prefiero experimentar la belleza como una revelación o un mensaje secreto y jubiloso. El proceso de mi envejecimiento físico frente al espejo es un espectáculo que no me quiero perder.

Para mí el ser joven nunca fue una virtud ni algo de lo que me pudiera enorgullecer. Siempre me abochornaron mi inexperiencia, mi ignorancia, mis apasionamientos, mi falta de asertividad. Me fatigaban mi cara redonda y mis ojos planos, sin profundidad, miedosos de todo.

Aquella época, lejos de despertar alguna nostalgia, evoca en mí un profundo agotamiento.

Desafiar el paso del tiempo o la ley de la gravedad, como tanto prometen los lemas publicitarios a las mujeres, dejó de ser un reto para mí y ya no me interesa comprar la ilusión de esa victoria imposible. No quiero renunciar al legítimo e íntimo derecho que me he ganado de envejecer sin culpa y sin tener que pedirle permiso a nadie.

Detesto los centros comerciales. Evito ir, a menos que tenga algo muy específico que comprar o tenga ganas de entrar al cine. Una tarde, por estar mirando vitrinas mientras llegaba la hora de la película que había ido a ver, terminé comprando un pantalón, sin medírmelo. Cuando llegué a la casa y me lo probé, no me gustó como me quedó y fui a cambiarlo al siguiente día. Me aseguré de ir a una hora en que no hubiera tanta gente. Para mi felicidad, el lugar estaba desierto. En el momento en que iba a tomar las escaleras eléctricas, un hombre alto, joven, de blazer azul y camisa blanca, me llamó: «Señora, concédame un minuto». El muchacho estaba parado en la puerta de un almacén de cosméticos de alta gama. Muy animado, continuó hablándome: «Déjeme decirle que usted luce muy bien hoy. Se ve que tiene estilo y que se cuida. ¿Qué tanto le importan las arrugas debajo de los ojos?». Presentí lo peor. No había nadie más a mi alrededor, por lo que supuse que el vendedor, astutamente, había echado mano certera a la única alma vagabunda que paseaba su desolación por esos pasillos. Le dije que no me preocupaban demasiado (falso) y que no tenía mucho tiempo. En realidad, lo segundo era verdadero porque, ese día en particular, mi único afán era gastar mi tiempo como yo quisiera. Pero el tipo insistió, tratando de convencerme de que no me arrepentiría porque estaba vendiendo un producto para rejuvenecer la piel de la cara casi con el mismo efecto de una cirugía estética. Esta argucia no me sedujo mucho, ya he visto lo antiestéticas que son las cirugías en las caras de las viejas. Sin embargo, accedí a regañadientes porque mi motivación era insólita; más que rejuvenecer, me conmovía la desesperación que advertía en el entusiasmo del joven. Siempre he sentido pesar por alguien que debe pasar por la humillación de tener que vender algo. Probablemente, estaba ansioso por demostrarse a sí mismo, o a su jefe, que era muy hábil haciendo su trabajo (había una señora muy tiesa detrás de un mostrador, mirándonos). El joven vendedor se retorció en un preámbulo retórico confuso, una cosa parecida a un discurso «científico-chamanístico». A medida que su seguridad aumentaba —imagino que al oírse pronunciar sus «chamanocientificismos—, también lo hacía mi sonrojo anticipado, al pensar que no aceptaría su oferta. Era evidente que el joven había seguido a rajatabla las reglas del buen vendedor (pescar una cincuentona despistada, lanzándole un piropo a quemarropa, y luego argüir razones médicas con el fin de promocionar un producto para embellecerla) pero, en cambio, me había invadido una suerte de sentimiento materno cargado de orgullo por el hijo esforzado. Mi compasión quería aplaudirlo, consolar su penosa tarea. Me invitó a entrar y me hizo sentar en una silla mullida y reclinable en medio de un gran salón oloroso a anís y a eucalipto.

«Estoy perdida», pensé. Mientras me ponía una cera gelatinosa debajo de los ojos, me iba hablando de los efectos milagrosos de ese y de otros productos que, sinérgicamente, me harían ver más joven, de inmediato, y me durarían dos años. Me obligaba a mirarme en un espejo de aumento para que viera el cambio; me lo mostraba sacudiendo la mano que lo sostenía como restregándome en la cara la insolencia del tiempo. Me sentí regañada por ser vieja. Alguna variación sí veía, pero distinguía mejor el reproche en los ojos del vendedor detrás de la luna del espejo. No podía concentrarme en otra cosa. A mi compasión le dolía la traición que aquel muchacho, atrapado en la formalidad de su blazer azul corporativo, se infligía a sí mismo: debía convencer a viejas que no le importaban de que el paso del tiempo sobre ellas es abyecto y vergonzoso. Su estrategia fue ponerme todas las cremas en un solo lado de la cara para que pudiera compararlo con el otro. Y sí, yo celebraba la diferencia y también espiaba el otro lado suyo, su torpe determinación de ratón hambriento y solo, tratando de salir por un hueco estrecho. Peor que el hambre de comprar es el hambre de vender, de imponer una deuda sobre otro.

Esa tarde no tenía hambre de ser joven. Estaba decidida a no comprar nada. Aproveché que el precio era demasiado alto para defraudar su expectativa. No obstante, «Johan Cortés» (así se leía en una tarjeta prendida de la solapa del blazer) no se amilanó. Como en una carrera de carros, cambió las revoluciones del motor a un modo más lento, pero sin perder el impulso. «¿A qué se dedica usted, señora?». Le contesté que era ama de casa, que había gastado mucha plata en los regalos de la pasada Navidad y que no era el momento de invertir en mí. Lo de «invertir en mí» pareció encender su voracidad vendedora con mucha más fuerza. Esa expresión inocente y comercial fue el detonante de todo un plan de financiación de la crema a través de una tarjeta expedida en el mismo almacén, cuyo formulario de aplicación yo podría llenar en seguida; hacerlo tomaría unos pocos minutos. Además, me haría un regalo porque yo me lo merecía; ser ama de casa era un trabajo duro que bien valía esta recompensa: una crema limpiadora y una leche humectante para la noche. ¡Tres productos por el precio de uno! Durante su exposición del plan de compra me iba untando la cara con una mascarilla café verdosa a base de lava «biorgánica», a lo que yo reaccioné con un «¡no!» como si me estuviera defendiendo del ataque de un animal feroz. Me aseguró, como calmando a una yegua encabritada, que mi marido se alegraría mucho con mi nuevo semblante. Yo le repliqué que, precisamente, era la tarjeta de crédito de mi marido con la única que contaba y que no estaba autorizada para hacer ningún gasto. Se produjo un silencio. Creí que había ganado la batalla causándole lástima al usar como excusa la peor situación en la que puede encontrarse una mujer: ser propiedad de un hombre que la ha comprado. El motor de la máquina vendedora rugió y empezaba a echar humo. «Su esposo se lo va a agradecer, créame, no sabe cómo se veía de cansada antes de entrar aquí» (debió captar la sensación de morir en vida que me producen los centros comerciales). La señora del mostrador, que hacía rato nos observaba con los ojos dirigidos al lado opuesto de donde miraba su cabeza (como si no acompañar la mirada con la

posición de la cabeza hiciera a esa mirada menos imprudente), se acercó a «la escena del crimen» con esos pasi-
tos timoratos de las señoras chismosas —que no quieren
parecer chismosas pero que las delatan como las más
chismosas de todas las chismosas— y empezó, doblemente maternal, a intervenir para ayudar a Johan a lograr
la venta. No me había dado cuenta de que la silla reclinable había alcanzado su posición horizontal. Ahora veía
las dos caras vendedoras de angustia sobre mí, que no
quería pagar por ella, como una paciente a la que están a
punto de operar para sacarle alguna tripa, o plata, en este
caso. La mujer arremetió con una nueva propuesta: me
regalarían dos horas de tratamiento relajante a partir de
ese mismo instante. De repente, comencé a sentirme extraña; el corazón me palpitaba más rápido; temí que «el
tratamiento de relajación» terminara en un desmayo;
sentía que me estaban ahogando entre los dos, y que por
mi asfixia debía reconocer un precio en metal. La situación se había convertido, más que en una complicidad
de los dos vendedores, en una guerra frontal entre ambos
para definir quién de los dos ganaría el galardón como
vendedor del mes. Yo era una criatura no sintiente, un
ser anulado sobre la camilla. En ese momento, sonó el
teléfono celular de la señora y en seguida se dirigió a un
rincón del salón para atender la llamada con privacidad.
Entretanto, Johan estaba ocupado acercando un taburete
a una repisa para bajar «la máquina vaporizadora, limpiadora y exfoliante». Sin pensarlo mucho, aproveché esa
grieta vacía que la casualidad piadosa me había concedido, me levanté y salí corriendo como si estuviera huyendo de un derrumbe. Corrí como yegua encabritada con

el hocico embarrado y espumoso; corrí como loca, furiosa y feliz, arrastrando mi tiempo agonizante, casi asesinado por el vendedor y su aliada, la supervisora de su carnicería de viejas asustadas y jóvenes. ¡Corrí como una deportista subiendo por las rampas de un parqueadero de siete pisos! Me refugiaría pronto dentro de la cabina de mi carro, el lugar del mundo más seguro que conozco; allí auxiliaría mi tiempo y lo resucitaría. Me recosté en una de sus adorables puertas negras, rucias y humildes de jeep acostumbrado a dormir a la intemperie. Vi mi reflejo en el vidrio y en mi cara todavía el emplasto que parecía de mierda.

¡Mierda! Había olvidado mi cartera en el salón de belleza, y cambiar el pantalón.

Noviembre 3636

He comenzado a leer a Heidegger. Compré *Ser y tiempo* hace más de un año y no había sido capaz de abrir el libro por puro miedo; sabía que no iba a entender nada. Me puse a oír conferencias e introducciones a ese libro y ahora ya me siento un poco más armada para apreciarlo. Me hace muy feliz escuchar esas conferencias, que, para algunos, quizá sean aburridas, lo mismo que el libro. Leerlo es como picar mármol. Me imagino que se necesitan años para comprender las ideas de este filósofo. Yo no sé por qué me gusta. Puede ser una pose. Yo también poso para mí misma y así me convenzo de que soy muy especial y valgo mucho. Somos tiempo, dice.

Existe la sensación general de que el tiempo está pasando más rápido que de costumbre, como si no fuera su costumbre pasar ignorándonos tan groseramente. El tiempo, y su asociación directa con la eternidad, que es precisamente su anulación, puede ser una de las más agudas obsesiones del ser humano. Casi nunca tenemos tiempo (¿es posible tenerlo?); nos aterra perderlo, mientras somos nosotros los que estamos inapelablemente perdidos en él con nuestros exiguos minutos de consciencia. Sólo una mente instalada en el yo necesita crear una variable tan relativa para encerrar el infinito.

Haré el ejercicio de afirmar que el tiempo no existe: el tiempo no existe porque para el eterno presente no hay nada antes ni después, agotándose en sí mismo y reduciendo el pasado y el futuro a la ficción. La edad del mundo, que da vueltas repitiendo su historial de maravillas y horrores, queda reducida a una frase súbita en el renglón de un libro, cuya lectura cabe en un puñado de segundos.

Todo lo que involucra el tiempo para el hombre es motivo de angustia; qué más puede significar la ansiedad sino su lucha desigual contra el tiempo. Supuestamente, malgastarlo es no hacer nada con nuestra vida; el hombre precisa huir del aburrimiento fundamental que produce ser hombre cuando el tiempo queda desnudo y sintetizado en lo que realmente es: una idea de emergencia, una ilusión urgente.

El hombre que enfrenta cara a cara el vacío del tiempo, se mira tal cual es, sin el disfraz del hacer. En ese momento arremete el desamparo y lo obliga a enfrentarse a algo (¿trascendental?, ¿esencial?) que sobrepasa su intelecto. Aparecen entonces los ateos y creyentes determinando si existe o no existe un Dios que no conoce el tiempo.

La eternidad no dura, porque no es tiempo. Si así fuera, duraría menos que un aplauso o una inhalación; de ahí que las religiones se refieran a la creación como un suspiro de Dios. Pero Dios y el tiempo no se entienden porque son de naturaleza diferente. El tiempo es asunto del yo, el primer amenazado por la idea de eternidad, que es su opuesto. Por ello, cuando el tiempo no importa, aparecen el ser, el arte, la felicidad y, por qué no, el mismo Dios en toda su plenitud.

Es posible que el tiempo no pase en realidad y que sólo sea una medida para calibrar qué tan ingenua es la inversión que hacemos en nuestra azarosa carrera hacia ningún lado.

Hace poco decliné una propuesta de trabajo. La idea era irme de esta casa por cinco meses o más. No quise dejar a los gatos. Corrijo: no quise dejarme en los gatos.

Es curioso que todavía no soy capaz de llamar a Chakra «mía». Porque no lo es. A la gatica la dejaron aquí. Mi interacción con Chakra y Cholo es cada vez más intensa. Mi momento favorito es cuando vamos a dormir. Cholo se acuesta a mi lado derecho, en la almohada, y ella, al lado opuesto. Verlos a los dos conmigo me da felicidad total. Ambos vienen hasta mí a distintas horas de la noche. Me hacen una especie de masaje, enterrándome las uñas en el cuello; me rasguñan toda, pero yo me aguanto lo que sea. Me asombra tenerlos tan cerca cuando están en su trance del masaje, y poder verlos, sentirlos y extasiarme con su inescrutable existencia y manera de ser. Son misteriosos. Su comunicación con el ser humano se establece en una dimensión diferente, mágica. Lo mágico está en que su manera de responder tiene un ritmo que no es de este plano o dimensión; sus sentimientos no son fácilmente legibles y, por eso mismo, cuando se nos acercan, su proximidad tiene una contundencia total. Cuando un gato quiere estar, ESTÁ. Cuando siento sus corazones latir como late el mío, me percato de que ellos y yo hemos sido encendidos por la misma voluntad de vida. ¿Cómo fuimos posibles todos? ¿Cómo fue posible que nos haya ocurrido la vida a todos? ¿A ellos y a mí?

El gato, cuando escucha una orden, no responde inmediatamente. Lo hace con una especie de *delay*, con un retraso cuyo tiempo de duración varía. Responde a algo que está más allá del reflejo del llamado. Como si el animal reflexionara o pensara autónomamente, y no por simple condicionamiento, sobre si obedecer o no. He hecho el ensayo de ordenarles algo sin decírselo, o sea, mentalmente. Siempre responden y me dan lo que les pido después de un rato. Hay un plano, o una frecuencia, en el cual la comunicación es directa.

Cholo reconoció su nombre desde el primer día.

Tal vez yo no sepa lo que es sentir amor real pero, en todo caso, haría cualquier cosa por evitar su sufrimiento.

Cholo se enfermó hace dos días; un espasmo nervioso de los músculos alrededor de la uretra le dificulta orinar. Pienso obsesivamente en él y en Chakra. Me he sentido muy nerviosa; me siento enferma yo. Creo que prefiero matarlo a verlo sufrir. Trata de orinar, va varias veces a su arenero y luego sale gimiendo con un sonido casi humano que me taladra el centro del estómago. Haber pensado en matarlo sin que haya llegado a un estado terminal, cualquiera que sea su mal, me llena de culpa.

Me pongo en la posición de la madre que asesina a sus hijos; o sea, de la madre que se libera del hijo, su pecado más grande. Traer un hijo al mundo se parece más a un daño que a una bendición. La vida no es un paseo; es una travesía de mucho riesgo que conlleva angustia y miedo extremos.

Entre los argumentos que no me cuadran a propósito de la condena al aborto está «la vida es sagrada». ¿Por qué entonces no se lo aplican a TODO lo que atente contra ella? Me pregunto por qué la decisión íntima que toma una mujer, de no continuar el proceso de gestación, produce más escándalo que el estilo genocida que históricamente han practicado los Estados para perpetuar su hegemonía; por ejemplo, el de reclutar obligatoriamente jóvenes para echarlos como carne de segunda a quemarse en la guerra. A ese acto tan masculino y oficial, que es penetrar tierras ajenas con ejércitos de víctimas a las que llaman soldados y héroes de la patria, no lo consideran pecado y llaman «bajas» a los asesinatos que se cometen en ese marco. En cambio, una mujer que renuncia a dar curso al desarrollo de un feto en su cuerpo sí es una criminal. Ese delito lo carga sólo la mujer, pues el hombre que no quiere a su hijo y se desaparece no es más que un irresponsable.

No despenalizar el aborto por miedo a que sea usado como anticonceptivo es lo mismo que pretender que por legalizar la droga se va a volver drogadicto todo el mundo. Tal vez el aborto, como asunto de salud pública, no sea elegido como anticonceptivo, porque es un proceso riesgoso. ¿Pero qué podemos esperar las mujeres de una lógica cultural cimentada en la Biblia, un libro fascinante pero lleno de símbolos misóginos desde el Génesis, que ilustra la creación de la mujer a partir de la existencia del varón, reduciéndola a ente sin potestad sobre su propio cuerpo ni derecho a una identidad independiente? ¿Qué nos enseñan los pasajes que cuentan cómo un padre sí puede sacrificar a su primogénito para negociar con un Dios chantajista? La mujer es juzgada por «matar» a un potencial ser humano, mientras que en el hombre está representado el «deber divino y patriótico» de asesinar a miles en acto (no en potencia) y a la vista de todo el mundo, apoyado hasta por leyes internacionales que acuñan expresiones aberrantes como «guerra humanitaria». No, perdón, señoras y señores «defensores de la vida», eso es lo que tiene de sospechoso la moral creada a conveniencia de este Gran Padre que nos tiene jodidäs desde hace miles de años, a través del cual hacen pasar todo tipo de preceptos como si fueran universales y que, tristemente, las mujeres mismas —sus directas damnificadas— defienden sin darse cuenta.

Con § tengo muy jugosas conversaciones. Me he cuidado de no decir las consabidas verdades innecesarias. Pocas relaciones humanas resisten la verdad pura; toda la verdad. Las relaciones, aun las más amorosas, suponen una transacción cuidadosa. No siento culpa de que sea así. No tengo miedo de que § se vaya, porque sé que nunca lo hará.

Soy esclava de mis gatos, no en el sentido gracioso en que lo dicen los amantes de los gatos, partida de lunáticos como yo. La atadura con ellos me duele por todos lados. No tengo vida cuando los dejo; menos ahora que Cholo está enfermo y su malestar depende de lo mal que se lleva con Chakra. Al parecer, en esa competencia por marcar territorio —causa por la cual ambos se orinan en todas partes— él ha hecho demasiado esfuerzo; no sé, hablo sin saber. Ayer pasó todo el día en la clínica; lo sedaron y vaciaron su vejiga e intestinos, que estaban constipados. Cuando me lo devolvieron parecía un niño autista, untado de caca y mojado, pues habían intentado bañarlo. Se demoró bastante en despertar del todo. Anoche me revolcaba en el piso del balcón de nuestro cuarto, llorando, gritando. £ me miraba boquiabierto. Yo decía cosas como que la vida es un juego cruel y que siempre será doloroso el resultado de haber vivido; la enfermedad, el accidente, el sufrimiento y el dolor serán siempre los esbirros de la muerte, serpiente hambrienta, que acecha a su presa desde la sombra, desde el silencio, desde su venganza, vencedora contumaz. Matar a mi hijo, a mi gato, es adelantarme a ella, a la muerte, de nuevo la pírrica victoria sobre su inminente espada; mi encolerizado gesto de astucia. Me da miedo pensar que quiero matarlo para liberarnos del dolor, yo y él. Él y yo, he debido escribir. Hoy he tenido dos ataques de ansiedad; se me entumieron los brazos, los siento calientes, como si se fueran a quedar encogidos, comprimidos. Me dio pánico no poder moverlos; fantaseé con no poder mover el cuerpo. Ese es mi miedo más grande: quedar completamente paralizada.

Diciembre 373738

Hoy vamos a pasar solos el 24. No tengo nostalgia (sentimiento que pocas veces se apodera de mí) de pasarla con mi familia, pues todos están repartidos por el mundo. Si estuvieran juntos me estaría perdiendo de una reunión muy valiosa. Me despierto todas las madrugadas a las 2 o 3 a. m. con una fila de pensamientos haciendo cola. Escribo mis columnas en la mente, imagino temas y trato de recordar lo que he aprendido de Heidegger. Me alegro al poder compararlo con la aproximación de Krishnamurti, en cuanto a que lo inauténtico es lo que huye del ser o se distrae de él. Dudo de mi inteligencia. Me estoy arrepintiendo de ir a dar esa charla, dizque en Harvard. Comparo mi capacidad de raciocinio con la de otros con respecto a los cuales me siento inferior; como si me faltara una tuerca más fina o, quizá, muchas más tuercas de diferentes grosores, para que mi máquina de pensamientos los articule en un discurso fluido, reluciente, asombroso y original, como el de ellos. Hay personas con las que converso sobre algún tema que creo tener claro y, de repente, salen con una frase alienígena, maravillosa, o un pensamiento surgido de un lado anómalo del sistema, una forma de pensar lo que yo veo, que nunca imaginé.

¿La moral es sólo patrimonio de las religiones? El asunto de la moral es político, me parece. Lo que pasa es que la religión se convirtió en un asunto político. La moral es indigna porque no tiene una base fiable; se vende al sistema político de turno, pues la religión como institución no tiene nada que ver con lo sagrado. Es, ante todo, una estructura política y económica. También, puede llegar a ser un obstáculo para acceder a la espiritualidad al alimentar «fieles» (qué sustantivo tan preciso) con sus mensajes aturdidores. El hombre cree que necesita preceptos morales para portarse bien, pero la moral está en medio de la discusión de lo que es bueno y malo, que además va cambiando según la época. La moral promete castigo y recompensa; es un sistema de domesticación como el que se aplica a los animales, sólo que éstos, felizmente, no necesitan de ninguna moral para convivir. Creo en una ética de la otredad. Soy el otro de mi vecino. Si soy consciente de cuán otro soy, el otro para mí DEBE ser un ente libre y respetable. Confío en una ética de la autobservación. Desde ahí, todo el mal que vemos en el mundo sería minuciosamente cuestionado en nuestro yo; sería imposible hablar de Bien y Mal. El que se observa a sí mismo con rigor, se hace cargo del Mal del mundo. Cada individuo es responsable del mundo, de modo que no es que sea moralmente malo juzgar, sino imposible hacerlo. No necesitaríamos del enemigo, del imbécil, del bruto, del mamerto o del facho, para creer que, sin ellos, el mundo sería mejor. De pronto el mundo sería mejor sin mí, juzgando y creyéndome buena. Es más saludable percibirme como un ser tóxico. Les tengo pavor a los buenos, y más cuando creo que la buena soy yo.

A quienes más interesa limpiar su «buen nombre» es a aquellos que se ven implicados en abusos contra el pueblo; aunque es evidente que todos vigilamos nuestra reputación, ya que el juicio social es el núcleo del honor, concepto mediocre y falso como tantos otros con bonita fachada.

En esta comedia divina y demoníaca que parece ser la vida, tal vez ninguno de nosotros se salvaría de un pecado muy común, que es el de no querer observar la mente, pensar. Al hombre ordinario le gusta creerse buena persona; ser bueno, incluso, de pensamiento. Pero los pensamientos son como moscas que zumban sin control; ahuyentarlos es difícil, especialmente cuando no nos gustan, porque una facultad que tienen es la de quedarse molestando en cuanto uno más quiere que se vayan. La religión sirve a algunos como espantamoscas, pero siempre queda por ahí una que otra no dejando dormir en paz.

Para no ocuparme de la cuidadísima honra de nuestros venerables hampones —que matan gente de hambre por llenarse los bolsillos y nos atracan a mansalva en el callejón de sus puestos públicos—, consideraré la mía, pues me intranquiliza todavía más creerme, yo también, honrada (o gente de bien), subespecie temible que ve a Dios pero no el odio que le tiene a todo.

La cruda realidad de la mente, cuando uno la examina con rigor, es oscura. Sí, muchas veces tengo pensamientos racistas, asesinos, obscenos, vanidosos, vengativos y otros más penosos, al igual que los mejores mediocres de todos los humanos, que son los que aplican esos vicios sobre los demás sin avergonzarse ante ellos mismos. ¿No debería ser la íntima vergüenza un principio de verdadero honor? Ni siquiera la delación de compinches en el delito, esa mezcla ruin de traición con honradez, consigue restituir la respetabilidad de los temerosos de enfrentar su conciencia. A mí me vale la pena pasar el mal rato de verles la cara deforme a mis pensamientos, en vez de dormirlos rezando, porque si actuara las bajezas que a veces siento y pienso, mi honra estaría implorando esa horrenda piedad de los «buenos».

La honra no hace nada por nuestra bondad; es una metáfora confeccionada para presuntuosos, pero completamente innecesaria para los eremitas de espíritu que limpian su cabaña todos los días, hasta con la lengua si es preciso, aunque nadie vaya nunca a visitarlos.

Reconozco que mi reacción por esta crisis de Cholo es desmesurada. € y los niños están aterrados, creo. No quiero salir de este cuarto, quiero verlo orinar bien. Mi mamá dice que mi ansiedad está enfermando más al gato. Le creo. Hoy me fui un rato, hice ejercicio y lo dejé solo. «Ya le estás dando los remedios y haciendo lo que dijo el veterinario, ahora él debe encontrar su propia forma de curarse», me dijo €. No pensé que me afectaría tanto. Esta mañana, como lo vi mejor, lo saqué al jardín y también a Chakra. Cholo, apenas vio a la gata, entró otra vez en crisis; empezó a tratar de orinar cada minuto y lloraba cuando comprobaba que no podía. Lo traje aquí a nuestra habitación y conseguí darle una medicina para el dolor. Ahora duerme y respira tranquilamente. Respirar es el acontecer de los vivos. ¿Cómo fue posible la vida?

Hace más de un año me hospedé en una de las pequeñas casas de campo de un condominio situado a las afueras de la ciudad donde filmaba una teleserie. No era un lugar silencioso. En las madrugadas, los gallos empezaban a cantar a las 4 a. m. y despertaban a los perros, caballos, vacas y pájaros de los alrededores, y en las noches había remate con coro de ranas y chicharras. Como viví sola ahí por casi dos meses, me acostumbré a la fiesta que armaban esas criaturas a todas horas. Pero los domingos, también por la mañana, oía el eco de los chillidos de los cerdos que sacrificaban en las fincas vecinas. Esperaba ese día con horror; sabía que entre las nueve y las once sucedería el concierto de la matanza. Mientras me tapaba los oídos con las almohadas, pensaba en los animales que comemos, que encerramos en corrales, o andan en manada y en rebaños, en cardúmenes y en parvadas, y que miramos como un paisaje distante y pintoresco sin sentir el latido individual de cada uno de esos corazones nerviosos que comparten con el nuestro su ajena voluntad de pulsar. Espantada por los alaridos, recreaba la imagen de la sangría doméstica, pero también la de la fábrica indigna de animales convertidos en productos de la lascivia del progreso económico. Visualicé mi propia carne, que, una vez muerta, se parecerá al desecho mórbido dejado por el último gruñido de dolor de aquellos cerdos.

Es curioso que el hombre «civilizado» sacraliza, sataniza, unge y humilla cuerpos muertos y vivos, de hombres y animales, a su antojo, e inventa narrativas para justificar lo natural que a veces es matar, o infligir dolor, para causar un bien.

Se me ocurre que para unirse al manifiesto animalista hay que ser también vegano o, al menos, enemigo de la inhumana industrialización de productos derivados de los animales y de la inevitable crueldad de la que son víctimas para que el mercado —no el hombre, ni mucho menos el animal— se mantenga saludable.

Sin embargo, por bien que me sienta al irme persuadiendo de ello, me desconcierto cuando me veo en el supermercado comprando, para mis gatos, carne enlatada. De modo que mi discurso ético como animalista y aspi-

rante a vegana no se sostiene. Pero bueno. Si algún día lo
lograra, no será nunca un dogma nutricional ni moral,
sino mi tributo íntimo y mínimo al sufrimiento que pa-
decemos todos los animales del mundo.

El sufrimiento de Cholo incluye el sufrimiento de los otros animales, en general. El dolor indecible que experimentan los animales, imposible de verbalizar en la inteligibilidad de un discurso, no
puede ser comprendido porque el dolor —como la vida— no es
patrimonio del lenguaje. Éste sólo sirve para decir que hay dolor,
mas no lo que es. Lo que es, no se puede decir nunca. Lo que no
puedo soportar del dolor en los otros animales es precisamente
su carácter de indecibilidad, y vale para todos los que acontece-
mos respirando. Anoche tuve que tomarme una pastilla para el
dolor que tenía en todo el cuerpo tan solo de ver dolerse a Cholo. Es casi como si quisiera que me traspasara el dolor a mí, que
tengo voz y modo de elaborarlo.

La conferencia dictada por Jacques Derrida, titulada
«L'animal que donc je suis», es su aproximación filosófica
hacia la cuestión de «lo animal», surgida de la extrañeza
que, un día, experimentó al sentirse observado por su
gato. Me reconfortó descubrir que este maestro —reconocido como el filósofo de la deconstrucción— empezó a
hacerse unas preguntas que yo, estando en la misma situación, había descartado porque me parecían muy bobas.
Los filósofos logran eso; reivindican las curiosidades de los
niños y los bobos, y nos demuestran que son ésos, precisamente, los tipos de intereses que vale la pena tener.

Derrida reflexiona sobre la mirada de un animal en concreto; pregunta desde dónde se la interpreta y a qué llamamos «lo animal», concepto estructurado desde lo humano; es decir, desde una distancia infranqueable, por la imposibilidad de acceder al ser de aquello tan radicalmente Otro; ese animal que mira y al que concierne el hombre; ese al que se le antropoformiza porque parece que el ser humano no puede relacionarse de otra forma que no sea forzando al Otro a parecerse a sí mismo.

El ser humano toca este tema desde lo que él teoriza como su (despreciada) animalidad; imagina lo que pasa por la cabeza de los otros animales desde su ingenua seguridad de hombre; adjudica un nombre a aquel ser vivo privado de palabra (y, por eso mismo, ignorado dentro de ese sintomático singular —el Animal— en el que mete a todas las especies que se dan por opuestas a lo «puramente» humano), y le cuesta detenerse en lo que significa que un animal responda a un nombre. El hombre no concibe el animal como un semejante, no hay crímenes de lesa «animalidad» que merezcan condenarse desde la mal ganada dignidad humana.

Es curioso que el hombre califique como «bestialidad» un aspecto estúpido propio de su raza y no de los animales, de cuya forma de ver al ser humano no sabemos nada. El hombre pretende diferenciarse del Animal, que «no puede» todo aquello que identifica al *Homo sapiens* como especie. ¿Qué PUEDE el animal, entonces? La urgencia no es contestar si el animal puede pensar o hablar. Se trata de si los animales PUEDEN sufrir. Y sí; ese es un poder muy suyo —que comparten con noso-

tros—, profundamente negado por las prácticas sacri-
ficiales y del cual ellos han dado ya brutal y suficiente
cuenta.

Llevo cinco días con Cholo enfermo. La droga para el espasmo no le ha servido. Anoche me volví a revolcar en el suelo;
entendí esa imagen tan antigua de las tragedias en las que una
madre o un padre se rasga la ropa como un gesto de duelo por
la muerte de un hijo. Tirada en el piso del balcón donde están el
arenero y las cositas de Cholo, jalaba instintivamente mi camiseta, como queriendo rasgarla; me di cuenta después de un rato
de que estaba haciendo eso (ahora que estoy releyendo esto me
da risa; qué lora con ese gato). Ver al animal sufrir y no poder
hacer nada me produce una sensación de estrangulamiento,
como si me anudaran las tripas con una cuerda que las apretuja
más, unas contra otras, dándoles varias vueltas. El gato no se
está muriendo, pero vivo su mal como si así fuera. Le di el tranquilizante que le mandó la veterinaria, y también me inquieta esa
paz medicada. Cholo es un gato atlético, musculoso, fiero. Ahora está en un rincón tirado, agotado y mareado. Hoy fuimos a
desayunar € y yo, fuera de la casa. Él me habla de su trabajo. Yo
lloro a mares.

Tengo tanto miedo por Cholo que ahora no se me ocurre
hablar de alegría.

No creo que los demás me vean como una persona alegre.
No he sido muy feliz que digamos, pero comencé a sentir episodios largos de paz desde hace unos quince años nada más. O
sea, he gastado más tiempo siendo infeliz, sin saber cómo ser…
bueno, muy preocupada por saber cómo ser. Ahora, aunque siga
sin saberlo, me desvela menos.

Llevé a Cholo al hospital. Le van a poner un catéter veinti-
cuatro horas en la uretra.

Llevo cuatro días sin escribir por estar pendiente de Cholo.
Tuvo que estar tres días en el hospital. Le hicieron una ecografía
y el médico no encontró obstrucción ni cristales ni nada, sólo su
uretra terca y contraída. Al segundo día fui a verlo. Me dejaron
entrar a una habitación donde tienen a todos los animalitos enfermos o recién salidos de cirugía. Su mirada tan infinitamente
triste me recordó la de Lalo antes de sucumbir en la narcosis
mortal de la anestesia. Cholo estaba despierto, con ese collar de
plástico que parece una copa, y con los ojos atollados de laga-
ñas. Cuando me vio se agitó entre su mareo y su confusión; oyó
mi voz y todo su cuerpo empezó a vibrar, también a ronronear y
a tratar de pararse. Me permitieron acompañarlo un rato; los
enfermeros me dijeron que sólo podía demorarme veinte minutos. Intentaron con otra droga diferente a la que le estaban dando antes; parece que sí funciona. Es un tranquilizante muy fuerte que se usa también en seres humanos. El pobre no puede ni
levantarse. Esa pastilla tiene un efecto lúgubre, como lo tienen
esas drogas que recetan a los locos para que se calmen, pero que,
al final, lo que hacen es matarles el alma y succionar su mirada
presente y animal sobre las cosas. Esa droga también le mata el
alma a mi gato; sus ojos ya no reflejan la fiereza del enigma, ahora aturdida por la técnica autómata de la ciencia. Ayer lo saqué al
jardín y lo vi tan feliz y tranquilo que no fui capaz de dársela.
Afortunadamente la veterinaria estuvo de acuerdo. Chakra está
en la casa de la mamá de los niños de £. Extraño a esa gata más
que a cualquier ser humano que haya querido. Cholo explora el
jardín con cautela, como temiendo que salga ella, mi brujita,
detrás de alguna mata.

Chakra rechazó a Cholo desde el primer día que lo vio y ha defendido su territorio con uñas y dientes. Siento que la hembrez de Chakra ganó esta batalla. Lo venció a él.

Por estos días no tengo vida sino para el animal; ni siquiera siento remordimiento de que nada más me importe tanto. Afortunadamente ahora no estoy trabajando porque no sería capaz de irme a ningún lado.

Cholo mejora día a día.

Enero cjfjdjd

Esa mañana le dijo que él no era un mueble con el que ella debía cargar. La verdad, es que así lo sentía ella: un peso que tenía que arrastrar a todos lados.

Tú, tan capaz de correr ardiendo por las venas frías de los circuitos que no se dilatan ni respiran, que no sangran ni sudan, hace días eres una lengua muerta. ¡Ya no te escribes! Entonces ¿qué sentido tienes? ¿Qué sentidos? Ya no oigo tu letra, ni huelo tus signos ni tus números. No te agitas en el cobre y el silicio de tus caracteres revoltosos. Mis espacios brillan de hastío y mi deseo casi olvida cómo decirse. ¿Qué tocarán tus dedos más allá del plástico y el vidrio? Los míos palpan mi carne agotada de no leerte en ella y acarician mis ojos insomnes, de repente, encandilados: «¿Cómo estás?», resucitas. Mi «estado» responde: «¡Muriéndome!».

Febrero 73)37

Vi un artículo sobre Steinbeck, premio nobel norteamericano, en el que se refiere al diario que escribió cuando estaba trabajando en *Las uvas de la ira*, libro que no he leído. Ahí mismo me dieron ganas de seguir con este diario. Ya me ha pasado que, cuando leo textos que he escrito despreocupadamente sobre diferentes momentos de mi vida, me parecen más interesantes que las columnas que escribo con tanto cuidado, tan ansiosa por sonar bien, por verme bien «escribiendo». Cuando escribo sin que me importe cómo me leen otros, lo menos perfecto resulta más honesto. Tratar de ser perfecto puede ser el principio de la mediocridad.

Con «una vida grande» me refiero a ese transcurrir aparatoso y físico que conlleva cultivar altas expectativas como profesional —en mi caso, como actriz—, como mujer, y hasta con mi propio cuerpo. En esta cultura de la deuda y del éxito económico hay que dar resultados, tal como ocurre en una empresa cualquiera. Una vida grande (¿o agrandada?) es como un almacén de compraventa que demanda mucha actividad comercial y promocional, y que debe producir ganancias. Todo en ella es imagen y vigencia; todavía más importante que ser triunfadores es dar la impresión de serlo, y tener lista la respuesta a la pregunta que circula entre todos: «¿Y ahora qué estás haciendo?».

En aquello que estoy llamando caprichosamente «vida grande» hay toda una teatralización del «hacer»; ese hacer angustioso que hay que poner en escena frente a los demás; nunca antes había sido tan importante el público para el ejercicio cotidiano de vivir.

La mujer, como personaje de esta vida magnificada y estridente, tiene que sobreactuar hasta su «empoderamiento» pero, en lo posible, mostrarse acompañada (la vida grande teme a la soledad), y aparecer deseable y versátil. En la vida grande se mercadea todo: familia, hijos y el «soy feliz», aunque también el dolor es buena divisa. «Proyectarse» es crucial. Si en esa proyección se puede meter el ítem «cuerpo», ¡mejor!; otro producto más para vender en la tienda de cachivaches. Quienes participamos en el juego exhibicionista que proponen las redes, somos lo más parecido a una ruidosa horda de vendedores ambulantes de nosotros mismos, que podemos hacer de cualquier elemento de nuestro ansioso existir un artículo rentable.

Entiendo que sea necesario y disfrutable para algunos. No soy tan moralista como para situarme fuera de este grupo de vividores de espectáculo, puesto que en Twitter exhibo mi opinión en una vitrina de feria, y a mis dos gatos en una gatonovela, en Instagram. Sin embargo, aspiro a que mi vida se vuelva cada vez más pequeña. Da paz cerrar el ventorrillo. Por lo pronto, quiero seguir estudiando filosofía por internet desde mi casa —mi lugar favorito— y sentirme respirar en privado, aunque sea un rato.

Extraño el contacto simple y directo con lo que me rodea; con aquello que es imposible filmar, fotografiar y publicar. Eso que a nadie produciría interés, que a nadie podría entretener, y que nadie más que yo compraría.

Mi crisis actual tiene que ver con lo poco inteligente que me considero y la impotencia que me da cuando me comparo con los que sí me lo parecen. Hace poco me entrevistó un periodista de un canal extranjero. Hacía rato no aceptaba entrevistas, porque me da miedo meter la pata. He leído y oído tanta verborrea filosófica que tengo un sancocho tremendo en mi cabeza. Me encuentro en medio de una especie de trancón de tráfico de ideas que se anulan unas a otras y, cuando me preguntan sobre algo a cerca de lo que ya he reflexionado, no puedo decir nada, no puedo hablar. ¡Cuántas veces he escuchado conferencias sobre Spinoza! Cuando el periodista lo nombró, no pude añadir nada sobre él; y ya me había preguntado qué cosas leía, y yo le había contestado muy orgullosa: «Filosofía». Me aterra que no puedo retener en la memoria datos concretos. Estoy por concluir que yo oigo y leo para luego olvidar y escribir sobre lo que yo, autónomamente (si es que eso es posible), pienso. Olvido para cuidarme de no repetir lo que piensan otros y convencerme (así sea por fracciones de segundo) de que quien piensa originalmente soy yo, y así congraciarme con la percepción de que «pienso sola». Pero, la verdad, no puedo citar a nadie; a duras penas recuerdo quién dijo qué. No sé si felicitarme o compadecerme por esta facultad de mi memoria que quiere borrarse cuando más quiero recordar. Algo sí recuerdo de mi amigo Nietzsche, cuando dijo que leer a otros idiotiza porque no deja pensar. Supongo que lo dijo irónicamente, pues su erudición era una cosa fuera de este mundo. Ahora recuerdo que en la historia de la filosofía se han registrado pocas mujeres. Yo leo puros hombres; todos misóginos: Schopenhauer, Nietzsche, Marco Aurelio, Aristóteles, Platón. Para todos ellos la mujer es un ser débil, sólo capaz de lagrimear y chismosear.

En el sistema patriarcal, el cuerpo de la mujer es el símbolo erótico con mayor poder. La imagen de una mujer desnuda es altamente inspiradora y perturbadora porque está cargada de metáforas alusivas a la explosión y destrucción de la vida. No resulta raro que el universo femenino active un terror primario en algún lugar de la psiquis masculina.

Joseph Campbell, en su primer tomo de *Las máscaras de Dios*, dice sobre esto: «El miedo a la mujer y el misterio de su maternidad han dejado en el hombre una huella no menos impresionante que la de los miedos y misterios del mundo de la naturaleza». Así mismo, nos cuenta cómo las primeras mitologías conocidas ubican a la mujer como una figura magnífica que se debate entre «la beatitud y el peligro», representada en un motivo recurrente como es la vagina dentada que castra y la mujer naturaleza que da a luz y devora a sus hijos.

También creo que el cuerpo de las mujeres, como cuna de vida y causa de muerte, puede convertirse en una carga difícil de soportar; en un motor de culpa y de sufrimiento. Es un cuerpo que se desgarra todos los meses, que sangra a nuestro pesar y nos avergüenza. (A pocas mujeres les gusta menstruar). Desde ahí es posible mirar con resentimiento al hombre, criatura privilegiada y envidiable (tan sólo en apariencia; el orden patriarcal los jode a ellos también) que parece estar libre de una especie de maldición que nos tocó a las mujeres. «El hombre siempre intuye la peligrosa envidia femenina», también dice Campbell, refiriéndose al miedo infantil a ser castrado que se instala en los primeros años del niño, al ver la diferencia física entre un sexo y otro.

Miren, pues. El miedo a la mujer es tan antiguo como el miedo a la muerte; de hecho, la muerte es femenina.

En la entrevista con el periodista dije muchas babosadas. Me dolieron particularmente dos respuestas. Una, sobre mi película preferida, y otra, sobre Petro y el actual presidente de Colombia. Cuando me preguntan sobre cine, mi ignorancia, de verdad, duele. No sé decir ni siquiera cuál es mi película preferida. Casi es un sacrilegio confesar que no me gusta el cine, cuando es un placer que une a eruditos y analfabetas, aunque el material consumido sea más sofisticado en unos que en otros. A la mayoría de las personas les encanta meterse con todos los sentidos en el mundo de otros para olvidarse completamente de sí mismas. La totalidad envolvente de una película invade el presente como lo hace una meditación, momento en el cual uno se desembaraza de sí mismo. Ver una película con todo el cuerpo puede ser un verdadero acto de entrega. Le ponemos «pausa» al yo. Eso es encomiable.

¿Pero cómo que a una actriz no le gusta el cine? No hay «intelectual» que no sea adicto al cine, probablemente la forma de arte más completa posible, pues en ella confluyen las demás. No me siento orgullosa de admitir esto. Tal vez deba hablarlo en una columna.

Me preocupa que no me interese ver películas o esas series que vuelven loca a la gente y de las que todos hablan. Tampoco ir al cine. Es casi imperdonable que una actriz diga algo así. No es que no me guste; mi pecado no llega a ese nivel. De las personas que admiro por su sensibilidad y refinamiento intelectual, no conozco una que no se apasione por esa forma de arte, la más completa posible, quizá porque en ella confluyen las demás. No me siento orgullosa de admitir mi desgano. Sin embargo, este sincericidio puede ser interesante de analizar.

Por lo general, me duermo. (Curiosamente, una de las que me mantuvo despierta fue la hermosísima *Roma*, una película en la que otros se aburren dizque «porque no pasa nada»; opino todo lo contrario).

Por eso no puedo decir que no disfruto al máximo las películas que logran atraparme. Entonces, ¿qué pasa? Encuentro una respuesta decepcionante: me da pereza emprender el viaje. El mundo está tan saturado de pantallas y de música que me agoto antes de apostarles a las producciones que me recomiendan. A veces creo que debería hacer un esfuerzo, pero qué triste categoría para ese placer alegre que une tan democráticamente a eruditos, analfabetas, inteligentes e idiotas. A todos ellos —me incluyo entre los idiotas que no ven películas—, sin importar si las que prefieren son obras de arte o no, les encanta meterse con todos los sentidos en historias de otros, olvidarse completamente de sí mismos y que la totalidad envolvente y mágica de universos distintos los seduzca hasta el éxtasis de una meditación; qué glorioso es desembarazarse del yo. Entiendo que una de las opciones más excitantes de esa inmersión en la ficción es jugar a ser otros; es, probablemente, una manera segura de entregarse con desenfreno a las virtudes y vicios humanos, y también de resucitar (en casi todas las películas, malas y buenas, los espectadores viven la muerte y salen ilesos de la experiencia). Por fortuna, para los aturdidos como yo, hay otras fuentes de dónde beber belleza, catástrofes, culturas y emociones ajenas mientras tanto. No sé si mi resistencia tenga que ver con la relación tormentosa que, como actriz, he tenido siempre con mi profesión, o si es sólo una necesidad de silencio muy aguda. Sé de lo que me pierdo. Espero que se me pase.

He debido decir *Roma* cuando el periodista me preguntó por mi película preferida. Habría quedado «como una princesa», ahora que está nominada a diez Óscares. Pero no. Dije *Match Point*, de Woody Allen, porque fue lo primero que se me pasó por la cabeza, como por decir algo y no quedar como lo que verdaderamente soy: una ignorante del cine. Lo que no quiere decir que no haya disfrutado al máximo las películas que me han interesado. Además, no sólo eso; cuando veo una película que me impacta, siento como si hubiera ido a misa, o algo así.

Para aguantar despierta en una película tengo que ir al teatro, pero ya ni eso me da resultado. Paradójicamente, *Roma* la vi acostada en mi cama, lo cual ha podido ser letal; pero no, me mantuve alerta de principio a fin, y eso que era de noche. Yo me duermo a las 9 p. m. ¿Por qué no voy al cine en los teatros? Porque me dan miedo todos los sitios donde se reúne mucha gente y de los cuales, eventualmente, haya que salir en estampida si surge una emergencia. Sé que *Roma* hay que verla en un teatro o en un lugar donde el sonido sea de muy alta calidad. El sonido de *Roma*, según sus críticos, es una de sus glorias. Bueno, entonces ¿por qué no veo películas? Porque me da pereza (he repetido mucho la palabra «pereza» porque, como palabra, me gusta).

Feb. 4737

Hace dos días soñé que estaba acostada en la ladera de una carretera. Me estaba escondiendo de algo o de alguien. Me había atrincherado entre el borde de la carretera y un monte que terminaba en el portón de una casa abandonada. Tuve miedo de ser violada por los hombres que pasarían por ahí. Me acosté sobre la tierra negra y olorosa. Puse un vaso de agua en el borde de la concavidad (lamento no saber las palabras exactas para nombrar cosas como ese borde). Me sentía morir de miedo en el fondo de una barca hecha de tierra. Esa era la forma de la superficie sobre la cual me encontraba escondida, acostada, cuan larga era. En el borde puse el vaso de agua con hielo; el agua se veía transparente y pura, como de manantial. Temía que el vaso me delatara, que alguno de esos hombres lo viera y descubriera que había una mujer escondida en la cuneta de tierra. Una cuneta. Una cuna. Quité el vaso. Pasó un hombre. Me levanté, queriendo actuar normalmente, fingiendo no tener miedo. Temía despertar su deseo por mí. Era de noche. Me paré; escalé el suave altozano, el alcor, el collado (o como se llame) y, al conquistar la cima, llegué al portón dañado. El portón era ancho y las tablas de las batientes estaban desprendidas; se veían viejas. Había caminado hasta ahí con la esperanza de que, en cualquier momento, podía pedir auxilio o refugio, pero me di cuenta de que no había nadie. Descubrí que estaba completamente indefensa. Un transeúnte, un campesino, con sombrero, carriel y machete, siguió de largo. Me ignoró. Yo me quedé mirando el horizonte dividido por la carretera destapada que me llevaría a Santa Bárbara, la hacienda madre de mis vacaciones infantiles. Había elegido esconderme y acostarme ahí en esa cuneta. Quería correr el riesgo de estar ahí, pero me acobardé; empecé a caminar con dificultad. Vi que mi anhelo era insensato.

Florentina, mi psicoanalista infantil, analizaba mis sueños. Me encantaba. Aunque el psicoanálisis sea considerado por algunos una pseudociencia, no veo por qué no pueda ser un medio de sanación, como el arte, por ejemplo. El hecho de que no sea una ciencia dura, como la medicina, no deja de tener un efecto terapéutico. Puede que el psicoanálisis sea pura literatura, pero quién dice que la literatura no cura almas o no es capaz de revelar verdades.

El psicoanálisis bien podría ser un género literario. Asimismo, la filosofía, ¿por qué no? Las personas que tenemos buena química con el lenguaje simbólico podemos adoptarlo como una manera de descubrir la poesía intrínseca que hay en todos los sueños. Cuando contamos los sueños podemos hablar en lenguaje poético porque el yo consciente —ese personaje que creemos ser y que hemos articulado a punta de repetición e imitación— no interviene. Yo creo que el sueño, ese florecido material inconsciente, es poético, necesariamente. Los sueños se encuentran fuera del tiempo lineal y los espacios son multidimensionales. Me gusta pensar que podemos sentirnos poetas si contamos un sueño tal como nos lo presenta el inconsciente. Teniendo en cuenta, eso sí, que ya en la consciencia el sueño no es el mismo; toca «ayudarle» con el recuerdo consciente, otra de las formas de la invención. El sueño es huidizo. Parece que otro soñara y bromeara con nosotros de forma cruel, escondiendo detalles que sabe importantes. Olvidar lo que hemos soñado es el juego que nos propone el inconsciente en su danza pícara de no dejarse atrapar. Lo olvidado es —siempre— lo más revelador del sueño. De pronto, un día cualquiera, a propósito de otra cosa, aparece traviesamente ese retazo de sueño en nuestra memoria, para indicarnos por qué lo habíamos olvidado. Los sueños proceden de una parte obliterada de ese yo que construimos en la consciencia. Tal vez el sueño nos revela ese profundo «otro» que habita escondido en una cuneta de la mente. El sueño está en un lugar que no ocupa espacio. El volumen del sueño es su impacto en nuestro recuerdo. El soñador está sometido a su propio enigma.

Me encuentro en el antejardín de la casa de J, mi amiga de infancia. Estoy sola. De lejos, veo venir por el andén a un anciano limosnero que arrastra un costal y sostiene un machete en la mano. (Ahora recuerdo que a mis hermanos y a mí nos cuidaban unas mujeres que siempre nos asustaban con que si nos portábamos mal vendría «el viejito del costal» a llevarnos. No decían adónde ni qué nos ocurriría al ser secuestrados por el viejo). El hombre se acerca más, usa un sombrero de paja deshilachado, es pleno mediodía. Cali, mi ciudad natal, hierve a esa hora. Soy consciente de que sueño; quiero despertar o escapar, pero no puedo moverme. El anciano llega hasta donde estoy y me corta una pierna de un machetazo. Alcanzo a pegar un grito y pedir ayuda antes de abrir los ojos.

Qué temerario es tratar de descifrarse uno mismo a través de símbolos que un alguien completamente desconocido construye a escondidas.

Este sueño parece ilustrar, de manera casi literal, la famosa teoría freudiana sobre el complejo de castración, que siempre me ha entrado en reversa (supuestamente, la castración es paso obligado en el proceso de elaboración psíquica de la masculinidad y la feminidad, según el psicoanálisis).

Antes de saber que esa hipótesis existía, y sin que nadie me lo hubiera inculcado explícitamente, asumí que ser una niña suponía una especie de defecto y, hasta hace muy poco, me costó desembarazarme de la sensación de que ser mujer es humillante e indigno. Siempre me sentí menos valiosa que cualquier hombre, así fuera el más imbécil.

Este sueño tiene una textura desleída, como de foto antigua lavada o sobreexpuesta, probablemente debido al desgaste que resulta del venir a mi memoria una y otra vez. Emite una luz intermitente; sus destellos vienen de un antiguo proyector que me muestra la imagen del andén con sus parches de pasto recién cortado, húmedo y perfumado. El sueño quiere decirme cosas que no me sirven ya para nada, pero sus signos siguen ahí, obstinados, como los locos que repiten y repiten lo mismo: el anciano, el sombrero, la luz, Cali, el pasto tibio, mi pierna, mi amiga, el calor, su casa, el jardín, la cuadra del barrio La Flora, La Flora, el olor a leña del viejo, su ropa harapienta, el machete, el zumbido del tajo, el tajo.

Mi amiga fotógrafa, Lisa Palomino, me recomendó un libro que se llama *Variaciones sobre el cuerpo*, de Michel Serres. La tesis de este filósofo francés es, básicamente, que el cuerpo puede tanto que puede hasta el alma. El alma es un subproducto del cuerpo; su transubstanciación.

Leerlo me llevó a pensar que el alma y el espíritu son, o deben ser, «lo más importante» para las religiones. El cuerpo, corruptible y desechable, no tiene religión que lo glorifique; al contrario, es el eterno denostado por ellas.

Cuando soñamos (esto no lo dice Serres; de hecho, me lo estoy inventando, amigos neurocientíficos) el cerebro entra en un modo neutral y de reposo en donde la memoria de impresiones recientes, y menos recientes, se libera de las categorías dentro de las cuales la tenemos clasificada. Al vagar libres por la corriente de circuitos eléctricos del cerebro, se mezclan unas impresiones con otras, aleatoriamente, y producen esas imágenes inquietantes de los sueños, como aquellas donde reconocemos una cara, pero en el sueño le llamamos con otro nombre, o, también, cuando no reconocemos esas caras, pero sabemos (en el sueño) que son nuestro padre o madre, o un amigo o amiga conocida. Las rarezas de los sueños producidas en la profunda e inconsciente fisicalidad de nuestro cuerpo han pasado históricamente por ser mito, profecía y, luego, interpretación psicoanalítica. La lectura que hace el profeta, el sacerdote o el médico psicoanalista es una forma de literatura, de arte, de hermenéutica, o de posverdad más sofisticada; o un modo —quizá caprichoso y forzado— de sacar el sueño de su hermetismo originario. Las imágenes de los sueños no son el acertijo; lo es el enigma del cuerpo que las produce sin que nuestra voluntad consciente pueda intervenir.

Esa voluntad ajena a la nuestra, que hace que el cuerpo ya no sea MI cuerpo sino un material vivo del cual el Yo no dispone siempre, es la misma que gobierna a todos los «existentes». Esa voluntad es como un tipo de chispa eléctrica (¿espíritu?) sin la cual nada desearía seguir existiendo. El alma sería aquella voluntad de vida individualizada por el cuerpo que la comprende en y con todas sus células. Esto lo puede hacer solamente el pensamiento, una función específica de una parte del cuerpo, tan propia suya como orinar o defecar. Pensar, entonces, es dar del cuerpo. Tal vez por eso hablamos tanta mierda.

Sábado 13 455

Fuimos al funeral de B, un amigo de ¶. Fue una ceremonia larga celebrada en un teatro. Su esposa, hijos y amigos hicieron un recorrido por la vida del publicista fallecido, compartiendo con la audiencia anécdotas y momentos significativos. Todos ellos expresaban sus propios sentimientos hacia B. Le hablaban al cuerpo muerto, engastado en el ataúd más moderno que he visto. Ya me había sorprendido cuando vi entrar a seis muchachos cargándolo por el pasillo de la platea, después de que una presentadora hizo una larga introducción sobre lo que tendría lugar en esa ceremonia. Los discursos fueron magníficos, especialmente el de la viuda, una mujer recia que no se quebró nunca durante la lectura.

Quisiera que me despidieran mis amados sin discursos ni canciones (que ya no podré oír), como a cualquier animal: en silencio.

Ahora estoy leyendo un libro del escritor argentino Pablo Maurette sobre la carne viva. ¿Qué es aquello que anima a la carne? La persona muerta ya no tiene rostro. Éste desaparece cuando «el alma abandona el cuerpo». El rostro es lo que nos abandona cuando morimos.

Qué tal que fuera verdad eso de que los animales dan la vida por uno como hizo Lalo, mi perro, cuando se murió debido al exceso de anestesia; ¡estaba tan solo! Yo, mientras tanto, viajaba, trabajaba y sufría malos amores sin saber qué hacer con la terrible nobleza de ese animal tan grande de cuerpo y alma (era un cruce de san bernardo con fila brasilero). Nunca olvidaré su mirada cuando lo dejé en manos del cirujano que iba a operarlo de un terigio en uno de sus ojos. Me fui cuando ya le estaba haciendo efecto el narcótico. Sus ojos, encapotados, se estaban yendo mientras me miraban desde su naufragio, al tiempo que yo también me hundía en confusiones y desmadres de señora ocupada. «Adiós, sé libre», parecían decirme sus ojos idos, poco a poco, nublándose. Me fui con la certeza de que no lo volvería a ver. Después de unas horas, me avisaron que Lalo no había sobrevivido a la anestesia. Yo sentí que no había sido error de los médicos sino que el perro había sacrificado su vida por mi paz mental. Ni siquiera pude ponerme furiosa con los veterinarios, casi se los agradecí; no tenía suficiente moral para culparlos. Yo no tengo fuerzas para culpar a nadie, realmente; de algún modo siento que la vida ES, y punto. La vida es también su muerte, y eso no es ni feliz ni triste.

Lo más trágico de vivir es no tener a quién echarle la culpa de estar aquí.

En el fondo, me sentí aliviada por los dos y casi no me salieron lágrimas para llorarlo. Sin embargo, el dolor era lacerante y más intenso cuando él estaba vivo, abandonado por mí, en mi casa de la montaña, a la intemperie, bajo el cielo congelado. La visión de la tristeza en la mirada de Lalo nunca me ha dejado. Hoy, de sólo recordarlo, siento un calambre en el corazón.

Jueves 2 &848

Me gané el casting en una película gringa de bajo presupuesto.

Aunque he participado en unas cuantas películas y me le medí a las tablas en un *one woman show*, no me considero una actriz de cine ni, muchísimo menos, una actriz de teatro. Yo insisto en que soy una actriz de telenovela con todas sus letras. Me refiero a la que se grababa casi toda dentro de un único espacio, a tres cámaras, y con el director decidiendo en el mismo instante cuál de ellas debía llevar el hilo de la narración, obturando botones en un cuarto aparte. Quizá porque me sentía tan cómoda en el ámbito cerrado y seguro de un estudio, sin audiencia en vivo y con sus decorados falsos como las casitas de mentira que armábamos mi hermana y yo cuando jugábamos a las muñecas, me cuesta todavía adaptarme al clima solemne de la escena teatral y del emplazamiento cinematográfico. La distancia técnica entre el cine y la televisión se ha acortado; de modo que mi cariño culposo se dirige a la primitiva y ordinaria telenovela, la de las escenografías de cartón y luminarias patéticas sobreactuadas; ese producto chapucero que ignoran los intelectuales: la telenovela, madre innegable de mi carrera profesional.

No voy a tratar de rescatarla de su legendaria cursilería y su mediocridad dramatúrgica —de las que no se escapa ni la mejor en su género— ni negar que el efecto que produce en el ejercicio actoral puede ser tremendamente nocivo.

Como simple operaria, yo gozaba lo peor de ella: hacer treinta escenas en un día y el consiguiente reto de pasar rápidamente de un estado emocional a otro con un nivel de sinceridad aceptable; no salir del estudio (detestaba «los exteriores») y que el cambio en la iluminación de día a noche (nada de atardeceres poéticos ni alboradas) no tomara más de veinte minutos.

En un set teatral o de cine hay cierta pose general por la excesiva expectativa artística y una arrogancia recóndita que suele confundirse con la mística. Aunque no me guste el resultado estético de la telenovela en general —y no quisiera volver a actuar en ninguna por este motivo—, sin mucha vergüenza admito que el melodrama es mi elemento y prefiero no esperar horas en un tráiler para ponerlo en práctica.

Esencialmente, soy una actriz de telenovela porque fuera de su formato me siento desprotegida al tener que sobreponerme a ese fúnebre frío en los huesos que me provoca el público en directo, o a ese intimidante y sagrado «corre cámara… ¡acción!».

Miércoles 8 de mayo

Hubiera querido hacer un diario de esta película sobre un muchacho grafitero que mataron en Miami. El presupuesto es muy bajo y mi papel es secundario. Mis colegas hablan y hablan, ansiosos por triunfar en esta profesión. Nunca he dicho tanta sandez como en estos dos últimos días conversando con mis compañeros. Alguno me preguntó por la situación política de Colombia y sólo me salió hablar pestes de mi país. También me oí planteando una teoría súper alrevesada sobre la relación entre Colombia y Venezuela. Me da pereza repetirla.

¡Oh, Patria!, los hijos del suelo vertieron su sangre por ti / Dios miró y aceptó el holocausto y esa sangre fue germen fecundo / Retiemble en sus centros la tierra al sonoro rugir del cañón / Tu eterno destino por el dedo de Dios se escribió / El sangriento estandarte se ha elevado / Una sangre impura abruma vuestros surcos / Ya el prócer alumbró la senda, alzó a los pueblos por la recta empresa / Que la victoria acuda a sus varoniles acentos y sostenga nuestros brazos vengadores / ¡Florece, Patria! Coronados de gloria vivamos o juremos con gloria morir / La sangre nuestra, la sangre del enemigo bebió / El rojo fulgor de cohetes, las bombas estallando en el aire / la horda arrogante del enemigo en pavoroso silencio reposa / Oh, Señor, nuestro Dios, levántate, dispersa a los enemigos y haz que caigan; confunde sus políticas y frustra sus ardidos trucos / Soldados sin coraza ganaron la victoria, su varonil aliento de escudo les sirvió / Oh, Patria, de sangre y llanto, un río se mira allí correr / ¡Oh, Virgen, que arrancas tus cabellos en agonía / ¡haz justicia sobre la tierra de los libres!

El anterior poema es una colcha de frases de himnos de varias naciones del mundo que, en últimas, aunque haya algunos de mejor calidad que otros, no son más que uno solo:

Patria = Sangre. Armas. Guerra. Venganza. Xenofobia. Dios Padre Alcahueta de las Masacres en Honor a la Muerte. Muera el Otro para que yo viva. Odio al Otro porque no es como yo. El Otro es el enemigo, odiémoslo mal, odiemos todos unidos. Estemos dispuestos a morir por nuestro divino odio. Seamos ese macho joven, fuerte y bien dotado que lo defiende. Él es nosotros: los mejores. La Tierra no es un planeta de todos, es propiedad de algunos y obedece, como toda hembra sometida, a los designios iracundos del Padre. Dios y la Virgen, los «Bonnie and Clyde» del Cielo, son nuestros aliados justicieros; ellos nos ayudan a violentar a otros pueblos que a su vez nos odian; el Otro es un virus que hay que exterminar. ¡Que vivan el amor (odio), la eugenesia y la inmunología, signos sagrados de libertad! Falos, vergas que amenazan, se yerguen, violan y estallan en ríos de sangre. Nosotros, su pueblo, el Hijo sumiso del Padre y de la Madre abierta y herida, cantamos enardecidos a la encantadora barbarie con los ojos vendados. Alcemos la voz de este odio infinito, extremo y santo. ¡Respetemos los símbolos patrios, carajo!

#*paísdemierda*

Haber utilizado esta etiqueta en un trino me valió unos cuantos regaños. El día en que mataron a Jaime Garzón se quedó grabada en la memoria colectiva colombiana la imagen de mi compañero de set, César Augusto Londoño, cuando despidió el *Noticiero 24 Horas* diciendo:

«Y hasta aquí las noticias, país de mierda». En ese momento, muchos de los que lo escuchamos, aunque atónitos, estábamos en completa sintonía con ese sentimiento de impotencia que producen los crímenes de Estado; ese Estado que más parece una trampa para sus ciudadanos que un organismo conformado para protegerlos.

Sí. Algunos nos referimos así a la tierra donde, por casualidad, nacimos, cuando nos sentimos atrapados en un sistema político enfermo, pensado para que no se pueda trabajar dentro de él sin corromperse.

Yo insulto a mi país cuando me doy cuenta de que ése es el país que construimos al elegir a los mismos descarados que pagan votos con aguardiente. También cuando veo que servicios básicos como la salud, la educación, la luz y el agua son mercancía con la que organizaciones criminales, incrustadas en la misma estructura del gobierno, trafican ante los ojos de un pueblo maniatado, y no un derecho que debería ser gratuito para todos, en este planeta desquiciado.

Muchos indignados me señalan que suena muy feo y desagradecido llamar de esa manera a un país que me ha ofrecido trabajo y éxito. Sí, están en lo cierto, suena horrible. Pero decir que soy una de los pocos privilegiados que pueden acceder al bienestar, me suena peor y, además, me produce una vergüenza todavía más profunda. ¿Por qué la mayoría de las personas en Colombia no pueden agradecerle a su «patria querida» tanto como yo? ¿Por qué a otros, en cambio, sí les toca aguantar la traición de una clase política que les arrebata lo mínimo que necesita una persona para vivir, aunque sea «un poco»?

El concepto de nación es otra gran metáfora que hubo que inventar para justificar egos colectivos; cada miembro de la sociedad es su coautor, por eso también entiendo que culpar al sistema por nuestra falta de iniciativa y talento puede llegar a ser no sólo muy cómodo sino irresponsable. Pero, señores, echemos un vistazo a esos lugares tan patrios, pero tan olvidados, que los corruptos siguen privando de agua potable. Si eso no es, literalmente, beber, comer y vivir en la mierda, entonces, ¿de qué país hablamos?

Mafia: «Organización criminal que emplea métodos ilícitos para el logro de sus objetivos y no deja participar a otros en sus actividades». Si a esta definición le cambiamos «ilícitos» por «lícitos», nos quedamos con las muchas estructuras del universo institucional que funcionan así, porque la ley, con frecuencia instrumento de las mafias, las ampara. Qué puede ser más mafioso que el régimen financiero que rige la economía del mundo, concebido para generar deuda y escasez a los que ayudamos a construir la colosal pirámide sobre la cual basa su credo secreto de usura y abuso, y en el que unos pocos ganan billones a costa de intereses inflados por computador. Qué puede haber más mafioso que la guerra, negocio de gran lucro perpetuado por traficantes de armas en complicidad con los bancos que la financian; qué más mafioso que la cuerda de los poderosos cacaos del planeta, hábiles titiriteros de partidos y gobiernos. Los países «civilizados» y pulcros como laboratorios, que guardan en sus bóvedas siniestras el dinero de ladrones de cuello blanco, tampoco podrían escapar de ese adjetivo que escandaliza tanto. No son menos mafiosas que el narcotráfico las fábricas con licencia para vender productos venenosos y causantes de enfermedades mortales, ni quienes los promocionan por televisión con sus jingles estridentes; los mismos que producen medicinas para contrarrestar el daño que hacen. El mundo galopa sobre una moral triturada que no responde a ningún código realmente ético, sino a la codicia insaciable de los que ven ganancias en la miseria ajena. No podía dejar de formar parte de este circuito cerrado y esclavizante nuestra bella Colombia con sus carteles multicolores como reinados de feria, o sea, mafias y más mafias de funcionarios y particulares que surten de arriba a abajo todas las jerarquías posibles de delincuencia legal y no legal, siendo «el parche» del cartel de la salud, por ejemplo, todavía más temible que un atracador a mano armada en plena calle, y más bajo que los proxenetas de la policía, o incluso que cualquier capo de la droga. La maquinaria del engaño público es sofisticada y, por el momento, imposible de desarticular. Será tratar, al menos, de no engañarnos nosotros mismos.

El rodaje es fácil; la directora es una mujer muy gentil y cálida. Me siento cómoda en el set, no sé si es porque la producción es muy modesta. El primer día no había ni café; me enternecen el anhelo y compromiso de toda esta gente. Yo trato de no poner problema; preferí aislarme y permanecer callada después de lo de las sandeces.

Hoy ruedo una escena en la que me avisa la policía que han asesinado a mi hijo. Cuando me toca hacer escenas dramáticas, oigo *Bibo no Aozora*, de Sakamoto, para ponerme en sintonía con el dolor. Quisiera que esa pieza me acompañara a la eternidad si ésta existiera. Sería la única pieza musical que escogería de toda la música que he oído en mi vida. *Bibo no Aozora* suena como una respiración desasosegada, pero cargada, a su vez, de dulzura y ternura infinitas. Su *ostinato*, al principio suave y benévolo, se va convirtiendo, poco a poco, en un pulso ronco y oscuro; los chelos me retuercen los intestinos con una melodía de apoyo que comparo también con una serpiente que los va enrollando y dejando sin aire, o con una sonda que va transitando por todos los caminos del cuerpo sin ignorar ninguno de sus conductos nerviosos y circulatorios. Cuando oigo esa canción sé todo sobre el dolor de la pérdida; sé el amor, sé la belleza y hasta la alegría que habita en el núcleo de la fatalidad. Sakamoto logra hacerme creer que el alma existe. Esa pieza en particular es alma viva. Cuando la oigo, no necesito entender lo que el alma es. Su melodía y armonía son carne y alma indiferenciadamente. Es el monstruoso milagro del ser hecho música.

Mi hijo ha muerto. ¿Cómo se recibe una noticia así?

Las palabras «mi niño» son sangre en la boca.

Jueves 16 de mayo

Como siempre, ella no quiere que venga. Conversaron. Ella no quiere oírlo, siempre la importuna con sus números y cálculos. No tiene ganas de hablar de lo buen hombre que es. Quiere que él exista sin tocarla. En la conversación él dijo algo insólito: que ella, por la salud de la relación, debía hacer un «esfuerzo». Yo le dije a ella: «Por tu propia salud, no lo hagas».

Me duermo siempre muy temprano, sólo que ahora la huelga de hormonas no me da respiro, y su protesta me hace despertar varias veces en la noche, con la piyama emparamada. No es tan simple como tener calores y esos otros síntomas banales de la menopausia que enlistan en cualquier búsqueda de Google. Yo describo mi nuevo estado como un anhelo de la sangre; un clamor de la bilis o un río interno que ha resuelto correr en un sentido inverso al que tenía; una sensación de que falta un mineral o un metal en alguna célula, o en todas. Es un saber recóndito de los órganos que mi pensamiento entiende como una rebelión feroz, una enfermedad o un duelo. Evidentemente, es el anuncio del último tramo del camino. También parece que dentro de mí habitara un duende que se burla y me cambia las reglas del juego cuando creo que he ganado la apuesta que habíamos casado; en ese momento siento frágiles las articulaciones, el corazón y mis emociones.

Por estos días de cuarentena, dentro de mi cuerpo amanece y anochece distinto que en el afuera; también su atmósfera es íntima e independiente. El sol puede brillar intensamente en la punta de las hojas de los árboles, mientras en las selvas de mis venas y tripas llueve para arriba y a cántaros. Otras veces, salgo a caminar por la casa o al jardín durante una noche cerrada y veo soles resplandecientes en las estrellas.

De mi piel para adentro galopa una yegua por fin liberada de su deseo de juventud, pero que no sabe a dónde dirigirse con el poder de su nueva verdad; sólo pega la carrera y se detiene a su gusto, sin «razón». (¡Qué razón podrá haber en lo natural y en lo salvaje!). Cuando la yegua encuentra un buen prado, se queda plácidamente pastando; pero, de pronto, sin aviso, parece que se acordara de perseguir su destino y olvida el verde y el alimento, y sale desbocada como una madre loca buscando a un hijo perdido.

No basta un jinete de fuertes brazos para dominar el animal, cuyo comportamiento y lenguaje enrevesado no comprendo. Se necesitan reemplazos químicos, venenos, o quizá, ayudas más sutiles y aromáticas, un té calmante, una voz interna suave, rezos, meditaciones o un silencio clemente mientras la tormenta amaina, pues esto es lo que me han dicho otras mujeres que han sentido el golpear frenético de los cascos de la yegua: «No es fácil, pero tranquila; eso, como la pandemia, también pasará».

En la entrevista para colombianas.org me oí hablando de cosas de las que no sé si luego me arrepentiré de haber dicho. Conté otra vez lo que me pasó a los ocho años con el conductor del carro de mi papá. Debe ser por ese primer recuerdo que nunca he podido dejar de ver en todos los actos sexuales algo grotesco y feo.

Y la culpa no era mía (tenía ocho años). Ni dónde estaba (dentro de un carro). Ni cómo vestía (un vestido con canesú y cuello redondo). El violador fuiste tú, muchacho. ¿Cuántos años tendrías? Calculo que unos veinticinco. Conducías el carro de mi papá. Siempre me llamó la atención que fueras pecoso y pelirrojo; en Cali no se veía nadie así. «Lo que pasó» contigo no sé si me lo he inventado. Todavía me pregunto si más bien se trata de una fantasía que tuve al sentir tus ojos tan fijos sobre mí aquella tarde en que me estaba bañando en la piscina de la casa de mi tía, con mi hermano y un amigo suyo. Te veías muy acalorado, apoyado en la baranda que rodeaba la terraza; imagino que por eso desabotonaste tu camisa y empezaste a fumar y a pasearte de un extremo al otro. No eras un extraño; llevabas varios meses trabajando para nosotros. Aunque hablabas poco, eras simpático, nos hacías reír; mis papás te tenían confianza, no era la primera vez que «nos cuidabas». Fue ese momento particular en la terraza lo que me hizo desconocerte; esos minutos antes de que me invitaras a «enseñarme a manejar». Te acuclillaste al borde de la piscina y yo nadé hacia ti cuando me hiciste una seña con el dedo para que me acercara. ¿Cómo explicar esa mezcla de miedo y gusto que me producía ser blanco de un interés tan obstinado? Eras delgado como un bailarín. Yo iba a clases de ballet. Claro que quiero aprender a manejar. Ya me visto. Ya me pongo las medias y los zapatos de trabilla. Ahorita la vuelvo a traer, tranquila; la voy a llevar a una calle donde no haya carros, es mejor. ¿Por qué estamos yendo tan lejos? Eh, pero si se va a poner así de nerviosa no va a aprender.

Delante de mí veo una carretera en línea recta. La vía al aeropuerto. Él dobla a la izquierda. Por fin, un camino despejado en medio del valle. Siéntese aquí (sobre tus piernas). Agarre el timón, que yo me encargo de lo demás…

He escrito y hablado sobre esa escena varias veces, violando, a mi vez, la ley moral de la víctima y el victimario. Cuánta indefensión en el niño y la niña que fuimos ese muchacho y yo, cada uno en su tiempo. El violador en nuestro camino no es un individuo sino todo un sistema de abandonos y duelos desiguales encadenados unos a otros. Sigamos gritando, müjeres y hömbres, si eso ayuda a desarmarlo.

Nunca camino desnuda por la casa. Ni siquiera cuando estoy sola. He preferido desnudarme en público o ante una cámara, y no hacerlo frente al amado o al deseado. Sé que seré mirada demasiado de cerca.

¿Por qué no salir desnuda en *SoHo*? Una de las razones que me detuvieron fue imaginarme a un conocido locutor de radio diciendo: «Adivinen quién se nos empelotó» o «les cuento que se nos empelotó La Mencha». Lo que pasa es que tengo serios problemas con la palabra «empelotar». Sí. La usa todo el mundo, lo sé; es una palabra corriente y popular pero, en mi caso, puede fácilmente desdibujar cualquier remota intención artística que pueda haber. Porque confieso que el diablo me ha tentado, que la propuesta indecente se ha producido y que las fotos existen; están impresas y guardadas en caja fuerte.

Las fotos me las hizo el fotógrafo que duerme conmigo desde hace varios años. Un día, después de una sesión que hicimos en Bogotá para la promoción de mi obra teatral *A solas*, nos quedamos en el estudio con la intención de hacer una travesura que resolvimos llamar MARGARITAROSAEROTIKA. Las imágenes nos gustaron tanto que optamos por continuar el tema en diferentes ambientes. ¿Resultado? Aprobado.

Lo primero que se nos pasó por la cabeza fue ofrecer las fotos a *SoHo*, pero la temida y muy probable frase del locutor, fuera de quitarme impulso, como ya dije, me remite a formularme una cantidad de preguntas que darían para otro artículo. Como, por ejemplo: ¿salir desnuda en *SoHo*, como para qué o qué? ¿Será que, por tener los años que tengo, quiero demostrar que «todavía aguanto» o que todavía soy deseable? ¿Que soy sexi? ¿Y eso a quién le importará? ¿Las podré vender por bastante plata? Y así, hasta el infinito de mi ética y antiética.

Ahora me pregunto si me iría mejor con la empelotada que escribiendo. Seguramente sí, quién sabe. Igual, MARGARITAROSAEROTIKA sigue sus correrías diurnas y nocturnas, aéreas y submarinas, en balcones de edificios, en calles misteriosas, en camerinos, y en lugares exuberantes e inhóspitos. En cuanto a la revista *SoHo*, la considero un mejor lugar para desnudar el pensamiento. Desnudar... ese verbo sí suena elegante, y hacerlo con las ideas no es menos atrevido ni menos corporal.

Mi cuerpo también es un objeto con el que golpeo el suelo, llena de rabia y resentimiento. Me preguntaron por mi relación con el placer. Tengo más química con el dolor, la deprivación y la incomodidad, que con los placeres.

No relaciono el sexo con el placer; el orgasmo no es mi sensación placentera favorita. Prefiero comer chocolate y acomodarme en mi frigidez plácida que me llena de una indecible paz. Por mí, que la vida se vaya con sus orgasmos a otra parte.

Tengo una relación personal con el chocolate. Como toda relación larga y sólida que se respete, ha pasado por toda clase de estados: desde los más adictivos hasta los más plácidos. Entre otras cosas, tuvo un comienzo bastante irresponsable, pues una vez fui capaz de medírmele sin miedo a una tableta de Chocolate Sol crudo; imagino que en medio de algún síndrome de abstinencia, porque no encuentro otra explicación. En todo caso, ni las dramáticas consecuencias de haber tocado semejante fondo lograron disminuir mi fascinación por este alimento exótico y esencialmente salvaje, aunque lo vistan de gala en las confiterías del mundo entero. Sólo cuando pude determinar que la calidad y cantidad que consumía eran directamente proporcionales al nivel de ansiedad del momento, supe establecer la diferencia entre un *affaire* desesperado con chocolate chatarra y el amor reposado y discreto por una trufa de champaña. Sé que no soy la única que se ha sentado a calmar una tusa con una caja de chocolates un sábado por la noche viendo televisión. En esa circunstancia, la alienación es tal que da igual un pirulí de los que vienen en papel plateado que un *praliné cru sauvage* de Sprüngli. Ahí lo único que importa es que el cacao haga su trabajo para imponerse sobre la tristeza, como la ciencia lo ha demostrado; precisamente, esa experiencia me ha enseñado que el chocolate es mucho más fiable que una persona, a la hora de consolarnos. Aunque debo confesar que parte del placer es poner a su servicio todos los sentidos para gozarlo en solitario; su disfrute va mucho más allá de esta suerte de onanismo. Cuando deja de ser un paliativo para la soledad, ya se puede decir que la relación con este oscuro objeto del deseo ha llegado a su madurez. Paladearlo con respeto incluye hora, caleta, marca, empaque, ritmo, privacidad y, sobre todo, un estado de ánimo sosegado para que nada distraiga ese encantador efecto, sólo comparable con el del enamoramiento en su estado más puro. Me resulta imposible ignorar tan refinada y noble compañía; de ahí que no me sea extraño afirmar que esto que siento por el chocolate nunca lo he sentido por nadie. Por eso no puedo dejarlo.

Me cansa la obsesión del mundo con el sexo. Bueno, mi rechazo es una forma de darle importancia, me imagino.

Propuse un juego en un tuit que decía: «Esta noche tengo un coctel; qué me aconsejan: ¿me voy con pinta de puta o de primera dama?».

¿Qué traje debe cubrir, o descubrirlas, a ambas? Muchas personas opinaron que «caí muy bajo» al irrespetar a la esposa del presidente. Lejos de haber sido esa mi intención, decidí no respetar, ahí sí, una estructura lingüística sellada por el uso común, cuyo sentido responde a unos motivos que vale la pena revisar. A veces, no nos damos cuenta de lo vigilada y ahorcada que está la voz de la mujer en trampas del lenguaje que erigen una cárcel de valores aplicados solamente a ella. Lo ofensivo parece ser atreverse a forzar el candado de esa cárcel y evidenciar cuánta arbitrariedad alimenta los significados con carga moral. ¿Por qué no indignarse ante el símbolo de la Virgen Santísima? ¿No es insultante para nosotras que nos pongan como ejemplo a una contra-mujer en superlativo cuya sexualidad negada es la garantía de pureza para parir a Dios? ¿Por qué el acento de la virtud está puesto en las relaciones sexuales de la mujer? ¿Será acaso su arma política más temible? Hubo que asociarlo a la bajeza y el asco para hacer de la sexualidad femenina una historia épica de hombres temerosos de perder poder (Dios es hombre, ¿quién lo duda?) y no de mujeres con plena libertad sobre sus cuerpos. Lo de Primera Dama, con todo su recato y sus ridículas mayúsculas, va por los mismos lados de la Virgen. ¡Cuánto nos hubiésemos divertido si una Puta hubiera concebido al Redentor!

Quizá no sea cuestión de usar otras palabras; no sé si intervenir el lenguaje desde la forma sea necesariamente el camino, pero sí cuestionar el contenido de sus leyes para que los cambios de fondo sucedan algún día; y así, «puta», por ejemplo, deje de sonar feo, para fortuna de las damas.

¿Una virgen puta? La primera vez que supe de estas dos palabras juntas fue a propósito de una pregunta que le hice a un amigo madrileño acerca de las groserías. Quería saber cuáles eran sus favoritas, ya que cada persona tiene su propio catálogo. Su respuesta derivó en un asunto todavía más interesante pues, dentro de su lista, como buen español, estaban todos los «me cago en...», seguidos de símbolos religiosos: Dios, la Hostia, el Copón Divino, y también de figuras no menos respetables como, Tus Muertos y la infaltable Tu Madre. De todas las que me refirió con el mismo encabezado, la que más me llamó la atención fue la que terminaba en La Virgen Puta. Y más todavía cuando me contó que en la romería del Rocío, en Huelva, España, donde cada año se le rinde culto a la Virgen patrona del lugar, es común que los hombres, específicamente, entre sus vivas y alabanzas, le dirijan al ícono inmaculado blasfemias como esa.

El tema de las groserías pasó de largo dentro de mis curiosidades y fue sustituido por uno de los paradigmas más utilizados en ellas: la Madre, la Puta Madre, la Madre que te Parió, Malparido, Hijo de Puta. A veces, sólo «la Madre» es suficiente para maldecir.

La Madre es la representación de mujer más completa posible. En la maternidad está consumado su papel en el mundo; es ella la que finalmente dona su cuerpo como asiento de la descendencia humana y la que puede, incluso, llegar a decidirlo. El hecho de ser el blanco más certero para deshonrar a alguien es un indicador de su poderosa importancia como entidad sagrada. ¿En dónde se origina la contradicción que nos tiene presas entre los vértices de vírgenes y putas? ¿Por qué la excelencia del insulto culmina en un «hijo de puta»?

Para el catolicismo, no existió cuerpo de mujer que sirviera para parir al Hijo de Dios. Hubo que crear su negación a través de una mujer pasada por límpido, que no diera a luz con la sangre de sus vísceras reales; una mujer ausente de su propio deseo; una madre inconsciente de su sexo, ¡una madre virgen!

La madre virgen insulta más que la virgen puta. Este contrasentido nos tiene ahogadas desde hace siglos en este mar de confusión con respecto a nuestra integridad como género. Es lo que hace que a mí, por ejemplo, me resulte insoportable imaginar cómo me engendró ella, mi madre, la mujer. Como si «ese pedazo» quisiera saltármelo al haberme sido inoculado el anhelo alucinado de ser concebida por obra y gracia de un espíritu higiénico, como le ocurrió al Mesías. Una madre virgen es una mujer absurda con la cual es imposible identificarnos y, gracias a este indigerible recurso, muchos hombres se debaten torpemente en su revoltijo de ideales sobre nuestra pureza; por eso hay algunos que, borrachos de tanta virgen, no tienen la lucidez para detectar, o siquiera preguntarse, dónde está enraizado el pecado de la mujer, y tampoco la capacidad de rescatar su legítima virtud, aunque no se parezca a la Santa Madre de Cristo y se vista y se comporte como una puta.

El amor puro debe ser algo parecido a lo que siento por mis animales. El amor hacia hermanos y padres tiene una historia de dolores inconfesados; esperamos mucho unos de otros. Aun los amores humanos más puros están condicionados por una deuda. El que se puede sentir hacia otros seres vivos, no.

Había mucha agua. No sé exactamente dónde estábamos cuando te perdí de vista en medio de la debacle; la co

rriente arrasaba con todo: animales, ranchos, gente, árboles. De pronto, el mundo se convirtió en un remolino
de objetos alevosos que se volvieron contra nosotros bajo
un cielo de plomo púrpura. Supe que era el fin. Pero antes, mis ojos atónitos midieron la última ola que nos bo-
rró para siempre.

No alcanzo a precisar quiénes éramos ni qué tipo de
lazo nos unía entonces; sólo puedo decir que te me habías clavado en el corazón como un tallo de flor, y que
tus dolores crecían sobre los míos. Luego, aquel túnel
del que tengo un recuerdo tan claro como el de la inmi-
sericorde tempestad que nos desapareció. Viajé sola dentro de ese cilindro que parecía no tener boca de salida.
Ya no fui más aquella que devoró la espuma, desmem-
brada de vos, sino una especie de onda, un alma, un
punto de energía buscando concretarse nuevamente. Así
me desplacé por ese pasadizo del tiempo, impulsada fre-
néticamente en línea recta hasta caer en un silencio
seco. Le siguió el primer recuerdo que tengo de ésta, mi
actual vida.

Tengo tres años de edad y acabo de despertar en una
habitación apacible. Soy una niña, he conseguido trans-
formarme otra vez. Desconcertada, experimento la sensación vívida de haberme salvado de una catástrofe; instintivamente me levanto como buscando algo y recorro
la casa sencilla de dos pisos. La temperatura es cálida y
agradable como un vientre materno; una máquina de co-
ser ronronea en la planta baja, la radio está encendida,
alguien tararea notas alegres. Entro en la alcoba donde
duerme tranquilo un niño en su cuna de madera. Voy
hacia él y entre los barrotes introduzco mi brazo y desco-

rro uno de sus párpados con el dedo índice de mi mano derecha.

Este es el segundo recuerdo que me dejó perpleja: haber abierto tus ojos y oír mi propia voz de ultratumba musitar «estás aquí». Te reconoció algo más allá de mí que tal vez ahora entiendo mejor, pues en mi recién reconocida identidad sólo era una niña curiosa queriendo despertar a su hermano. Para aquello que viajó por siglos esperando volverte a encontrar habías sido un milagro. El más bello milagro de todas mis vidas. Ahora sé por qué me horrorizan el agua y las tormentas, y por qué la certeza absoluta de que me dejaría arrastrar de nuevo por ellas con tal de verte feliz.

Mi deseo por el otro se convierte en una humillación. Prefiero estar en el lugar de la que no desea.

No he vuelto a saber de ti. Creo que te moriste y ahora cubren tu rastro los ramos de flores fúnebres que me enviabas. Te vi en una foto del periódico, junto a un candidato a la presidencia. No sé si has envejecido más o nunca te había visto como realmente eres. En la imagen, dos hombres vestidos de saco y corbata sonríen a la cámara con un vaso de whisky en la mano. Reconocí en tus ojos esa misma mirada hueca que no sabe mirar a las mujeres. Tu cara está hinchada por años de cocteles y eventos vergonzosos, en los que se define el frívolo destino de nuestro pobre país, junto a figuras de hombres poderosos y corrompidos, con su ignominia uniformada con más sacos y más corbatas brillosas y ridículas. Eres, para tus detractores, una persona despreciable porque siempre estás del lado del poder y tus amigos son los tres o cuatro millonarios dueños de tierras y de bancos, que diseñan las leyes a su antojo y deciden quién será el que administre nuestra miseria. Nunca he ignorado esa realidad tuya. Lo que ignoro es por qué tu voz me habla de otra alma, que no trasluce en la fotografía ni en tu presencia cruda y física, y me dirige su sonido desde otra instancia no menos real porque la oigo con la misma devoción que cuando acerco una concha de caracol a mi oído creyendo, con toda mi absurda fe, que hay un mar infinito adentro.

El portero me acaba de llamar a decirme que me dejaron unas rosas, esta vez rosadas con visos blancos. Cómo me has enseñado a odiar esa flor. Las rosas que me regalas son el símbolo de lo poco que significo para ti. Las voy a dejar así como vinieron: acostadas en su caja de muerto hasta que se vuelvan polvo.

Me pregunto si, antes del episodio del conductor del carro, alguien, otro hombre, «se metió conmigo» estando yo mucho más pequeña…

Hemos llegado a la casa de doña Florencia, directora de la Oficina de Turismo de Cali. Mi mamá está trabajando para ella en el departamento de relaciones públicas mientras corren, florecientes, los años setenta. A mis dos hermanos y a mí nos asusta venir aquí porque, el otro día, la dueña de esta mansión nos mostró el museo de momias calimas instalado en una de las habitaciones; sin embargo, a veces, cuando tienen reunión, como hoy, que es sábado y el sol está quemando, nos traen para que nos bañemos en la piscina.

Antes de alcanzar la gran puerta de madera atravesamos un jardín encantado, donde los caladios con sus hojas terminadas en punta, anchas y rosadas en el centro, parecen lenguas de reptiles prehistóricos. La vegetación de este lugar es intimidante, densa y masiva; los helechos son explosiones gigantes de un oscuro verdor, y las hojas de los arbustos, colosales orejas de elefante.

Para llamar, mi mamá agarra la manija que golpea la mandíbula de un león tallado en cobre a manera de escudo. Pronto sentimos los pasos de la anfitriona castañeteando contra las baldosas del piso y aparece, como una flor de la sombra, aquella mujer encantadora, risueña y malhablada, de labios muy carnosos y siempre pintados de rojo. Al tiempo que nos saluda con su acostumbrado desparpajo, nos conduce por el kilométrico corredor central, y allá al fondo, como una luz al final del túnel, se ve ocurrir el estallido de los rayos solares sobre el patio ahogado en hiedra, presidido, además, por un caucho retorcido y magnífico. En el centro, como un espejo, reluce el agua quieta de la piscina. «Ve, Emérito, bajate unos mangos y echámeles un ojito a los niños, haceme el favor», le dice Florencia a un muchacho color añil que salió del corazón del bosque con una manguera enrollada en el brazo. Al cabo de unos minutos ya hemos despelucado el agua con nuestros clavados y zambullidas. De vez en cuando me percato de la mirada del joven jardinero, que parece cumplir a rajatabla la orden de su patrona,

confundido en la hondura de esta espesa selva amuralla-
da. Por momentos veo su figura semidesnuda recortada
contra la luz, desplazándose silenciosamente entre el fo-
llaje como una escultura de ébano viviente, acaso com-
pletando las piezas del museo antropológico que es toda
esta casa.

Hemos decidido jugar al escondite. Mi hermano está
contando del uno al veinte, y yo voy a ocultarme cerca de
uno de los palos de mango, al amparo de unas ramas
de cintas y culantrillos que caen frente a mí como cortinas señoriales. De repente, como un venado que pre-
siente el peligro sin saber de dónde procede, me giro y
me tropiezo con los ojos negros del hombre. Nuestro
vigía tiene más o menos dieciocho años, está acuclillado
cerca de mí y me hace una seña con el dedo para que
me mantenga en silencio. Voy a cambiar de lugar pero
él me jala del brazo, me sujeta la cara con las dos manos
y pega sus gruesos labios a los míos con la presión de
una ventosa amazónica. Cierro los ojos exprimiendo los
párpados mientras dentro de mi boca, en fracciones de
segundo y con movimientos centrífugos, un molusco
convulsivo, una especie de serpiente sin escamas, amenaza con metérseme por la garganta, excretando un jugo
sanguíneo con sabor a hierro. «No le vaya a decí a nadies
poke voy a su casa y me la robo», me advierte, antes de
desaparecer como un animal veloz que deja el rastro de su
presencia tiritando en las matas. No entiendo lo que ha
hecho. Me levanto con ganas de sumergir la cabeza en
un río y lavarme toda con límpido. Quiero ir con mis
hermanos. Estoy temblando, igual que las campanillas
violeta de este jardín.

Así fue. Mi primer beso me lo robó Emérito, el hijo de la cocinera de la casa de doña Florencia en Cali, cuando yo tenía ocho años. Un beso bastardo y vergonzante que necesitó unas cuantas décadas y un intento de poesía para poderse confesar y así salir de su ignominia. Este tipo de besos puede ser venenoso porque vacuna los labios contra los besos enamorados. No concebía que algún sentimiento pudiera darles altura a formas tan procaces. El acto de besar, «qué cosa atroz», pensé por mucho tiempo.

Tengo un sueño recurrente con una «entidad masculina», un «eso/hombre» que me aprisiona contra él y del que no puedo escapar. Es una cosa-hombre; una bestia que me obliga a estar apretada a él; un hombre-cosa densa que suda y pesa sobre mí como un lingote de hierro. Es un híbrido de sueño y recuerdo. Cuando lo sueño, sé con certeza, dentro del sueño, que estoy recordando un hecho; pero, cuando me despierto, sólo siento que he soñado. En el sueño no puedo gritar. Reconozco la entidad. Es una vivencia primitiva, familiar, conocida por mí, y aún más en la nebulosa que la del chofer, pero también más vívida, mucho más vívida en el sueño; en el sueño se siente real; percibo «eso», eso/hombre; es —o fue— un hombre, aquello que me tocó o se tocó con todo mi cuerpo, entonces pequeño; tan pequeño como el de un bebé. La entidad-hombre es un amasijo de formas retorcidas, pardas, peludas, grotescas y repugnantes. Salgo de la prisión de aquella pesadilla con un aullido que me despierta. Algunas veces ꟹ se despierta y me libera de «eso»; «eso-hombre-cosa-inmunda».

Como él me lo había ordenado la noche anterior, me puse a tratar de organizar el caos que daba gritos en el cuarto contiguo al nuestro. Mientras clasificaba de mala gana sus camisetas talla XL por colores, texturas y olores, alcanzaba a oírlo respirar mientras dormía, aun a través de las puertas y paredes de concreto de la que siempre había sido su casa. Hasta las vigas del techo vibraban con el resuello de bestia hibernando que anticipaba el curso impredecible de su temperamento.

La habitación era un trastero que llevaba años sin que nadie se ocupara de revisarlo; yo había llegado a «su vida» y a esa casa oscura no hacía mucho. Allí seguían, retorciéndose de frío y desidia, su ropa de invierno, sus uniformes de jugador de rugby, chaquetas de cuero, revistas pornográficas, cascos de motociclista, herramientas y armarios con los cajones abarrotados de fotos sueltas. Nunca me habría atrevido a entrar pero, esta vez, a la sombra de un monólogo sobre «cómo debe una mujer acompañar a un hombre», me vi ahí, fuera de mi piel, tocando el desastre con mis propias manos. (Tanto me aterra la idea de tener un alma que algo me calmó confundirme en la inercia e impavidez de aquellos objetos abandonados). Nuestras noches pasaban ante nosotros como gatos lánguidos, hartas de oír las interminables diatribas que él lanzaba contra los «incapaces de amar», grupo en el que empezó a incluirme cuando le dije que no quería tener hijos.

Cada apnea en el ritmo de respiración de este hombre, que roncaba como un cíclope en su caverna, terminaba de congelar el poco aire que circulaba en su casa de ventanas cerradas. En ese mismo espasmo del tiempo que parecía paralizar el mundo, yo detenía mi diligencia

conteniendo el aliento entre sus cosas también desalma-
das, esperando que gruñera o se diera vuelta y cayera con
todo el peso de sus huesos sobre el lado derecho de la
cama, haciendo estruendo como una gran montaña al
derrumbarse.

En la manera de tocar algo que le pertenece a otro
puede estar la respuesta de los que se preguntan por la
identidad, la intensidad, la cantidad o la forma del amor
y el desamor. Vivir con aquel hombre, ese gigante que
resoplaba como un enorme barco de vapor en el cuarto
de al lado, empezaba a parecerse a morir aplastada por su
monte de retórica y de trebejos intocables.

Cómo deseé que nunca se hubiera despertado.

Yo no me siento sola nunca. Si me siento sola no es, en absoluto, una mala noticia. Sé que le sacaré provecho. O será que
como sé que la compañía de ¶ es incondicional, me puedo dar
el lujo de decir esto. Creo que sí, es más por ese lado.

Vanessa Rosales, escritora especializada en crítica cultural, historia y teoría de moda con perspectiva feminista,
tiene un podcast exquisito, llamado *Mujer vestida*. En un
episodio titulado «Mujeres solitarias» hace una reflexión
muy inspiradora sobre la soledad de las mujeres. Com-
parto con ella la apreciación de que esa particular situación ha resultado siempre muy inquietante socialmente.

Nuestra cultura no se ocupa de cultivar la soledad, en
general. Por el contrario, ella es considerada una amenaza y un estado que debe ser breve; en lo posible, evitarse

a toda costa. Asimismo, la soledad femenina tiene connotaciones específicas que todavía la relacionan con el fracaso amoroso, el abandono, el rechazo masculino, y también con la neurosis o la locura.

Puede ser que la soledad prolongada de un hombre o una mujer siempre sea sospechosa. Pero una mujer sola inspira lástima. No tiene quién valide su rol. Parece como si su soledad no pudiera provenir de una voluntad individual sino de la decisión de otro, que la ha dejado y desdeñado. (Todavía algunos creen que un buen insulto es decirle a una mujer «vieja solterona» o «por eso la dejó el marido» o «le falta verga»). Es muy curioso que la soledad de la mujer suponga un mal, una abyección, y no un momento anhelado por ella. Además, a las mujeres se nos enseña a temer una soledad que sólo alude a la dolorosa ausencia de hombre. Esta puede ser una de las razones por las que todavía elegimos soportar agresiones de una pareja, con tal de no formar parte del triste grupo de mujeres solas. Creemos preferible ser atacadas por quienes «nos aman», a asumir el tiempo muerto que precede el júbilo de la liberación.

Nuestra soledad, dice Vanessa, está emparentada con la espera. Me temo que es una espera, en sí misma, violenta. Tanto así que nos conduce a escoger relaciones que perpetúan esa certeza, tan inconsciente y freudiana, que es la de la carencia: el hombre tiene, a la mujer le falta.

La soledad de la mujer en esta sociedad no es un espacio vital, sino algo semejante a una enfermedad deprimente que, históricamente, se ha pretendido «curar» prescribiéndole camisas de fuerza, como el matrimonio, para protegerla de su escasez fundamental.

Mujeres: si queremos desmontar el patriarcado, empecemos por resignificar nuestra soledad. Estar solas no puede seguir produciéndonos vergüenza.

Las relaciones de pareja son tramposas y quitan tiempo.

El hombre llegó como a las cinco de la madrugada. Me desperté al sentirlo sentarse en el extremo opuesto de la cama. Cuando le pregunté cómo le había ido, se me acercó y me miró como podría hacerlo una persona después de muchos orgasmos seguidos. Creo que había tomado algo; una pastilla de éxtasis o algo por el estilo. «No te imaginas la noche que acabo de pasar», me dijo. Enseguida se abandonó sobre el colchón, bocarriba, entrecerrando los ojos, como queriendo revivir algo. Había traído de la calle un humor pesado que invadió enseguida toda la habitación; no sé si lo que me despertó fue ese olor a hombre multiplicado; el humor ácido y almizclado de sudores de otros hombres en su camisa desabotonada y húmeda. Cuando me describió la escena que habían filmado, me dio la impresión de que no era sólo rodarla lo que lo había transformado; él y sus colegas se habían ido a rematar la noche en otra parte. Las palabras que usaba estaban muy bien calculadas; pero tan impregnadas de aquel vaho orgiástico que revelaban, sin quererlo él, su secreto. Cuando se durmió, todavía con la ropa puesta, yo me levanté en seguida, empaqué mis cosas y salí para el aeropuerto. Dejamos de vernos sin resquemores. Cada uno sabía lo que podía esperar del otro. Nos hemos saludado un par de veces por correo. En su último mensaje me contó que va a «alquilar un vientre» porque quiere tener un hijo.

Publicar un diario es de los actos más vanidosos que puede haber. Parece que sólo…
Olvidé lo que iba a escribir.

Hoy releí un pasaje de *Somos luces abismales*, de Carolina Sanín; el que se refiere a la muerte de una amiga suya. «¿Esa otra —viviente y habitante de la muerte, recién nacida— se aloja ahora con los animales? Tal vez mi perra, que está aquí, está también contigo. Me he preguntado si desde ahora hablaré contigo como siempre hablo con ella: sin saber dónde está su pensamiento, sin saber en qué sentido me comprende». Adoro la melodía de ese fragmento; también su ritmo. Sin música no se puede escribir nada. Carolina canta y, cuando la oigo, mi ser quiere cantar con ella.

Su talento para la escritura es una máquina diligente y poderosa, cuyas bisagras y engranajes, divinamente aceitados, no suenan, o tal vez, emiten un sonido maravilloso, único. Es una máquina silenciosa, propia, aprendida y bien comprendida como la de Kafka.

Leí en los *Diarios* de Kafka la descripción de cómo se sentía poner su escritura en marcha: «Este aparejo en mi interior. En algún lugar oculto se mueve una palanquita, uno apenas se da cuenta en el primer instante, y he aquí que ya está en movimiento todo el mecanismo. Sometido a un poder incomprensible, tal como el reloj parece sometido al tiempo, aquí y allá se oyen chasquidos y todas las cadenas, una tras otra, chirrían mientras recorren el tramo que les está prescrito».

Imaginé ese momento en el que el mecanismo empieza a funcionar como si respondiera a una voluntad independiente del artista y que sólo necesita un guiño que signifique «estoy listo». En el caso del escritor, ocurre como si el texto ya estuviera acabado, viviendo y respirando en una instancia distinta. Es la obra entera e impaciente la que revela sus ganas de escribirse. A ella algo le avisa que llegó su hora. Tal vez eso signifique detener el ruido: escribir. «¿De dónde me sale esta perseverancia para escribir sin impulso?», se pregunta.

Sentí que era aquel mecanismo al que se refería Kafka el que también iba marcando en el corazón de la escritora Carolina Sanín su propio compás inexorable.

Al principio de su más reciente libro, *Tu cruz en el cielo desierto*, confiesa cómo se rinde ante el acoso de una historia personal que, como un fruto muy maduro, a través de ella cumplía su destino de dejarse caer y romperse. Reventado, ese fruto desnuda el drama y la impudicia de sus carnes, perfumes y viscosidades desperdiciadas en el suelo de su cuerpo y alma despojados, pero no en el lenguaje, que recogió con elegancia y dulzura todos sus restos.

Cuenta que se apasionó por un poeta chileno que vive en China y que conoció en Twitter. Yo, que la sigo por todos lados, estaba al tanto de que andaba «tragada» y me acordaba muy bien de los trinos que transcribió luego en el libro. Me dispuse a leer como cualquier voyerista. Quise espiar cómo se habían amado esos dos. Pero ella, desde la primera línea, se lleva puesto al lector en el caudal de sus brillantes digresiones y autoanálisis sobre su sentir cotidiano, anudando con ellos un erotismo erudito, bestial y pornográfico.

Los herrajes de su «aparejo» son tan sofisticados que lo santo y lo obsceno brillan con la misma majestad a la luz de la palabra, su amante salvífica, que bajó del cielo para ayudarle a cargar su cruz enamorada.

Leer a Carolina me hizo imaginar el gran carnaval de vida y muerte que se celebra en el fondo de las aguas de los lagos mientras en la superficie serena sólo percibimos la vibración de toda aquella matanza submarina. Carolina también escribe su ser al pie de cada letra, con un manejo suavísimo del idioma. Cada palabra está llena de sí misma, ninguna está puesta porque sí. Escribe con la sintaxis del pensamiento, fiel al orden no lineal de los discursos mentales. Los pensamientos son islas flotantes e inaprensibles que ella, con una gran sencillez, rodea con calma, apoyada en la destreza de su inteligente mirada sobre ellos. En el mismo diario, Kafka cita a Dostoievski: «Método especial de pensar. Impregnado de sentimiento. Todo se siente a sí mismo como pensamiento, incluso lo más impreciso». Eso impreciso que se siente como pensamiento es expresado por Carolina con total claridad. Ella logra alcanzar, con pureza, la expresión de lo impreciso. ¿Será posible? Los pensamientos son siempre imprecisos; sólo la escritura tiene la capacidad de dar la sensación de que no lo son. Pero ella consigue escribir la imprecisión del pensamiento. Lo ordena por instinto de su ser, pero sin quererlo ordenar y sin imponérselo. Dice Kafka: «Sólo de vez en cuando vivo dentro de una palabrita». No estoy de acuerdo con él, pero podría decir que Carolina vive dentro de cada palabra que escribe. En ella la palabra es un mundo que le pertenece y con el cual tiene una relación erótica, apasionada y poética. «Lo último de ella» está en cada palabra.

He empezado el curso de escritura. La profesora (Carolina) puso la siguiente tarea: el arco del día. ¿Qué es un día? Debemos responder con un texto.

Llegué treinta minutos antes. Estaba emocionada de conocer a Carolina. Subí al tercer piso de la librería, una buhardilla donde tendría lugar la sesión. Somos diecisiete. Muchos. Casi en punto, llegó ella. Me sorprendió su actitud juguetona, siempre provocadora. Le gusta enseñar. Yo intervine un par de veces y no pude hablar sin sonrojarme. Ella asentía, nos hacía sentir confianza en el proceso. Cada persona habló de sí misma y de por qué estaba ahí. Yo me la pasé anticipando el momento en que me tocaría presentarme. El corazón se me iba a reventar de latir tan fuerte. Balbuceé frases desarticuladas: que soy actriz; que escribo por necesidad y por hábito, y que la escritura empezó siendo una herramienta de la terapia psicoanalítica. Luego dije otra pendejada relacionada con mis columnas de la prensa. Dije que no escribía con la inocencia de antes, como cuando no me imaginaba que alguien me leería. Que había encontrado una fórmula cómoda para escribir esos artículos de opinión (¿fórmula cómoda?, ¿cuál?). Dije que mi opinión ahí era la postura de un personaje. Que no estaba tan convencida de lo que decía (eso es cierto). Replicó que había leído mi libro (*El hombre del teléfono*). Eso me emocionó tanto que luego no entendí las razones que dio para explicarme por qué le había gustado. «Una de las cosas que me gustó de tu libro fue…». Y ahí me perdí, no recuerdo lo que dijo. Nos habló un poco de qué es escribir. «Escribir es ordenar, y crear es separar». Por eso insistía en la claridad. «Se puede ser enigmático y, sin embargo, claro», como pasa en un poema de Nerval que nos leyó. Al final nos puso un ejercicio; el momento de la clase más esperado por mí. Debíamos entregar un texto —de no más de cuatro páginas— en el que trataríamos de ser conscientes del arco dramático en el transcurso de un día. Podríamos, simplemente, reflexionar sobre qué es un día, o escribir a manera de diario; también incluir varios días o aproximarnos al día de una forma impresionista, abstracta.

Yo decidí introducir, en el arco de un solo día, la historia con el psiquiatra que conocí en Londres.

He lidiado mucho con ese texto. Corrijo y corrijo pensando en que me leerá mi maestra. Al final quedó esto:

Abrí los ojos primero que él, como siempre pasaba cuando dormíamos juntos (unos minutos antes de que estallara la voz de Maria Callas, su despertadora de todas las madrugadas). Tuve tiempo suficiente para preguntarme hasta cuándo sería capaz de seguir amaneciendo al lado de este hombre de rasgos femeninos que, a pesar de haberlo conocido varios meses atrás, nunca dejó de parecerme un extraño. Me sorprendía verlo cargar las primeras dos horas de su rutina con los hábitos mañosos del hombre maduro obsesionado con su salud y con una extraviada belleza física que él seguía buscando en el fondo de las vitrinas y los espejos.

A las 6 a. m. en punto irrumpía la Callas, cantando y estremeciendo los rincones de aquel minúsculo laberinto donde él vivía, harto de fotos suyas, frascos y libros. A las 7 a. m. revisaba su contestador, lleno de mensajes de sus pacientes (siempre mujeres). Sobre todas ellas hacía comentarios burlones que, por alguna razón, en su refinadísimo acento catalán, conseguían sonar a diagnósticos médicos. A las 8:30 a. m. salía para el consultorio después de tragarse tres dientes de ajo con un jugo de vegetales.

Me encargó de cerrar el apartamento y entregarle las llaves esa misma noche, cuando nos encontráramos en la entrada del Royal Opera House para ver juntos una función de *Tristán e Isolda*. Esto significaba quedarme de nuevo en su casa, pues el lugar donde me hospedaba era una especie de convento que cerraba sus puertas a las 10 p. m.

Me esperaban muchas horas vacías, como lo eran casi todas desde que había decidido estudiar inglés en Londres. Mis clases semanales no alcanzaban a ocuparse lo suficiente de una mujer tan joven como yo lo era entonces, que no sabía qué hacer con la infinitud que supone el curso de un día, ese angustioso concierto del tiempo en el que se nace y se muere incesantemente.

A media mañana volví a mi hostal para señoritas ubicado frente a la plazoleta de Pembridge Square. Me cambié y le di varias vueltas, corriendo, antes de que llegaran las 12 m. con su sol de invierno, oblicuo y pasado por agua.

Al psiquiatra me lo había presentado una funcionaria de la embajada colombiana, la única persona que yo conocía en Inglaterra y con la que no tenía ninguna confianza. Al poco tiempo, ellos, supuestamente amigos íntimos, tuvieron un disgusto fuerte. La mujer se fue del país y yo busqué protección en la paternal amistad que, al principio, me brindó aquel doctor, caballero culto y erudito, a quien comencé a admirar demasiado pronto. «¿Qué pasó con su amiga?», le pregunté una vez. «Que no tolero la traición; ella para mí está muerta», me contestó. Desde ahí me propuse obedecerle en todo, siempre temerosa de hacer o no hacer algo que lo motivara a aplicarme la misma condena.

Cuando, por fin, dieron las cuatro de la tarde, el hastío y las palomas, que me arrancaron un sándwich de las manos, no me dejaron en paz. Estaba dispuesta a dar un salto al vacío y a no seguir obligándome a pagarle a mi peculiar psiquiatra con algo tan mezquino como el terror al abandono.

El *underground* me dejó en la estación de Covent Garden al filo de las 8 p. m. Había desacatado su mandato de no maquillarme y me puse el mismo vestido negro que me prohibió usar la noche en que lo vi besarse en la boca (apasionadamente) con su hermana. Cuando llegué al teatro, él estaba impaciente, esperándome. Me miró de arriba abajo y me preguntó sarcásticamente, «¿a dónde crees que vas, guapa?». «Sólo vine a traerle las llaves. No quiero tener que dormir con usted cada vez que me invita a alguna parte». El psiquiatra, demudado, no pudo sino replicar en su elegante catalán: «Puta. Ves a la merda».

Fue inevitable complacerlo por última vez. Salí corriendo a buscar ese destino donde fuera que estuviera. No quise tomar el metro; tenía ganas de montarme en un bus y dar vueltas por la ciudad hasta empalagarme de bruma y saborear mi atrevimiento.

Llegué a la residencia antes de la hora límite. Cuando por fin estaba sola en mi habitación, una de las caseras tocó a mi puerta para decirme que bajara a atender una llamada telefónica internacional. Alguien conocido, al otro lado de la línea, llamaba desde Bogotá para ofrecerme mi primer trabajo en televisión. «Nunca la mierda se pareció tanto a una recompensa», pensé, mientras entraba triunfal, por mi ventana, la medianoche.

La segunda clase fue una tortura. Me la pasé anticipando el momento de leer mi texto. Creo que la profesora se dio cuenta de las ganas que tenía de hacerlo. Me conmueve mi propia ansiedad por ganarme la admiración del maestro, igual que me ocurría cuando era niña. Leí. Salí de ahí rápido, sin saliva en la boca y oliendo mal. Sudé mucho.

Soñé que mi profesora iba a visitarme a mi casa. Íbamos a hablar de mi «proyecto de escritura». Ella llega inesperadamente, yo estoy sola. La recibo en mi cuarto. Viene con muchos libros y papeles entre los brazos. Los pone todos sobre la cama. Estoy tremendamente intimidada, no quiero que se note, pero es evidente. Le ofrezco algo de tomar. Al principio dice que nada, luego me pide un té. Bajo a la cocina. El camino de mi cuarto a la cocina es largo, muy muy largo. Sé que mi mamá está encerrada en uno de los cuartos. Quiero presentarle a la profesora. Llego a la cocina muy alterada y confundida; la cocina es enorme, más parece un laboratorio o la cocina de un inmenso hotel; pero ahí no hay nadie más. Empiezo a tratar de preparar el té y de servirme una Coca-Cola con hielo pero no atino a hacer nada. Sirvo más Coca-Colas de las necesarias; he olvidado operar los comandos de la estufa, no sé cómo calentar el agua para el té. Antes de bajar a la cocina, tuve una pequeña conversación con la profesora. Algo sobre mi miedo a publicar lo que escribo. En esa conversación tengo una actitud aduladora; mi timidez es repugnante y excesiva. La misma que siento en clase frente a ella.

Es curioso que la casa donde recibo a la profesora es la casa de ♀. Yo me siento bien en LA CASA DE ♀. No es mi casa. El conocimiento llega a la casa del hombre. La casa paterna. El conocimiento es una entidad masculina. Cuando era niña asumía que los hombres eran más inteligentes que las mujeres. Sin embargo, ella, la mujer del sueño, trae el conocimiento, el saber, los libros y la reflexión a la casa del hombre. Es un sueño reconciliador, pero no entiendo la parte de mi confusión; cuando voy a la cocina, pierdo el rumbo en el trayecto. No sé cómo volver a conectar con ella. Recuerdo que al final del sueño le presento a mi mamá, que aparece como una mujer mayor, enferma; está en bata o en un camisón largo, como el que usaba mi personaje de *El amor y otros demonios* (una enferma terminal de amargura y envidia). Como en los sueños, todos los personajes son una identificación con algo de nosotros mismos, asumo que la enferma soy yo misma agonizando de envidia (¿de la juventud?, ¿de la belleza?, ¿de la erudición?). Me llama la atención que uno de los sentimientos que más aparecen en mis relatos sobre mí misma es la envidia. Voy a tener que escribir más sobre eso. Soy muy envidiosa.

En el sueño presento a la profesora y a la enferma. Se caen bien. Parece que hay esperanza para mí, según este sueño, de salir de mi cárcel de complejos. Espero poder hacerme amiga de la profesora, pues, en principio, siento que no doy la talla para conversar sobre nada con ella.

Anoche bailé mucho en casa de mis padres. Mi madre me dice, mi amor, te ves muy sexi hoy con ese pelo de lado. Yo me río y le digo «sí, una anciana sexi». Ella me interpela: «Pues sí, ser sexi no se opone a la edad. A mí me gusta sentirme sexi con la vida». De ahí en adelante sentí ganas de bailar más y me arrebaté toda. En el único momento en que siento armónico mi cuerpo es cuando bailo. El baile logra reunir las partes de mi cuerpo que no casan.

1-2-3 1-2, 1-2-3 1-2, 1-2-3 1-2. Con esta clave entre pecho y espalda crecí en un lugar donde, desde la mañana, se cuelan los ecos de las congas y el cencerro en cualquier punto de la ciudad, cerca o lejos, a la hora que sea. Son las frecuencias de los sonidos más característicos de lo que reconocemos como SALSA. Seguramente me pasó como cuando, un día, siendo niña, me puse la mano en el pecho y descubrí que tenía un corazón real; no el de los poetas ni el de los enamorados, sino un pedazo de carne que se contraía y expandía sin mi consentimiento, rítmico y contundente. Lo suficientemente contundente como para mantenerme viva.

El latido de Cali sería, sin lugar a dudas, ese «titicó» tan metálico y familiar que damos por sentado quienes vivimos su día a día; esos repiques permanentes, para nosotros tan naturales y casi ignorados por nuestra consciencia, que son el trasfondo de las bocinas de los carros, los gritos de los vendedores ambulantes, el martilleo en las construcciones en proceso, el murmullo del río, y hasta del mismo rumor de la brisa a las cinco de la tarde. En esta sinfonía se gesta el gusto por el contoneo, la rumba, el baile, la fiesta. Es este galimatías de la calle, que cabalga sobre la precisión de un ritmo, lo que mantiene vivo el corazón de Cali. Ya percatada de esto, di gracias al cielo y a la tierra por haber coloreado nuestra cultura con herencias de la raza negra, pues cada punto de este ritmo alude a su origen africano y ancestral. Empecé a deleitarme desde muy temprano observando cómo cambia la expresión de los caleños cuando escuchan un tambor.

Las mujeres que nos cuidaban a mis hermanos y a mí eran siempre negras, lo mismo que las cocineras, de modo que nuestra infancia transcurrió de la mano de aquellas muchachas temperamentales, de dientes blanquísimos, que nos contagiaban su pasión milenaria por el baile. Igual a su sazón saturada de cilantro y pimienta era su modo de combinar los pasos a pie descalzo sobre las baldosas del patio: sensual, arrebatado, sabroso. Ellas hacían arte con su danza y sus recetas. Sus coreografías, tan inocentes y orgánicas, eran virtuosas al extremo, lo mismo que sus platos llenos de secretos y medidas imposibles de repetir, pues cocinaban con un instinto embrujado, condimentando al ojo y sin pensar. Nunca dejé de sentir la misma fascinación por estas imágenes, pese a que sucedían cotidianamente. Tampoco dejé de maravillarme cada vez que veía a nuestra nana, húmeda y lustrosa, deslizar los pies sobre el suelo como quien teje un encaje, al son de aquel latido perenne, titicó, titicó, que crepitaba desde una emisora de radio mal sintonizada; así, de pronto, sin aviso.

Para mí, como caleña, la salsa es mucho más que un género musical, porque la relaciono, inevitablemente, con aquellos momentos de sublime y sencilla maestría por parte de quienes llevan en la sangre semejante grito de libertad. Tengo la esperanza todavía de que, a pesar de mis rasgos claros, haya en mi ancestro algo de negritud; ojalá sea mi pelo, rebelde y rizado, la prueba de que así es, o la sonrisa que se me dibuja sola cuando oigo el tambor, o la certeza de que cuando bailo, como a mi nana, me late el co-

razón «real», pero sobre todo el otro, el de los poetas, el de
los enamorados. Eso también me lo enseñó la salsa.

Fui con ellos a una discoteca en el corazón de Cali; hacía poco habían celebrado sus cuarenta y cinco años de
matrimonio. Sonaba sólo salsa «dura» porque los dueños eran puristas recalcitrantes, nada de vallenatos ni
chucuchucu. Era uno de esos lugares de rumba que concentra a los que gozan el baile pero, sobre todo, a los
que saben bailar. Ahí, se conquista bailando y se baila
la conquista.

La noche ardía, el DJ había tocado varias tandas de
timba cubana que tenían jadeando a los bailantes, como
caballos montados por Changó. De repente, hubo un alto
en la desbocada; la pista quedó vacía, vibrando a un ritmo más lento; un bolero-cha llamó, y acudieron sólo
ellos. Me quedé mirándolos; nunca los había visto bailar
despacio. Él puso su mano derecha justo en el arco de la
espalda de su compañera y ella la suya sobre él, donde se
juntan cuello y hombro. Muy cerca, uno frente al otro
pero sin abrazarse, con los ojos cerrados, empezaron a
moverse serenamente, íntimamente, sin peripecias, si-
guiendo los pasos ciegos de su pareja en un acto de confianza total, obedeciendo con suavidad la síncopa seductora, el compás del son que se encaja en lo oscuro del
vientre. Sus movimientos iban configurando una danza
añeja marcada por el pulso sosegado de dos organismos
que se saben en secreta alianza. Parecía que llevaran no
una, sino muchas vidas dialogando así, en un lenguaje
elocuente y carnal, milenario y sofisticado, exclusivo,

cargado de claves que se descifran unas a otras en una cadena privada que nadie desde afuera conseguiría identificar, pero sí sentir con la vista, aun por encima de la sobriedad de las posturas y la delicadeza de la mano que conducía, con un leve aviso de los dedos, la cintura que los adivinaba.

Cuando dos bailan así, es porque se han olvidado de que están bailando y han abierto espacio a un histórico torrente de lágrimas, risas, cantos y batallas para que sea toda una vida juntos la que baile por ambos. Paso a paso, los vi inventar un arte nuevo que iba más allá de su coreografía refinada, una técnica mucho más precisa que la geometría de sus pisadas: el arte de seguirse y producir una sola entidad danzante que esa noche parecía flotar detrás de un cristal impenetrable para los que, como yo, observamos desde el otro lado a esa exótica criatura que eran dos, uno, ellos.

Tengo las rodillas destrozadas de darme palo en los gimnasios.

—Del 1 al 10, ¿cuánto le duele? —preguntó una enfermera en la sala del postoperatorio.
—15. —Y me desmayé.

Las caras borrosas de los cuatro miembros de mi familia iban despuntando detrás de la nube de Demerol en la que mi consciencia flotaba cuando desperté de la anestesia. Recordé los segundos antes de la operación y la máscara de oxígeno que me iban acomodando mientras la voz del médico me pedía que contara hasta diez. Al llegar a tres, ya el líquido narcótico corría vencedor por todas mis venas sometiéndome a un sueño abisal y penetrante, cercano a lo que parece ser la muerte.

De vuelta a la vigilia, el dolor fue la primera señal (que mi cuerpo dio) de que había escapado con vida de aquel hueco negro del tiempo. Me habían diseccionado la espalda para atajar, a tornillo y cruceta, mi escoliosis lumbar. A los ocho días me envolvieron el torso con unas vendas de yeso chorreante que se solidificó en un corsé al que tuvieron que abrirle una ventana para que no me aplastara los senos. Y así, atrapada en aquella rígida caja de escayola, anduve durante nueve meses mientras mis formas —todavía cambiantes— y mi fuerte temperamento soportaban sus límites a regañadientes.

Por fin llegó el ansiado día en que me retiraron ese aparato, al que ya estaba tan acostumbrada que, sin su peso, tuve la sensación de que iba a volar, provocándome un terror insospechado, e incluso, ganas de que me lo volvieran a poner.

Cuando llegué a la casa quise encerrarme sola en mi cuarto y ver en el espejo el resultado final de tan truculento procedimiento; el pequeño espectáculo privado que era mi cuerpo ya libre de las crueles ortopedias. No me pareció bello; más bien, un resto de otro cuerpo; un estrago provocado por la invasión grosera de las manos cirujanas; un lirio lánguido atravesado por un machetazo.

De ahí en adelante convertí mi cuerpo en un proyecto. Sobre un papel blanco diseñé, con detalle, la figura que quería lograr. Dibujé su contorno con las proporciones y curvas que, a mi gusto, eran las propias; definí el tono de los músculos, la alineación correcta de la espalda, y establecí las medidas que quería mantener. Cuatro años después, mi «obra», aunque no estaba lista, se podía exhibir.

Me sentía orgullosa de haber logrado transformar mi cuerpo en una estructura sólida que produjera placer estético a su autora. Me encargué de hacer de él un trofeo para mí misma y también para demostrarles a los demás la calidad de mi determinación. Esto era digno de exponer, y por eso no tuve pudor para desfilar como reina de belleza, y llevar mi exhibicionismo al límite, usando como motivo del disfraz que debíamos llevar en el Desfile de Carrozas, el escaso taparrabo de la India Catalina. Salí descalza como un animal y me puse de adorno una sola pluma en la cabeza y mi satisfacción.

Para mí la belleza física ha estado ligada a la lucha que he librado por aceptar mi cuerpo, lo cual implicó esfuerzo y una relación íntima con el dolor. Cada progreso que empecé a ver durante mi recuperación era el galardón que recibía por sobreponerme a la tortura de los ejercicios; me acostumbré a pagar ese peaje para merecer sentirme bella. Desde luego, conseguir un cuerpo agradable no era el único requisito que completaba ese estado de gracia. No es extraño que tantos pensadores hayan escrito inmensos tratados sobre el concepto de la belleza, una abstracción que no se puede comprender.

Nunca consideré la belleza como una cualidad gratuita que les corresponde, azarosamente, a algunas cosas en este galimatías de infinitas posibilidades. Para mí es una virtud que sólo extrae la mirada artística, y que se ejercita y se alcanza. No he confiado en los favores que otorga la sociedad por el hecho de apreciar a alguien como bello, pues esto no deja de ser una arbitrariedad sujeta a los cambios en la manera de percibir. Nada me ha sido dado o negado por parecerle bonita a un grupo de personas.

Admito que la manera en que me he educado para experimentar ese placer estético no es precisamente un camino ejemplar, razón por la cual mi proyecto sigue en obra; he tenido que revaluar mis obsesiones y despedir al capataz que se ha encargado de dirigirlo.

No creo que ser bella sea un privilegio. Sentirse bella es toda una conquista de carácter casi moral, y eso sí que lo es.

Me surgió una analogía respecto a cómo he administrado mi cuerpo para venderlo a las expectativas de los demás: he tenido el mismo principio del proxeneta, que saca partido de cuerpos ajenos para lucrarse y al que no le importa el placer íntimo que a éstos se les proporcione, sino el que ellos puedan brindar a quienes los miran, o los compran, o los usan como vía para vender otras cosas.

Nadie me obligó a ser la explotadora de mi propio cuerpo, pero me es inevitable pensar que la milenaria institución patriarcal que nos ha gobernado también ha construido el cuerpo de las mujeres a su medida, para que los hombres se sientan poderosos y reconfortados, así como para satisfacer su «necesidad» de sexo. Aunque elegí no ser madre, como hija —no por completo desobediente— procuré nunca desoír su otra ordenanza. Esa fue mi «libre elección».

Mi proxeneta interior ha sido un verdadero tirano. Sometió ese cuerpo ajeno (el mío) al hambre y a jornadas extenuantes de trabajo y ejercicio físico para lograr un resultado que nunca le satisfacía totalmente; siempre faltaba algo para ser perfecto. Además, estaba convencido de que para cobrar dinero tenía que sacrificar el disfrute de aquel cuerpo. Gozar de la comida, del descanso o del sexo mismo no era parte del plan. Era más importante lograr el mejor efecto en las pantallas para que ese cuerpo luciera bello y así ¡ser deseado!

«A las mujeres debe gustarles ser deseadas», decía mi yo proxeneta, experto en repetir lemas publicitarios. Esas eran las afortunadas. En cambio, las mujeres sedientas de sexo corrían el riesgo de humillarse y verse feas.

Mi yo proxeneta se encargó de enseñarme a no mostrar mi deseo sexual por los hombres que me gustaban. Cuando caía, lo pagaba caro. Acababa sintiéndome inferior o anormal por no tener garantizado un orgasmo; me ofendía que el otro viera alguna vez mi cara desencajada de lujuria, o de hacer, como ellos, esos grotescos movimientos de perro arrecho. Mi yo proxeneta me aconsejaba, eso sí, complacer al cliente —que siempre era el público o mi amado— y, a este último, hacerle creer que ese cuerpo, lejano y frígido, era el feliz espejo de su victoria.

Como actriz, conseguía desafiar el dominio de mi yo proxeneta aceptando papeles de mujer mayor, destruida y desaliñada. Como ser humano, me salvaron los años y mi agotamiento.

«Una reina representa todo lo que no es natural en una mujer». Por culpa de esta frase se formó un alboroto en mi cuenta de Twitter. Algunos me sacaron en cara que, gracias a mi participación en el Reinado Nacional de Belleza, tuve una plataforma para lanzar mi carrera, por lo que mi opinión les resultó ingrata, traicionera y, además, incoherente.

Incoherente hubiera sido permitir que pasaran más de treinta años desde ese entonces y hoy, en mis cincuentas, no reconocer que un reinado de belleza es de las cosas más artificiales que hay. No lo digo por las cirugías que se practican las concursantes modernas para ser más bellas; ni por un segundo defendería mi posición de exreina aduciendo que antes sí éramos naturales. Una mujer real no se contonea ni se peina ni se viste ni se disfraza ni se maquilla ni responde ni sonríe, como se lo exigen en esos certámenes. Allí, la mujer está representando todo el tiempo algo que no es ella. Aparece transformada en una aparatosa parodia de ideal femenino, un personaje producido que se llama «reina de belleza», una impostura sobreactuada hasta el éxtasis. Conceptualmente, todo en la pose de una reina es falso. Lo digo porque yo también hice parte del show y fui tan de mentira como mis compañeras, así me las diera de natural al preferir desfilar descalza en mi traje de India Catalina.

Los reinados pueden ser un trampolín para saltar al estrellato; pero también, para saltar al vacío y estrellarse. La mujer que tiene un rasgo peculiar en su carácter (ni siquiera más inteligencia o un talento artístico) logra salir ilesa de un evento tan degradante como un reinado de belleza. Los reinados, en vez de proclamarse «trampolines» de las carreras de las mujeres, tienen que agradecer que en ellos se presenten mujeres maravillosas que lo que hacen es elevar la categoría de su negocio.

¿Deben acabarse esos concursos? ¡Sí!

Vine con Cholo a Bogotá. Aproveché que tengo el curso de escritura con Carolina Sanín. Convivimos intensamente, él y yo. Un animal puede mostrarnos qué es un ser viviente y lograr que ello, en sí, produzca una hermosura sostenible y digna de soportar. Mis recursos más urgentes ahora son su corazón, su sangre caliente de mamífero, su respiración de «vivo», su gemido de niño, que entiendo porque no quiero entenderlo. Lo veo feliz.

Esta mañana me desperté y, como siempre, me puse a ver cosas en el teléfono; encontré en el correo una muestra del video que grabé para colombianas.org. Después de verme hablando de mi difícil relación con el placer, sobre todo el sexual, de un momento a otro, me dio una crisis de pánico. Caminé por todo el apartamento dudando si llamar a mi hermana. Creí que me iba a dar un ataque al corazón; siento mi cuerpo débil y tembloroso. Pero es domingo. No quiero molestar a nadie. Cholo está conmigo. «No me quiero morir antes que tú, mi amor», le decía. Finalmente me dormí, Cholo también. Nos despertamos a comer y ahora me dispongo a seguir leyendo los diarios de Kafka. También quiero seguir trabajando en el soneto y en el otro ejercicio que nos puso la profesora.

Anoche, mi papá me entregó un cuaderno con poemas suyos. Fue revelador leer algunos. Casi todos escritos en su juventud con un lenguaje clásico, muy apasionados, muchos inspirados por SU joven mujer, mi madre. Hizo varios sonetos. Quise mirar cómo eran los suyos y así, con esa guía, tratar de escribir el de la tarea. Escogí uno titulado «Fulgores». Un soneto perfecto. Fue como conocer a un hombre distinto al padre; el hombre de carne doliente y ardiente que era entonces, y es mi papá.

FULGORES

Hoy de mi vida la alborada inmensa
ha ya perdido el vívido color,
y me ha quedado sólo mi dolor.
Ay, ¡la dicha se va cuando comienza!

De aquellos juegos por la vega extensa
conservo frutecido algún sabor,
del primer beso llevo aún el ardor,
y de esa novia, aún llevo la trenza.

¡Qué tibias horas junto al viejo río!
¡Qué frescas tardes bajo aquella encina,
cuando no andaba el ábrego de estío.

Fulgores sólo de una luz divina.
Oh, tiempo aquel tan lejos del hastío,
¡cuán pronto pasa todo y se termina!

Gerardo de Francisco,
Bogotá, 1957

Escribí mi primer y último soneto. Sólo porque es la tarea del taller de escritura.

El tema me lo inspiró un poema de Horacio Quiroga que adoré y se llama «La loca». El mío se llama «Loca», solamente.

LOCA

Ella es el hada que baila y que arrasa,
la que anda sola y dicen que está loca
porque, desnuda, sus ansias sofoca.
«Pobre loca», le dicen cuando pasa.

Mujer endiablada, niña sin casa,
diosa oscura con corazón de roca.
«Qué obscenas esas flores en su boca,
¡bruja loca!», vociferan con guasa.

«¡Sí, soy la loca, sarta de inmorales!
Soy, además, ladrona y asesina.
Robo, mato y me devoro los males

que siempre castiga su ley mezquina.
¡Fuera todos! ¡Malparidos normales!
Bienvenida, yo, loca y bailarina.

Yo, que reniego tanto de mi religión, y cuando pienso en mi mamá, prefiero imaginarla como una virgen.

Ubicación: Calle 19 Norte # 6N-20, Cali. Edificio Santa Mónica. Año 1975. El local de la esquina tiene un letrero que dice, Boutique MERCEDES BAQUERO. Han llegado dos cajas enormes de Nueva York. Dentro de ellas, descuartizados, los cuerpos de cera, cartón piedra o fibra de vidrio, de Bárbara y Teresita, los maniquíes destinados a «vivir» dentro de la vitrina, que exhibirán las piezas diseñadas por mi madre.

Ella había bautizado a aquellas muñecas, como si enredados en los pedazos de torso, piernas y brazos, también hubieran venido sus respectivos nombres, que, por razones mágicas, correspondían a la rubia, Bárbara, y la castaña, Teresita. Ellas, como todo lo que amoblaba la boutique de Mercedes Baquero, eran llamativas, originales y únicas. En los otros almacenes no tenían maniquíes así, manufacturados con tanto detalle, como Bárbara y Teresita. Qué bellamente se asomaban los largos huesos de sus manos y de todo el cuerpo, y los finísimos rasgos de sus caras, cuyos modelos originales tuvieron que haber sido dos portentosas mujeres con sus enigmáticas imperfecciones humanas. Cuando las comparaba con otras, confirmaba que a Bárbara y a Teresita las había creado un verdadero artista.

El proceso de vestirlas era todo un acontecimiento. Los vestidos de jersey de seda, lineales y líquidos, caían como cascadas sobre los delgados cuerpos de las dos estatuas. Entre mi madre y Myriam, su asistente, separaban piernas y caderas, y dislocaban brazos de hombros, para deslizar aquellos vestidos que parecían cortados con filo de diamante, y cosidos con hilos de agua; simples, e imbuidos del genio cuidadoso de Mercedes, a quien tanto castigó su madre, Dora, por recortar figurines de las revistas.

Hoy, entre risas y malabares, Mercedes y Myriam han logrado ajustar el pantalón de bota ancha a la rubia. Mientras tanto, la artista se ha quitado uno de sus anillos, coronado con una gran piedra de malaquita verde-azul, para adornar con él el dedo índice acrílico de Bárbara (a propósito, el gesto más elegante que he visto en mano alguna). De la misma forma, proceden a hacer el ritual para vestir a la morena, hasta que, sencilla y en calma, el cuello de una blusa beige de satín, surcada de botones, descansa sobre la fina clavícula y el pecho casi plano de Teresita.

Hay mucho movimiento en la boutique. Han llamado la atención el par de mujeres acrílicas, tan delicadamente vestidas que casi parece que no tuvieran nada puesto. Mi madre está en la segunda planta y se dirige vehemente a su cortadora estrella, Rosalba, quien se resiste a atravesar con su tijera la muselina indefensa. «Eso, en costura, no se puede hacer, doña Mercedes», asegura. «Lo que no se puede cortar es el instinto y la imaginación», contesta Mercedes.

Y así la veo desplazarse como una mariposa en su jardín de terciopelos, tules, fayas, canutillos, tafetanes, encajes y popelinas, deteniéndose en cada pedaleo de las diestras costureras que terminan convirtiendo las telas en joyas raras y maravillosas.

Mercedes se ha sentado. Sobre su regazo languidece una yarda de encaje azul pavo; lo acaricia como si conociera el duende caprichoso de las hebras; algo le ha dicho al oído, pues se levanta a enhebrar, con una aguja, un terrón de mostacillas tornasoladas, mientras se cala el dedal de plata. Va pegándolas con la maestría de quien sabe unir la verdad de todas las cosas.

Mercedes sueña en la clave del arte; no piensa en la moda; más bien, cuenta algo profundo y apasionado de sí misma. Por ello sus creaciones son generosas con cada mujer como individuo único e irrepetible. Incluso con las que no tienen alma, como Bárbara y Teresita.

Cada persona tiene una relación simple o compleja con su reflejo en el espejo. La mía empezó siendo bastante contradictoria. Desde pequeña fui consciente de mi propia imagen, pues en mi casa había muchos espejos que vivían enamorados de mi mamá, y yo quería parecerme a ella. Aunque no era precisamente un patito feo, lo que veía al otro lado del cristal era a una niña demasiado delgada, pálida y con una melena tan desproporcionada que me comparaba, yo misma, con esas criaturas fantasmagóricas que salían en las películas de terror. Esta analogía no era solamente física; de hecho, me sentía casi transparente, como si la sustancia de mi cuerpo fuera tan sutil como el humo o el polvo, y eso me asustaba. El espejo, entonces, se convirtió en un medio para corroborar que era un ser de carne y hueso.

Empecé a inventar bailarinas, cantantes, hadas y luminarias para seducirlo; princesas ideales que vestía con las pañoletas de seda, los collares y los coloretes que usaba mi madre cuando salía de fiesta. En el fondo del espejo había un reino infinito de posibilidades de ser, un diálogo directo con lo mágico, vidas paralelas, funciones apoteósicas, aplausos.

El espejo se complacía cuando me le ofrecía con todo mi atavío de fantasías, pero no si me asomaba sin ellas; al despertar del ensueño volvía esa sensación de que mi cuerpo era irreal y de que yo era un espíritu aburrido. Estar, sin más, no era suficiente; había que hacer muchas piruetas para ser especial, ojalá maravillosas y extravagantes, y construir en los gimnasios una estructura más sólida y resistente con la que combatir aquella ausencia de corporeidad.

Con el tiempo, el espejo se transmutó en una audiencia que aprobaría o desaprobaría el espectáculo que haría de mi vida. Ante esa versión, aún más exigente y tirana que el espejo primario, he reproducido el mismo juego infantil de máscaras que he exhibido en carnavales y ferias. He tratado de agradar al público, el espejo que me confronta con esa vanidad vergonzante que a veces disfrazo de modestia.

Es curioso que, por estos días, el espejo ya no es el de antes; no me analiza con tanto rigor y olvida señalarme los detalles que debo corregir para gustarle. No es que nos hayamos cansado uno del otro; todavía nos miramos en silencio con recelo, sólo que ya se nos quitaron las ganas de hacernos tanto caso.

30 de dic. 456

He releído las últimas entradas de este diario. Vamos a ver si al escribir sobre cómo me siento por estos días descubro que mi situación ha cambiado en algo. Terminé mi primer cuatrimestre de Filosofía en la UNAD. ¡Logré entrar a la universidad! Viví con entrega total cada asignatura como si fuera mi última oportunidad. Es conmovedora esa señora grande —que soy yo— asombrada como una niña por todo lo que lee y le enseñan. Mis profesores Jorge y Fernán conocen lo suyo y quise cumplirles lo mejor que pude. No he querido escribir para mí, no he sentido ganas. He preferido esmerarme mucho escribiendo ensayos académicos, aprendiendo a hacerlos. Pero me motivé ahora que estoy leyendo a Clarice Lispector. Tengo que escoger ahora si escribir sobre ella o sobre &, por quien tengo el mismo sentimiento de pesar y rabia. Mis manos se quedan quietas ante el teclado, como si empezar a escribir fuera lo mismo que someterme a un detector de mentiras.

Más que una novia, parecía una versión de Ofelia, o una joven Jovita; una novia muerta, antes defraudada y enloquecida por la mezquindad de los hombres. Aquella noche quería blindarse contra ellos y sacrificar su deseo de alcanzarlos. Pretendía sellar en un ritual, exclusivamente femenino, su renuncia a representar el papel que el Padre había querido para Ëlla y para todas las mujeres que pretenden categorizarse como tales. Quería desaprender a la mujer que se había hecho de Ëlla sin su consentimiento. Anhelaba despojarse de la obligación de comportarse como «una mujer», pues ni Ëlla misma sabía (tampoco ahora) lo que eso significaba. Aquella noche, sin embargo, entendía que se estaba rebelando por medio de un acto concreto: una boda sacrílega con otra como Ëlla que, para la ocasión, se había vestido de frac. Ambas estaban espantadas. Cada una desafiaba sus propios demonios al consumar ese acto simbólico que representaba un compromiso real. El de la Ofelia era permanecer al lado de su contraparte a costa de su propia paz mental, pues debía sostener emocionalmente a su compañera (la de frac), para quien se había convertido en su objeto más codiciado; su nueva posesión; el reemplazo insuficiente de alguna pérdida pasada.

La Ofelia nunca dejó de ver a la mujer que contrae matrimonio como alguien que se convierte inmediatamente en un enser más; un objeto que hace parte del contrato y a la que, como premio de consolación, se le ha concedido el título de «reina del hogar», eje alrededor del cual gira el mecanismo de la familia. La mujer debe ser el punto estable; el ojo vigilante de los lazos y la funcionalidad de esa pequeña aldea en donde se desarrolla la vida cotidiana y doméstica de sus habitantes. Es ella la «natural», la que instintivamente cuida a los otros antes que a sí misma porque ésa es su supuesta esencia. Las mujeres son cuidadoras «por naturaleza», se ha dicho. Donar su tiempo a otros y reproducir los mandamientos culturales por los siglos de los siglos son parte del versátil papel que como reproductoras les ha sido asignado como un deber moral incontestable.

Como mujer de estos tiempos, a la Ofelia no le alcanzó la transgresión de una boda contranatura para liberarse. Sin darse cuenta, se ajustó al mismo formato del sometimiento y silenciamiento de su voz y de toda su persona. Su compañera resultó ser una saturación de madre y macho. Socialmente era él, y privadamente, ella. Aquella supuesta «masculinidad» —vestida de frac— estaba representada por una aparente libertad de ser ella misma. Sólo los hombres son libres. Pero algo no terminaba de completarse en el cuadro. La Ofelia, la novia muerta, comenzó a anhelar aquella «libertad de ser» en una clave desconocida.

Ambas perdían agencia frente al Padre: la madre macho, por exceso, y la Ofelia, por defecto.

Ayer me desperté muy temprano, como hago siempre que empiezo a oír a Cholo quejarse. Él sabe que es la hora de su desayuno y comienza a gemir suavecito, y luego, si no respondo, maúlla con más fuerza. Yo bajo y le sirvo su desayuno, muerta de sueño, con tanto amor, ¡con tanta preocupación de que no pase ni un segundo de hambre!

Él está hambriento de ella, de su amor y reconocimiento, quiere ser su héroe. Se queda como un perro pendiente de que su amo le dé una señal —o una orden— para obedecerla, o que, al menos, le devuelva su sentido de ser perro. A ella le dan ganas de humillarlo, patearlo y gritarle que tenga un poco más de dignidad.

Dic. 56778

Ella se imagina a sí misma asistiendo a una sesión con la terapista de €. Ella quiere encargarse de ser su problema, pues parece que € no encuentra muchas razones para ir a un psicólogo. Se imagina lo que diría y la expresión estupefacta de €. Ella diría: «Lo aprecio como persona» (¿qué clase de ridiculez es esa de apreciar a alguien como persona?). Es la frase más tibia que se le puede dedicar a alguien. Ella no ignora su rectitud, ni mucho menos. Ese es su drama. Sin embargo, ella sabe que su orgullo de hombre es lo que no le permite dejarla ir (si te dice «te aprecio como persona, déjalo ir»). Quedaría mal como hombre si ella se fuera con su lástima y su desprecio.

Ella siente lástima de sí misma porque no sabe lo que es «amar de verdad». Le dijo que ella no quiere «amar de verdad» a nadie, y que sí, que es mejor no amar, no desear, y pagar el precio con tedio. Yo, que no sirvo para dar consejos, le di este: ponga la relación en peligro.

Intervenir en el debate feminista —acerca de si las mujeres biológicas son las «verdaderas» mujeres— me ha quemado varias veces y me he excusado por no estar académicamente preparada para la discusión teórica.

Ahora, me pregunto si para afirmar que uno es mujer hay que ir a la universidad; no lo creo, pero tal vez sí haya que estar preparado. Corrijo: preparadas. ¿Para qué? Probablemente para dudar de cualquier condición que pretenda determinar esencialmente al yo mismo; una de ellas sería el sexo biológico. Filosóficamente no tengo problema con dudar hasta de mi propia existencia en este planeta, y aún menos miramientos para cuestionar las categorías absolutas en las que, por cuenta de lo humano, se encajona el mundo; lo humano cada vez es más confuso como concepto. (No tengo ninguna confianza en que esta disertación me lleve a algún lado; así que, si lo hace, será una sorpresa para mí).

La filosofía, más que una disciplina o una «ciencia del espíritu», es una actitud. Para ella, el ser humano es una pregunta, no un hecho consumado. En un ejercicio sobre el género, el interrogante fundamental es qué es ser mujer y qué, hombre, en sentido genérico. Es curioso que, al preguntar por el ser, se responda en términos de sexo o de género.

La mujer incuestionable parece ser aquella que nace con unas características físicas que la convierten en hembra humana, un animal cuyo sexo determina el asiento de la reproducción de la especie. ¿Le estaría prohibido a la filosofía cuestionar la realidad de las hembras de cualquier especie? (Los filósofos ni siquiera se ponen de acuerdo con respecto a lo que la «realidad» es). Para la filosofía no hay preguntas prohibidas, por lo tanto, se puede dudar del sexo biológico como condición del ser de las mujeres y de los hombres, si concedemos que las palabras «hembra» y «macho» denotan unas características heredadas de la repetición y tradición cultural. Yo afirmo que nací hembra pero estaría dispuesta a admitir que, quizá, como pasa con algunas especies, posea algún cromosoma —o gen no descubierto por la ciencia— que me permita mudar de sexo. Es un dislate al que estaría dispuesta a abrirle la puerta de mis verdades posibles. Inadmisible es que no se ponga en duda todo lo dispuesto por las culturas como «natural». La ciencia es una institución política y, como tal, naturaliza lo que conviene al sistema hegemónico que financia sus investigaciones.

En cuanto a la amenaza que sienten las mujeres (que se llaman a sí mismas «verdaderas») ante el peligro de ser borradas por el transactivismo en campos como el jurídico, el médico o el deportivo, entre otros, no veo que haya una posible solución desde la lógica totalitaria que rige a Occidente desde hace milenios (esto me lo hizo pensar Dussel). Si la mujer se erige en un concepto totalitario, entonces habrá siempre un enemigo, un Otro que debe ser excluido por mor del «bien común» de esa totalidad. Occidente es un sistema de pensamiento cuyo fundamento ético es excluyente. Hay un Lo Mismo que propende a la conservación de lo igual a él, llámese Estado, Conocimiento, Ser, Sujeto, Individuo, Dios, Hombre, Mujer. El Otro es el Mal que atenta contra esa totalidad y por eso debe ser apartado, excluido, negado y eliminado. El mundo actual opera bajo este paradigma. Por eso ningún problema recibe un tratamiento estimulante de la diferencia, sino el mandato de silenciar o apagar lo que está perturbando aquello que pretende permanecer igual a sí mismo. La lógica de la totalidad quiere paz total, entendida como eugenesia y eliminación del enemigo, pues, en esa estructura, el enemigo es necesario para asegurar el sistema. Ningún régimen político de los que conocemos oficialmente escapa de este orden. Seguirá habiendo sólo fascismo en el mundo mientras siga existiendo la lógica del enemigo, que es la misma de la totalidad. Tanto el feminismo radical como su antagonista, el transactivismo, si se conciben como totalidades cerradas, entran en esa lógica fascista que tanto daño le ha hecho al mundo (humanidad, plantas, animales, piedras, todo lo que existe). El patriarcado se sigue sirviendo del Hombre como totalidad; establecer la Mujer como totalidad sexual es seguir el mismo camino de exclusión que trazó el patriarcado. Quizá un cambio revolucionario de paradigma sería aquel en donde el Otro sea el principio de toda ética; el Otro y no el «yo mismo», la prioridad de toda acción. Y el Mal, todo aquello que atente contra el Otro (naturaleza, animales, agua, otros, otras, otres) internalizado en cada uno de nosotros.

«Parece como si no existiera yo en este mundo». Esa frase —entre tantas otras del sencillo discurso de María Luisa Fuentes, registrado de la forma más respetuosa en *La señorita María*, documental dirigido por Rubén Mendoza— fue la que más me conmovió.

La historia de esta mujer campesina transgénero es sobrecogedora por la profunda soledad que vive una persona en su situación, al no poder encontrar ningún referente con el que comparar la extraña experiencia de su identidad sexual.

La cámara acompaña el camino de la señorita como un amigo prudente que no quiere entrometerse ni juzgarla; sólo mirarla, y además, celebrar que en este mundo diverso haya seres tan excepcionales. Así, ese ojo sereno la observa, la redime y la incluye, fijándose en lo que María deja ver, que es bastante, aunque sus palabras sean breves. Su sola presencia habla más que ella.

La señorita se sorprende al oírse maldecir mientras cuenta su pasado de violencia y abuso; creo que nunca soñó con poner su rabia en palabras y que alguien estuviera interesado en escucharlas. Así, de una manera gentil, ese testigo que decidió conocerla de cerca, sus pocos amigos y María misma, sin darse cuenta, nos van enseñando una gran lección de perdón y convivencia.

Ella se siente una «completa mujer» y eso no tiene discusión; su completud es interna y natural; el único medio que pudo influenciarla para poner el dedo en la llaga de su verdad no ha sido otro que su propio ser, sin filtros. María siguió su instinto con inocencia y desde esa pureza se bautizó a sí misma con el nombre de la virgen, la mujer impoluta por excelencia.

El tema del género, en esta bella ilustración que hace su realizador, está planteado sin intelectualismos ni intenciones de provocar; ni siquiera de polemizar. Es una foto, muy bien tomada, eso sí, de una realidad incuestionable, simple. Después de verla, resulta obvio que las complicaciones surgen en los prejuicios de quienes quieren meter este dilema en los terrenos grises de lo bueno y lo malo.

Algún día, gracias a la consciencia que generan piezas como ésta, determinar el género no será requisito para valer en una sociedad. Querer saber si alguien es hombre, mujer, intersexual o multisexual, dejará de ser una casilla en los formularios. En el caso de María, ser mujer es una alegría; eso debería bastar para sentir que se existe en este mundo.

Puse un trino que dice: «La relación padres-hijos es espantosa por principio». No hay un conflicto más grande que estar unidos por esa fatalidad ni un amor más condicionado e impuro que ése.

No es la primera vez que me arrepiento de decir las cosas así, como si fueran una sentencia o la última palabra sobre un tema. ¿Desde dónde se puede decir algo así?

Por principio querría decir desde su origen, pues éste está determinado por un evento no convenido por el hijo. El hijo se ve en el mundo, abocado al maravilloso salvajismo de la vida y a la muerte, por «culpa» de sus padres, cuya primera emoción, apenas ven al hijo recién nacido, es un terror fuera de este mundo.

Lo espantoso del lazo padres-hijos es que viene cargado de la insoportable culpa original y que, además, es irreversible; no se puede desanudar, es una condena, una cruz. Pero los padres se sienten muy orgullosos de ser padres antes de conocer al hijo. Se naturalizó la alegría narcisista de traer un hijo al mundo y también la culpa como contraprestación (perdón, padres, no me cabe en la cabeza que dos personas decidan tener hijos como un acto altruista o para bien de la humanidad). Los padres y los hijos están en deuda unos con otros. La deuda es lo que compromete cualquier relación y la convierte en una relación carente de inocencia porque es producto de una transacción originaria. La relación entre padres e hijos es impura (al menos en la cultura de Occidente). Está viciada por el egoísmo y la deuda mutua. El hijo debe hacer algo con la vida que sus padres, tan generosa y concupiscentemente, le dieron, y éstos, a su vez, deben hacer del hijo un espejo de sí mismos, de sus ideales, de sus fantasías. Se sacrificarán —esa es la palabra que más se les oye decir a padres y a hijos— por su educación; dejarán de vivir su propia vida y la entregarán toda por ellos en un acto de heroísmo cristiano y supremo. Unos padres sacrificados por sus hijos ponen el peso de la deuda sobre éstos con «infinito amor». Los padres, por su parte, son hijos también; hijos dolidos que cargan con los hierros del sacrificio de sus respectivos hacedores, en una cadena de deuda eterna. Referirse a los casos particulares de padres e hijos irresponsables no tiene mucho sentido, pues sólo quiero ajustar cuentas con el ejemplo de perfección amorosa en el triángulo padre-madre-hijo. La anomalía no sería más que la confirmación del modelo.

Me gusta «sentirme sola», que no es propiamente decir «estar sola». Mmmm… No estoy segura ya de eso. Sentirse solo es también un modo del infierno. Pero no me preocupa la soledad, la busco ansiosamente, no tolero estar acompañada de personas durante mucho tiempo. Las personas, por lo general, no acompañan; están con uno porque quieren ser escuchadas, quieren sentirse ellas acompañadas, registradas y validadas por uno. Yo me siento más acompañada cuando estoy sola que al lado de otra persona. Mi soledad es celosa; ella es la que me busca con el mismo sigilo de los gatos; tiene mucho que contarme y yo soy su juiciosa escriba. Un animal con su silencio, inmerso en esa especie de eterno presente, acompaña más que alguien que llena los silencios hablando banalidades.

Qué pesado se lee eso de «dar vida». El que da la vida también es el que da la muerte; pero aquí, quien da la vida es LA madre, la mujer. ¡Qué sublime carga! Toda madre, en el fondo, es asesina. Hoy hablé de eso con mi mamá y me dijo, «sí, claro hija, así es. Te lo dice tu madre, que te adora». Toda madre es, en esencia, asesina (no necesariamente una criminal); toda madre es una filicida; es la responsable de arrojar a un ser humano a este mundo a morirse; toda madre condena a su hijo al olvido universal. Lo tira, lo lanza, se deshace de él y luego lo enlaza ajustadamente con su inmensa culpa por haberlo hecho; esa culpa transfusionada y estrogénica que hereda el hijo, quien, en algún momento, se lo echará en cara a la madre, cuando empiecen a acecharlo sus primeros dolores, cuando la madre quiera asfixiarlo con su amor de asesina.

El ämor (el amor concebido y creado por los humanos) puede ser una de las formas de la aniquilación. Es posible que eso sea lo que hagan las mujeres para seguir reproduciendo no sólo hijos, sino la cultura. Creo que el cuerpo de las madres es una de las bisagras de su complejo mecanismo, y lo único que importa es que sus engranajes no chirreen y faciliten su movimiento y funcionamiento. Una madre es un eje sin el cual el padre no podría gravitar por sus órbitas remotas mientras ella se queda quieta y «estable». A las madres se les enseña que su felicidad consiste en verla en otros, y nada las culpa más que pensar en la propia y desear, así sea por unos segundos, nunca haber tenido hijos. Veo que, como mujer, reproduzco el papel de una madre cuya vocación es servir para que otros vivan su identidad y su placer. Eso somos todas las mujeres: madres. Aunque, de dientes para afuera, queramos ser «müjeres», sin saber determinar qué es aquello. No es poca cosa tener dentro del cuerpo unos órganos que hacen posible que otros lleguen a existir. La posibilidad de ser madres nos vuelve a todas madres simbólicas de la humanidad. Un hombre penetrado puede estar siendo feminizado, pero no será jamás una madre; no podrá parir la historia, y eso, tal vez, es su frustración más auténtica. No podrá jamás cargar con ese lapidario símbolo metafísico ni posibilitar el desarrollo de la vida en carne. Si es problemático decir mujer-madre porque hay hombres transgénero que pueden serlo, entonces, tal vez pueda concluir algo así como: la madre (de cualquier género) será la eterna culpable de la historia humana.

La belleza o lo amoroso de cualquier relación sobrevendría al atravesar la dolorosa y trágica verdad que hay en sus raíces. No en tragarse entero un bocado tan grueso como es existir por causa de otro y asumir esa fatalidad como un hecho de ämor. Lo milagroso que encontramos en nuestras relaciones está en atreverse a profanarlas y a sacarles las tripas chorreantes de sangre. Pero una armadura tan intocable como la familia y el amor de familia corre el riesgo de desmoronarse si se la mira muy de cerca. Denostar como lo hago ahora contra el amor obligatorio de padres a hijos es blasfemar. A veces hay que atreverse a hacerlo para que nos liberemos unos a otros, padres e hijos, riéndonos del ridículo que hace la humanidad cuando crea estos símbolos forzados y tan poco representativos de lo que pasa en lo más secreto de la vida común. El amor, si existe, no puede ser un mandamiento.

Una cosa es pensar el cuerpo como un ente indistinto y otra pensar en un cuerpo de mujer. Pensar el mundo o interpretarlo desde el cuerpo de una mujer es casi hacerlo desde la culpa de haberlo parido. La mujer tiene la responsabilidad biológica de parir el mundo. La mujer también teme cargar con eso; es posible que prefiera, a veces, ampararse en la voluntad externa del Estado o de Dios para que no quede en sus manos la decisión de traer «otro mundo» a la vida y a la muerte. La existencia del mundo humano depende de la voluntad femenina. Por eso, a algunas les es más cómodo endilgárselo a Dios. Los varones nacen libres de esa maldición disfrazada de milagro que es «dar a luz»; por eso pueden sentarse desde una gradería de estadio a juzgarnos por nuestra rebeldía como si fueran emperadores de nuestros derechos. El dios de nuestra cultura es un hombre muy cómodo que crea el pensamiento y le impone a la mujer la obligación y el pecado de concretarlo. Si ella se niega a parir, su prodigio queda reducido a la nada.

2 d4456

Ella siguió mi consejo. Fue cruel. Lo obligó a reaccionar ante su pose de poderosa, independiente y superior. Ella se pregunta hasta dónde o hasta cuándo va a permitirse tanta displicencia. Que él no se atreva a confrontarla le produce más rabia y se intensifica todo lo que rechaza de él. Brindaron por el año nuevo, sin más compañía que la trashumancia de aquel estado indefinible y vacilante. Ella lo hizo por una «gran pelea». Deseó eso —para los dos— en el próximo año. Ya la dinamita estaba emplazada, no hacía falta sino una mínima chispa para que explotara todo. Ella no recuerda lo que provocó el estallido. Él, al fin, le confesó que estaba harto y desorientado, y que se sentía inmensamente solo. Ella vio todo derrumbarse. Se sacudió el barro y la tierra y lo vio, de repente, y se vio ella misma, sucia y gris, sin el sol de las mañanas y sin jardín.

Callarse no era una opción. ¿Por qué no nos callamos?

De los ejercicios diarios que mi profesor de actuación, Juan Carlos Corazza, imponía, el que más me inquietaba era el de sentarme frente a frente con un compañero y mirarlo a los ojos, en silencio. Lo que debíamos hacer era advertir todo lo que nos provocara el solo hecho de detenernos en la mirada frontal del otro, ya fuera una reacción emocional o un impulso físico. Nada más. El primer reto era traer toda esa experiencia interna a la consciencia sin expresarlo en palabras o en actos. La segunda parte consistía en decirlo en voz alta, sin juzgarnos y sin intentar ser correctos o bien educados.

Qué difícil me resultaba entregarme a algo tan simple como mirar con franqueza a otra persona. No había modo de acudir al salvador estado del tiempo, o al tráfico sofocante, para disipar la verdadera amenaza en la que pueden convertirse unas pupilas afiladas apuntándole a uno mientras, a través de ellas, se ven pasar pensamientos y luchas indescifrables. Mirar a los ojos a un desconocido de esta forma tan descarnada y obtener como respuesta el mismo escrutinio es como mirarse en el espejo más diáfano y cruel. Es encontrarnos a bocajarro con nuestra indefensión, con lo artificial que puede ser nuestra atesorada personalidad, con la dificultad de salvar el abismo que se oculta detrás de todas nuestras ridículas verdades y conceptos sobre lo que creemos ser. En ese momento descubríamos el vacío de los juicios y lo difícil que nos resultaba soportarlo como testigos del otro. ¡Qué ganas de desviar la mirada o de cubrir tanta desnudez con alguna palabra! Pero luego, pasada la crisis, sobrevenía un alivio cómplice y terminábamos con el alma como recién lavada.

Es verdad que hay silencios horrendos; los que se gestan en la indolencia, en el olvido o en la venganza. Pero hay otros, como el del ejercicio de clase, que revelan hasta qué punto llega nuestra aceptación de lo que hay, sin manipular de ninguna forma. Qué amable es compartir esa quietud serenamente y no sentir la urgencia de llenar espacios con ochenta te amos, cantaletas, justificaciones, repeticiones, letanías y músicas de fondo. No hay nada que hable mejor de la intimidad que un silencio cómodo entre dos personas.

Me pregunto de dónde viene ese temor a quedarnos sin argumentos. Es sospechoso que necesitemos tantos para justificar el hecho humano en esta vida cada vez más incierta. ¿Por qué no nos callamos? ¿Por qué será siempre incómodo el silencio en los ascensores o el de dos personas en una sala de espera que no tienen nada en común? ¿Por qué la urgencia gratuita de decir algo?

La reiteración de los discursos, la repetición de la repetidera, no es sino la ausencia de ese silencio restaurador; el que necesita la inspiración para exhalar, el que necesita la música para hacer más elegantes sus cadencias. Me refiero a ese silencio generoso y absolutamente consciente, pero, sobre todo, valiente y capaz de lograr que un prolongado cruce de miradas devenga en un callarse tan fino como una obra de arte.

Un día ¶ me preguntó: ¿por qué estás conmigo? Le contesté: porque eres «gezellig». Esa palabra holandesa no tiene equivalente en ningún idioma; designa lo «acogedor», lo cálido en el sentido hogareño, hospitalario, lo amoroso que acompaña. *Gezellig* es una reunión de amigos, un lugar sereno, un nido mullido, que protege del frío, y donde se está a gusto; es un abrazo familiar y de buena calidad, es sentirse en casa; una forma de amor sin ruido ni aspavientos; es la media luz a la hora de la cena, el cafecito, la charla por la tarde en la terraza. Esa «razón» le di, porque no le vuelvo a decir «te amo» a ningún hombre.

Cuando iban a la cama, ella se desnudaba y lo buscaba; el sexo era el acta de la noche.

Los abrazos también se catan. La calidad de este usual gesto de cercanía se podría tratar con la misma especificidad y encantadora adjetivación que los enólogos utilizan para describir el vino.

Hay abrazos añejos, robustos, carnosos, llenos de sentido y poder. Son esos abrazos conscientes que saben propinar aquellos que reconocen su verdadera importancia porque tienen una intención concreta. Ese abrazo no es para saludar ni salir del paso; dura un poco más, pues su lapso depende de qué tanto están dispuestas a entregarse las dos personas (no es que no crea en el abrazo entre tres o más, sino que su energía se manifiesta con toda su pureza cuando sucede frontalmente, pecho contra pecho). Saber abandonarse al contacto con el otro, y disfrutarlo, será clave para que naturalmente el abrazo termine siendo curativo, resultado de haberlo dado con total generosidad.

No todos los abrazos verdaderos son tan intensos. Los hay cortos, pero con mucho cuerpo y redondez, como los vinos que acompañan y reconfortan. Hay abrazos traicioneros; también timoratos, tensos, ácidos, temerosos de sentir demasiado cerca el cuerpo del otro. En ocasiones me he lanzado a abrazar irresponsablemente y la consecuencia ha sido un enganche de alambre con que responde la contraparte, por lo cual deduzco que el mío fue un abrazo desmedido e imprudente.

Me llaman la atención los abrazos entre compadres, que condimentan con vigorosas palmadas en la espalda. Me gustan. Yo diría que ese abrazo parcero tiene notas de leña al fuego, con un inicio en la boca de chocolate caliente y un final que recuerda la hierba y los árboles de la infancia.

El abrazo sensual y voluptuoso será aquel que ignora el tiempo y se cuece lentamente en su propio jugo. Ese abrazo dionisíaco, si se da sin prejuicios, será gustoso y el más baquiano para transitar la pasión, que a su vez hace más profundo su dulzor y más rojo el impulso.

A usted, que se tropezó con este texto, le ofrezco un abrazo ligero, dulce y temerario, como los vinos rosados, en apariencia inofensivos, que bailan en las papilas una fiesta furtiva. Con ese aperitivo le doy las gracias por detenerse en estas letras y le deseo mucha paz y felicidad. ¡Salud!

Enero 7, 5677

Estoy leyendo los cuentos de Clarice Lispector.

Además de decir que la relación padres-hijo es espantosa, también dije que, de todas las categorías de amor, quizá sea el amor filial el más condicionado y el más impuro de todos. Sé que blasfemar contra la santísima trinidad de la familia es condenable y canalla para algunos, pero, más que explicarles a otros, quiero explicarme a mí misma por qué digo esto, pues a mí también me inquieta mi opinión, y lo haré aun a costa de encontrar contradicciones en mis argumentos.

El espanto del que hablo se refiere a ese momento en que la fatalidad atraviesa el lazo que no encontrará jamás modo de desanudarse y cuya fuerza de atadura es la culpa. La relación entre padres e hijos comienza con la deuda contraída de los unos para con los otros.

Enero 3737

He luchado mucho con el texto de los padres y los hijos. Parece que quiero justificar lo injustificable, y es trasladar el hecho de que veo dolor y muerte en todo; también en la consabida relación padres-hijo. Mi mamá no está de acuerdo. Me pongo en sus zapatos. La pienso (y la existo) y recuerdo aquella canción que cantaba Mercedes Sosa y que a ella le recordaba a su madre. Una de sus estrofas comenzaba diciendo «la vi saberse bella», y su estribillo, «cuánto trabajo para una mujer saber quedarse sola y envejecer». Hace poco nos mandó a todos una canción por el chat. Parte de la letra decía: «Aunque me esté quedando sordo, aunque me esté quedando ciego, aunque me esté quedando mudo, te haré saber que te quiero». Me la he pasado llorando.

Me recibió con un abrazo que gritaba. Me entregué a la presión rítmica de sus brazos temblorosos mientras sus manos desfallecidas masajeaban mi espalda con pausa y sabiduría. Nos quedamos un rato en silencio sintiendo los latidos de nuestros corazones.

La madre. Cuánta mujer puede haber en un cuerpo que puede parir. Y qué querrá decir eso de «cuánta mujer». Un cuerpo que cede el suyo para alojar otro cuerpo y luego dárselo al mundo, a la tierra, a los demás, es un acto total, trágico e ingrato. El cuerpo de la madre como mujer es inconcebible para un hijo. Cuando la abracé aquella mañana fui consciente, por primera vez, del sexo de mi madre. Pero ¿cómo? Si las madres no tienen sexo para el hijo. La madre es una entidad diferente a una mujer. ¿Cuánta mujer? Tal vez ninguna. La madre y la muerte son hermanas, así como el padre y la ley. La mujer que pare hijos tiene que borrarse, al menos por aquel tiempo consagrado a sellar el vínculo mortal con el hijo. Luego, le es preciso rehacerse del duelo de haber parido porque ha traído a un nuevo condenado; ha consumado la bella maldición que es existir y hacer que otro forme parte de lo vivo. (Si eso no es tener poder, ¿qué más puede serlo?). La madre es la sentencia de alguien que, tarde o temprano, morirá por su culpa. Hay madres que cuando sus hijos sufren no pueden sino castigarse ellas mismas. Mi madre no soporta mi sufrimiento y yo, en cambio, doy por sentado el suyo. El sufrimiento de la madre se esculpe en estatuas de mujeres bañadas en lágrimas que ruegan por sus hijos, muertos o vivos. Las mujeres madres enloquecen de pérdida; pero también existen las que prefieren matarlos o devorarlos. Las madres que no quieren a sus hijos son las mujeres más proscritas de todas. Ellas son las que merecen el peor castigo. Incluso a la fuerza se debe preservar la raza humana. El ämor al hijo: ¿acaso es un amor natural? El ämor humano no sabe que el amor no es humano. ¿Por qué tendría que dotarse de un sentimiento humano el hecho instintivo de reproducir las especies? El abrazo de mi madre me devolvió al origen del universo; al amor que no entiendo.

No parece justo que un ser vivo, sin voz, sienta dolor. Pero cuidado con la palabra «justo». Yo, desde mi minúsculo mundo no comprendido, no entendido, no explicado, diciendo qué es justo y qué no. Me da risa cuando hablan de justicia. La violencia que compone la vida fundamentalmente se impone como un hecho que algunos niegan, pues les parece que todo lo supuestamente natural es justo y bello. Ver a una mujer parir es presenciar la existencia abriéndose en dos en una herida insondable que no dejará de sangrar hasta la muerte. No sé si nacer es bello o justo. Nacer en las «mejores» circunstancias (como las que crean los futuros padres responsables) es antinatural. Entonces, lo natural, en cada época, varía; no es más que otro juicio pavimentado por siglos de repeticiones; lo natural es lo establecido políticamente en su tiempo.

El ser humano transita penosamente el extrañísimo estado de estupor ante su verse aquí; se inventa los porqués y los convierte en instituciones sagradas, religiones, naciones, «lo natural»; todas esas configuraciones forzadas que no hacen sino probar que el hombre no entiende ni entenderá nunca por qué está vivo; su impotencia lo hace erigir armazones de emergencia para protegerse del no entender. Lo natural es no entender.

A los animales, como a las mujeres y a otros cuerpos que poco importan, les ha costado ganarse un puesto como parte vital de esas configuraciones.

Me preguntan qué hace falta para entender a las mujeres adultas. No sé si haya que entenderlas. A las personas habría que respetarlas aunque no se las entienda. Tal vez haga falta revisar nuestra relación con la muerte; la vejez aterra porque remite directamente a la proximidad del fin. En una mujer que envejece está concretado el *summum* de ese terror porque el cuerpo de la mujer es el nido donde la vida prospera. En una mujer vieja, la vida ya no puede anidar y eso es un símbolo trágico y despreciable. En ella, el signo de la muerte es más evidente y significante. Detrás de toda esa rabia que hay en el insulto «vieja», lo que hay es un indecible terror a la muerte.

Sí, estoy envejeciendo, ya sé. Me conmueven aquellas personas que me lo gritan con esa frustración infantil, como si yo, que me despierto conmigo misma y me miro al espejo todos los días, no me diera cuenta.

En esta sociedad colombiana de machos y reinas, la mujer catalogada como bella durante su juventud debe sentir vergüenza de su vejez. Sí, la palabra «debe» es precisa. La mujer bella SE QUEDA CON LA DEUDA DE ser y permanecer joven. Si ella representa ese cliché tan empalagoso que es «la belleza de la mujer colombiana», también NECESITA prepararse para expiarlo. Perdonar el tiempo en la cara y en el cuerpo de una mujer ni siquiera es un reto para este pueblo desesperanzado, y menos si ese cuerpo y esa cara fueron carne de consumo para sus fantasías de telenovela.

Yo me he descubierto sintiéndome culpable por no ser joven. No quiero tomarme fotos porque me veo vieja y me juzgo por eso (el Photoshop es ese mismo juicio social higienizado en formato digital). A mis años, nunca vi tantos cambios físicos como en estos últimos meses, y me cuesta trabajo aceptarlos como a los que se lamentan porque me ven vieja.

Definitivamente, no serviría para escribir un libro de autoayuda proclamando la juventud y belleza interiores. Casi ME OBLIGO A pedir perdón por estar envejeciendo.

Mi cuerpo ha sido una construcción destinada a ser validada por otros y no un objeto de apropiación. Hoy, que ya NO OBEDEZCO A esa obligación, no sé muy bien qué hacer con lo que está quedando de él, pues lo siento ajeno y lejos de mí. A comer sanamente y a hacer gimnasia tendré que encontrarles un sentido propio porque hace rato que mis comidas y ejercicios dejaron de ser prueba de supervivencia en las redes.

El cuerpo de todos es un proyecto trágico; SU PLAN FINAL ES enfermarse y corromperse contra nuestra voluntad. Pero en el cuerpo sangrante de la mujer, esa tragedia es más intensa y comienza más temprano, porque, encima, socialmente se castiga en ella uno de los efectos más brutales de la naturaleza (envejecer), esa que tanto sacralizan los «defensores de la vida». A la mujer se la desnaturaliza al mismo tiempo que se le exige vivir de acuerdo con lo natural. Lo natural va cambiando según lo que conviene políticamente, parece.

El cuerpo de la mujer siempre ha sido un campo minado; la ley no sabe por dónde pisar, y yo, que ahora lo estoy andando por caminos desconocidos, tampoco.

Me levanto desasosegada, leo con angustia a Lispector como tratando de encontrar alguna clave que me perdone mi alma espantosa; algo que me perdone por haber dicho «relación espantosa». Miro el teléfono queriendo que aparezca en la pantalla «mamá» y sea ella, llamándome. He imaginado que mi madre ya no quiere ser mi amiga. No sé si las madres se cansan de los hijos o, simplemente, se protegen de ellos, de su revancha. Mis hermanos son justos, ellos creen que la relación padres-hijos son sólo imperfectas, pero no espantosas. Ningún padre amoroso puede decir que la relación con sus hijos es espantosa. Necesito su perdón. La culpa inmunda. ¿Sí se ve? Es la culpa lo que es espantoso. Está siempre ahí, cobrando su deuda, enrostrando la ingratitud; los he difamado a ellos y a todos los padres del mundo porque escribo para que gente desconocida lea aquello. He dicho algo que los implica directamente. Ha surgido en mí este deseo de acercarme a mis antiguos amigos, ellos, de invitarlos (a mis padres). Quiero borrar mi blasfemia viajando con ellos por el mundo.

Mis razones para no tener hijos fueron todas, desde las más frívolas hasta las más metafísicas, o sea, las mismas que surgen para tenerlos. No soy admiradora de la raza humana; no creo que seamos la última maravilla, y, quizá por esa temprana desilusión, no floreció en mí el anhelo por multiplicarla. No me entusiasmó ver mis genes repetidos en una criatura, para trascender y conseguir ser un poquito menos mortal o vacunarme contra el olvido. Así como no me enternecieron mis muñecas, no vi a mis hijos como lo más hermoso que yo era capaz de crear, ni como el fruto del amor, ni como una gran alternativa para no quedarme sola; tampoco vi en ellos mi deber para sentirme realizada como mujer, ni mi contribución al progreso de la humanidad. La egolatría de nuestra especie causa tantos hijos tristes como la pobreza.

Aun sintiendo de esta forma, celebro las familias felices y amorosas como la mía, y ya perdoné a mi madre por haberme parido. Sin embargo, así como el deseo de tener hijos es un impulso natural que no puede intelectualizarse, también es natural que algunos no recibamos ese llamado. Amar sin apegos, profunda e incondicionalmente, es una lección que nos llega a todos, y no hay que superpoblar este torturado mundo para aprenderla.

Viví toda mi infancia en el barrio Normandía de Cali, un apacible grupo de casas agarradas al barranco de una gran loma. No circulaban casi carros por nuestra calle, así que pasábamos mucho tiempo jugando afuera.

Un día, nos sorprendió el vecino que vivía justo al lado —un niño que no pasaba de los seis años— al salir envuelto en una toalla como si fuera un vestido strapless, con tacones y los labios embadurnados de colorete rojo, gritando a voz en cuello «¡yo quiero ser mujer!». Esta escena se repitió muchas veces. Nunca pude ver la reacción de su mamá —una señora muy bella y exitosa en los negocios— pues el niño, cuando hacía este performance, estaba siempre escoltado por su nana, quien lo dejaba contonearse a gusto y repetir su mantra a media lengua.

No me escandalizaba la transgresión que aquel —casi bebé— hacía, tal vez porque la transparencia con la que pregonaba su deseo resonaba con la mía y la de los otros niños, que no atinaban a juzgar aquello como bueno o malo.

Pero el binarismo adulto ya tenía bien instituido que querer adoptar conductas, gestos y vestimentas contrarios al género asignado por cuenta de nuestro sexo biológico (no ignoro que el sexo «biológico» también puede ser cuestionado), es un problema psicológico. Por eso veíamos a nuestro pequeño vecino practicar su deseada feminidad con más y más lágrimas, haciendo rabietas mientras su niñera lo amonestaba diciendo «¡no más este jueguito!», y lo entraba a la casa contra su voluntad. En algún momento se mudaron y no volvimos a saber de él; hasta que, tres décadas más tarde, cuando mamá e hijo habían creado una empresa que obtuvo reconocimiento mundial, oí en la radio que el muchacho se había suicidado.

Aunque este recuerdo no tenga nada que ver con la tragedia, me arriesgo a afirmar que las normas que se meten con la identidad son las que enferman psicológicamente a la gente al brindar opciones limitadas para manifestar el «sentirse ser» frente al «sí mismo» y a los demás. Los comandos de género son un bozal para la identidad de todos nosotros. Puede ser mucho más perturbador obsesionarse con ser idénticos a una norma que aceptar que somos individuos en tránsito constante, abiertos a la diversidad fluctuante del mundo, que cada vez nos interroga y nos afecta con más contundencia.

Resulta imposible determinar qué es eso de ser hombre o mujer sin caer en arbitrariedades y expresiones de

violencia que pueden llegar a transformar la sabia inocencia de un niño en odio mortal hacia sí mismo.

Los moralistas religiosos viven obsesionados con la sexualidad de la gente. Las diferentes maneras de asumir y
orientar gustos tan privados los confunden y se pegan de
que Dios hizo al hombre y a la mujer así, cóncavos y
convexos, para el natural apareamiento. Puede que bio-
lógicamente seamos complementarios para seguir perpe-
tuando a esta humanidad cada vez más degradada, pero
para amarnos y desearnos unos a otros, ¿qué restricción
puede aplicarse?

    ¿A son de qué toca rendir cuentas y hacer una decla-
ración mediática sobre nuestra orientación sexual? Por
fortuna esta situación se ha ido haciendo menos necesaria. Algún día «salir del clóset» será un término obsoleto,
pues no habrá que surgir de ningún escondite para ser lo
que se es. ¿Desde cuándo se volvió una cuestión ética?
¿Qué habrá llevado a convertirlo en material de discusión para sacerdotes?

Quiero hacer el ejercicio, inútil, tal vez, de convertir este
par de conceptos —izquierda y derecha— en texturas,
sensaciones o imágenes que pueden o no coincidir con
su consideración estrictamente política.

    Yo asocio la derecha con una superficie lisa, con el
metal, con lo frío. La sola palabra derecho, por etimología, conduce a la rectitud; es lo correcto, lo que no se
tuerce, lo que se mantiene rígido. También evoca en mí

los absolutos, los himnos, los ejércitos, los uniformes, las marchas, la música funcional, es decir, sin notas azules ni disonantes. La derecha me arroja un formato, una cuadrícula. Me hace imaginar una mujer recatada, una madre perfecta; la derecha se abotona la blusa hasta el cuello, se mantiene limpia y muy bien peinada. La derecha es una casa con piso de mármol, pulcra, donde vive una familia en la que los padres «forman» a sus hijos de la «mejor» manera; la derecha son los principios morales, lo «bueno», lo que debe ser. Es la disciplina, los horarios fijos, es la orden, el orden, lo ordenado por colores, por tamaños, por clases. La derecha es la certeza, lo perfecto, la religión, el dogma. Es lo seguro, lo controlado. La derecha es la banca, la propiedad privada, el dinero.

La izquierda, la siniestra, vocablo que también se refiere a lo aciago, lo avieso. Su superficie es ondulada, su material es moldeable, es caliente, más líquido. Me sugiere el fuego, un círculo; la izquierda es redonda. Yo la asocio con lo no convencional, lo alternativo, lo curvo. También con lo creativo, con lo artístico, con lo inusual. La izquierda es una música diversa, impredecible, multicultural. También puede ser una mujer bohemia, andrógina o lesbiana, una transexual, una joven rebelde, contestataria, revolucionaria, incendiaria, que se viste «raro». La izquierda es una casa donde vive una familia muy grande; es discusión, asamblea, desorden, pasión; la izquierda es emocional, es una madre despeinada y doliente; es el agro, la pobreza, la protesta, la revolución, el ateísmo, la literatura, la filosofía. La izquierda es la comuna y la palabra «pueblo», el cuestionamiento, la duda.

Estas asociaciones libres son las mías y, por lo tanto, son arbitrarias, producto del capricho y, por qué no, de mi ignorancia. Sin embargo, resulta revelador jugar con las metáforas que forjamos alrededor de dos palabras tan politizadas. Prejuicios, nada más que eso.

Paso de un libro a otro. Estoy entre Lispector y *Zaratustra*. Pablo, mi sobrino filósofo, lee y hace poesía en sus interpretaciones del texto. Qué bella forma de leer tiene ese muchacho. Yo trato de hacerlo así como él, en privado, como ejercicio, tratando de no copiar, de pensar sola, pero me cuesta trabajo.

Enero 10

«Me ha vuelto el alma al cuerpo», me dije esta mañana. El alma y el cuerpo como dos cosas separadas. Cuánta zozobra causa esa dualidad. Hace de alguno de los dos algo despreciable. Algunos desprecian el cuerpo; otros, el alma. Hay quienes dicen que el cuerpo es el alma. Cómo no devolverle al cuerpo el alma que ya es. Volví en mí porque mis padres me «absolvieron». Otra vez nos amamos. Haremos el viaje, viviremos lo que queda de vida con esmero y vigilancia. Es decir, con insistencia, con el énfasis puesto en el vivir, en hacernos compañía, en reconocernos, en malquerernos y reconciliarnos, en bailar con la muerte. Estos años que quedan serán un baile con la muerte que ronda, que respira cerca como una bestia seductora y perfumada.

Al escribir sobre mí misma hago ficción; escribirme es ya pasarme por un filtro, un texto que pongo en orden, un orden que me han enseñado y ha sido enseñado por centurias; desde ese orden fijo intento contarme quién soy y no lo consigo. Soy toda ficción: mis modales, mi voz cuando hablo con otros, mi vestimenta, mis pensamientos. Esa otra dentro de mí (¿acaso hay un «adentro»?) es una fugitiva, una ermitaña que vive en una cueva oscura, como una especie de alimaña que teme ser cazada. Ella sabe que la persiguen, que la persigo incesantemente. Duerme cuando estoy despierta; traduzco sus ecos con estas pobres letras que son tan pocas… No alcanzan para describirla a ella y su pura verdad; ni siquiera sé si es un «ella». Se trata de una entidad, una sombra, un magma inmaterial. Cuando duermo, la fugitiva sale de su escondite y se expresa en lenguaje más puro; el de los sueños, el de los desvaríos, por eso no la entiendo mucho. Ahora sé que llora por algo que no sé qué es. Esta que creo ser, esta (¿mujer?) que intenta decirse a los tropiezos, llora por un gato enfermo. La fugitiva ve el gato desde lo profundo de su caverna y me increpa: oiga, extraña señora, hay más; hay más sentidos que llorar por un animal. Yo trato de oírla, digo bueno, bien, acepto. Pero entonces, ¿por qué no los veo? ¿Cuál es el juego con ese fugitivo que hay en un espacio (es que la palabra no es espacio, las palabras no sirven casi) o en un ámbito, digamos, diferente al yo tan ingenuamente construido y casi cómico? Estoy de acuerdo con Derrida; somos puro texto, pura carreta. Ese «somos» se refiere al yo que nos contamos, el que decimos cuando hablamos: yo esto, yo lo otro. El fugitivo es un pícaro; tan sólo da señales, es el noúmeno, lo que no se deja o no se puede conocer; tal vez el error esté en creer que hay que conocerlo. El ser humano cree que el conocimiento es la misión de su pensamiento, y los académicos se inflan teorizando sobre epistemologías, ciencias del conocimiento. El hombre cree que todo hay que conocerlo y entenderlo. No tolera la alegría de desconocer, y con menos ganas soporta desconocerse a sí mismo; por eso refuerza sospechosos «legos» institucionales como la «personalidad» y «la identidad». Tal vez, conocer a la fugitiva no sea posible; «conócete a ti mismo» es un imperativo arrogante y tonto. Entiendo que es un llamado a mirar en dirección al fugitivo. Eso no está mal.

Al pensar sobre mí misma también hago ficción, pues, al hacerlo siempre desde el cuerpo, se llega a un punto mudo, intraducible. El dolor o la angustia se vive en la carne, pero hay que recurrir a las metáforas y a los símiles, pues no hay palabras directamente correspondientes para contar la exactitud de un dolor o de la angustia o de la alegría.

¿Qué me pasa cuando leo a Nietzsche, concretamente, el *Zaratustra*? He leído dos veces ese libro con una temeridad increíble. Es lo mismo que entrar en un campo sembrado de explosivos sin tener la menor idea de que el peligro de salir quemado es grande e inminente. Esas dos lecturas fueron una caminata tan torpe como la que estoy haciendo ahora, leyéndolo por tercera vez, sólo que en esas ocasiones anteriores anduve sola, sin equipo, sin recursos de salvamento, y sin nadie que me indicara el camino de las minas. Por fortuna, ahora me acompaño con un grupo de expertos que sigo en Twitter y que nos guían, a miles de lectores, en nuestro «ascenso hacia lo profundo» con gran pericia y conocimiento de la ruta.

Reconozco que no tengo los recursos académicos e intelectuales para dar cuenta de lo que Nietzsche quiso decir a través del profeta Zaratustra, pero sí tengo claro qué me provoca cuando lo leo. No sé si —con o sin fortuna— para los autores muertos o vivos sus obras pueden convertirse en esperpentos cuando llegan a mentes ajenas. Los sermones incendiarios de Zaratustra son unas bestias que todo lo avasallan y derriban las columnas de contención que sostienen el sistema de valores que Occidente ha creado. No creo que al leerlo nuevamente consiga salir ilesa. Después de las dos primeras quedé malherida.

¡Ayúdame, Zaratustra!

Con la mayor desfachatez, y sin comillas, voy a desprender algunas frases del *Zaratustra* de Nietzsche, uno de mis libros favoritos, para armar mi columna de hoy. Será un plagio descarado; una colcha de sentencias extraídas de diferentes capítulos, cosidas a mi antojo (qué pena con Friedrich, pero ¡me resultan tan actuales!). Ideas que, ante mi falta de sabiduría y talento para producirlas y expresarlas con tanta exactitud, tuve que robárselas a este filósofo colosal para poder insultar a gritos, pero con la altura de un poeta de su calibre, a esas figuras de poder que el hombre ha fabricado y que han terminado burlándose de él y sus supuestas virtudes, con las que pretende sacar los ojos de sus enemigos.

No hay mayor calamidad en todo destino humano que el hecho de que los poderosos de la Tierra no sean a la vez los hombres primeros y mejores. Entonces, todo se hace falso, torcido y monstruoso. Doy la espalda a los poderosos cuando veo que lo que llaman «poder» consiste en regatear y chalanear con la chusma. También cuando veo que le llaman Estado al más frío de los monstruos fríos, al que miente con toda la frialdad cuando dice que él es el pueblo. Pero el Estado es hipócrita; miente en todos los lenguajes del bien y del mal; todo lo que dice es falso y todo lo que tiene lo ha conseguido robando. Llamo Estado a donde envenenan a todos, buenos y malos; se devoran unos a otros y ni siquiera pueden digerirse. ¡Miren cómo trepan atropellándose entre sí, hundiéndose en el fango y en las profundidades! La plaza pública está llena de bufones solemnes y la gente se siente orgullosa de sus grandes hombres, que para ella son los señores del momento. Pero estos pobres hombres no saben lo que es la gloria; no pueden aspirar a ella porque no son capaces de desprenderse de sus honores y ejercer el difícil arte de irse a tiempo. ¿Pero qué más es la historia del hombre sino vergüenza, vergüenza y vergüenza? Sacerdotes de la religión, del poder y la justicia, ¡qué asquerosas son sus iglesias, esos antros perfumados de empalagosos aromas! Desconfío de los que mandan y se pasan toda la vida hablando de su justicia; que, al soportar el peso de quienes obedecen, corren el peligro de ser aplastados por sus esclavos. ¡Que se los lleve el diablo! Pero ¿¡por qué nunca aparece el diablo cuando más se le necesita!?

El presidente más remoto en mi recuerdo es Misael Pastrana y, de ahí para adelante, todos los que le siguieron

me han parecido uno solo. Después, me di cuenta de
que mi ignorancia se trataba más bien de una elemental
lucidez. Aunque el último proceso de paz significó para
muchos de nosotros un milagroso acontecimiento, éste
ocurrió dentro de un gobierno con los mismos vicios de
todos los precedentes. Los ciudadanos hoy contemplamos con desolación las mismas barbarie, desigualdad y
miseria, ellas sí, muy bien administradas, pues han logrado mantenerlas estables por décadas, siempre en el más
cruel de los niveles.

¿Quiénes?

Poco a poco, he ido asomándome con más curiosidad,
y a medida que abro los ojos siento más indignación, más
horror y más ganas de intervenir en la discusión pública.
A pesar de que opinar en contra de ciertos temas en un
medio «oficial», como este, no es recomendable, cada vez
me queda más difícil mirar para otro lado; y ahora con
más razón, cuando se acercan las elecciones.

¿Cómo no preguntarme por la forma en que están
articulados los poderes hoy en Colombia? ¿Cómo hacerme la desentendida cuando, todos los días —por vías al-
ternativas—, periodistas de gran trayectoria, y basados en
investigaciones muy serias, denuncian los alcances de la
corrupción empresarial asociada con la política, las autoridades de justicia, el paramilitarismo y el narcotráfico?

¿Cómo no pensar en personas más innombrables que
«el Innombrable», dueños de todo el país, que financian
las campañas de presidentes como el que hoy nos malgo-
bierna? ¿Cómo no empezar a gritar que no es «el que
diga Uribe» sino el que diga el más innombrable e intocable de todos, ese que alguna vez se ufanó de mandar a

confeccionar leyes a su medida? ¿Cómo no asombrarse con el monopolio abusivo del sistema bancario que él ha creado y que denuncian constantemente sus clientes por las redes? ¿Cómo no querer que algún día se desarticule esa ligazón infame entre poder económico y poder político, que fabrica analfabetismo, hambre, enfermedad y violencia en la vida del colombiano olvidado de Dios y del Estado?

Hoy, como nunca antes, creo que debemos —quienes así lo sintamos— hacer pequeños actos éticos, así sea en la privacidad de nuestra casa, así sean simbólicos, como una señal de que todavía algo de dignidad nos queda. El mío es, por lo pronto, haber escrito esto.

Leo a Clarice Lispector y siento el mismo desconsuelo de los que se quedan solos porque alguien los abandona; igual que si viera irse lejos una gran nave de lujo que deja ver, a través de sus escotillas, que adentro se celebra una fiesta luminosa, aventurera, colorida, tempestuosa. Miro desde la playa ese barco hinchado, cargado de tesoros, irse desdeñoso, inalcanzable, sin una pizca de orgullo; es una nave poderosa que no sabe que se está yendo y que la estela que su motor deja en el agua es una soberbia bata de cola. Esa señora, esa nave, esa ave, lleva un mundo infinito adentro y encuentra lo infinito en la minucia de la vida; no bastándole con encontrarlo, lo dice, como si fuera tan fácil. Hay asombro en el encuentro con una cucaracha, con un pedazo de cuerda, con un huevo, porque ver cada cosa en detalle es ser asaltado por la totalidad del mundo. Es verse viendo la cosa que está delante, inexorablemente llena de la mirada de ella, que ve llena de su infinito ser; por eso a ella nada le sobra en existencia; todo el universo aparece comprometido en lo mínimo o en lo aparentemente insignificante; todo es necesario y valioso para sus letras, que son zarpazos de su imaginación múltiple y carnívora. Lo despreciable y lo tierno y lo dulce y lo podrido tienen el mismo valor en el juego de sus creaciones. La mujer dice, en una entrevista, que ella no se juzga como escritora. Ella se deja escribir, porque no le preocupa si le entienden o no. La claridad no es su negocio. Sin embargo, yo la leo y veo claro, siento claro, hago claro, aunque no le llegue; no llego como no le llego al extraordinario misterio que hay en la mudez de cualquier animal cuyo corazón se golpea con el mío. La mirada de un animal no puede ser más clara y más inescrutable; así me miran los párrafos de Lispector: de forma penetrante; es la naturaleza sola, mirándome. Molesto sus frases, las rayo. Me siento a vivir en ellas como una mula terca, por días, y fuerzo mi corta inteligencia para que esa frase me revele lo que yo demando. Pero esos trozos de texto, que son piedras preciosas, transparentes y pesadas, se empeñan en caer como les da la gana, destrozándose y liberando más chispas brillantes. Yo me aparto espantada por el peligro de los vidrios cortantes. Sus letras me atraviesan a mí y a nadie más; estoy sola con ella y juntas somos «ávida materia de Dios». Esta escritora me obliga a buscar un entendimiento fuera del mío y a mantenerme en ese buscar para, por fin, entender que no es entenderla a ella la meta que me propone. El campo reflexivo de Lispector es una llanura en la que ella misma puede correr por años, sin parar. Yo corro detrás de ella, muy lejos, persiguiéndola o viéndola volar sobre su gran feudo, rozando la tierra con las alas extendidas, tocando el cielo, haciendo figuras, mientras yo, sin coordenadas, la pierdo de vista porque el ave ha volado demasiado alto; es un punto lejano; desaparece por completo. Estoy desorientada. No sé cómo llamarla para pedirle que me explique por qué dijo que la inocencia diabólica de la niña había deshonrado a su maestro, y por qué el ciego del tranvía cambió su vida en un segundo. Ahora tengo que volver a leer, retrocedo las páginas. Lo intento de nuevo. Ella, Lispector, aparece, o creo que aparece; es ella la que escribe como una poseída, displicente; es una escritora que no tiene compasión conmigo, su atónita lectora, y, de pronto, se queda quieta como una muerta, mientras yo sacudo el texto con una rabia pueril. Empiezo a buscarla por todos lados. Busco a la deidad que causó esta terrible maravilla. Quiero saber cómo era, cómo hablaba. Encuentro una entrevista fechada en el año 1977. Veo a una señora de apariencia burguesa, muy elegante y bella. El entrevistador le pregunta por un consejo para los nuevos escritores y ella responde, «que no hablen». También dijo que se moría mientras no estaba escribiendo y que en ese momento estaba muerta, y yo le creí.

Ëlla se había ido a vivir sola a una casa en la montaña. Allí había imitado, junto a su amante, el modelo del «valle de las muñecas» donde se actuaba también la tradición del matrimonio. Era parte del proyecto aspirar a vivir bajo la norma que decía: juntas para siempre; los hombres han muerto. Sin embargo, Ëlla observaba que El Padre seguía reinando en la estructura de esas relaciones que querían inscribirse bajo el mismo sistema de dominación de unas sobre otras. Hablar de la pareja era más importante que la individua. Tenía que haber una buena simbiosis entre las dos «cónyuges», entrega total. Cuestionar el juego era atentar contra la institución de la unión eterna. Resucitar a los hombres, es decir, la posibilidad de volver a amarlos a ellos, significaba un acto de traición suprema.

Eran las dos de la mañana cuando sonó el teléfono. La voz despedazada de la amante la acusaba (a Ëlla) de ese pecado mortal: no querer alistarse en la tropa de mujeres únicas, absolutas y autosuficientes, sólo capaces de amarse entre ellas, aislándose en su valle silencioso y sombrío. El teléfono se colgó y volvió a sonar; sonó más, la voz gritó más, insultó más, amenazó con la soledad y la burla perpetua, el oprobio, el castigo, el dolor incurable, la venganza de la vida. La amante herida, llamémosla Locura, en su versión más iracunda, insistía; no concebía el «no» autónomo de Ëlla que replicaba, una y otra vez, «no puedo más». De repente, sobrevino un silencio seco de cables desconectados. La montaña, la casa abrazada a su peñasco, el aire frío, los cantos del campo y todo aquel ambiente siempre expectante de la madrugada esperaban a que los ecos de los gritos se apagaran en el sueño, pero no; el mal sabor de ese amor catastrófico requería mucho más tiempo para pasar. El motor de un carro que rugía al otro lado del portón se oyó demasiado pronto; luego, el aviso del vigilante (un hombre, al fin) que anunciaba por el radioteléfono la llegada de Locura, que exigía ser escuchada y acogida en el refugio solitario de la montaña. Locura, ebria de ira y de aguardiente, buscaba la cara de Ëlla, quien, mientras tanto, corría los pestillos de las puertas para que entraran también sus siete perros que patrullaban por la casa en las noches. Los ladridos de los perros y los chillidos de Locura se juntaron en una sola voz de auxilio que imploraba un calmante violento para el tajo que el «no puedo más» definitivo había abierto en su pecho. Los perros y Locura se conocían bien y no se temían. Se dieron espacio, mutuamente, aun en medio del estrépito, para que continuara la avanzada furibunda de Locura, que no tenía otra estrategia que lo dictado por la carne viva del delirio. Ëlla, presintiendo el desangre, miró de reojo el aparato que la comunicaba con el vigilante, quien había decidido recogerse prudentemente en su casa, ubicada a una modesta distancia de la casa-madre. Locura era una diosa y, como tal, pudo verlo todo (hasta lo que no existía) y vio el miedo en el gesto alarmado de Ëlla, su ahora excompañera de extravíos, que vacilaba entre pedir ayuda o aguantar sola la embestida. «Si tocas ese radioteléfono, te mato», amenazó. Ëlla le creyó y se quedó quieta, pero Locura no se contuvo: primero, la obligó a desnudarse y, luego, de un mordisco, le arrancó el corazón.

Algunos títulos imprescindibles de Lumen de los últimos años

El Tercer País | Karina Sainz Borgo

Donde cantan las ballenas | Sara Jaramillo Klinkert

Un cuarto propio | Virginia Woolf

Al faro | Virginia Woolf

Genio y tinta | Virginia Woolf

Poesía completa | Alejandra Pizarnik

Tan poca vida | Hanya Yanagihara

Al paraíso | Hanya Yanagihara

Cuentos completos | Jorge Luis Borges

Cómo viajar con un salmón | Umberto Eco

Poesía completa | César Vallejo

Confesiones de una editora poco mentirosa | Esther Tusquets

Marilyn. Una biografía | María Hesse

En los márgenes | Elena Ferrante

Crónicas del desamor | Elena Ferrante

La amiga estupenda | Elena Ferrante

La frantumaglia | Elena Ferrante

La vida mentirosa de los adultos | Elena Ferrante

Las inseparables | Simone de Beauvoir

El remitente misterioso y otros relatos inéditos | Marcel Proust

El consentimiento | Vanessa Springora

El hombre prehistórico es también una mujer | Marylène Patou-Mathis

Cenicienta liberada | Rebecca Solnit

Ulises | James Joyce

Léxico familiar | Natalia Ginzburg

Mis últimos 10 minutos y 38 segundos en este extraño mundo | Elif Shafak

Recuerdos de mi inexistencia | Rebecca Solnit

Una educación | Tara Westover

«Para viajar lejos no hay mejor nave que un libro.»

EMILY DICKINSON

Gracias por tu lectura de este libro.

En **Penguinlibros.club** encontrarás las mejores
recomendaciones de lectura.

Únete a nuestra comunidad y viaja con nosotros.

Penguinlibros.club

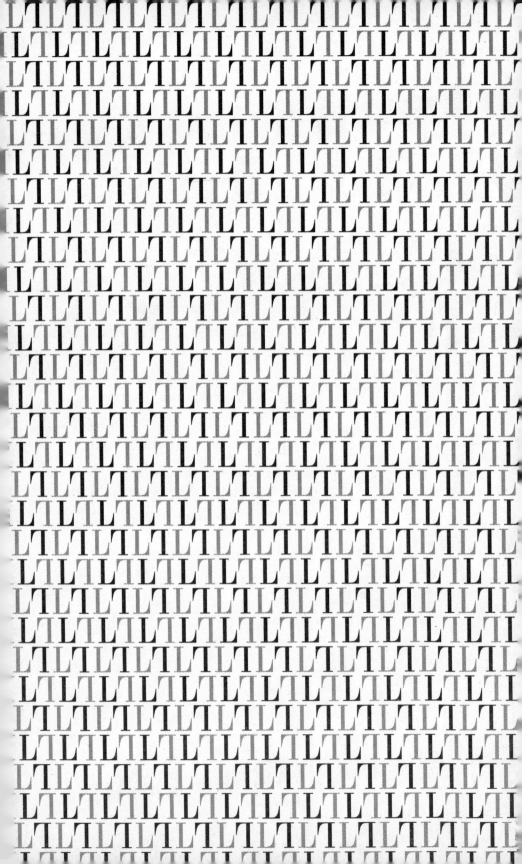